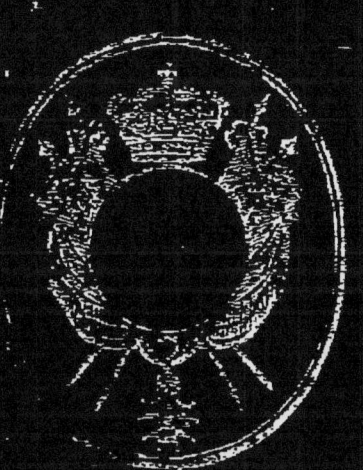

16⁴⁸.1954.
A.

L.b.1900.
151.c.2.

MÉMORIAL
DE
SAINTE-HÉLÈNE.

A PARIS, DE L'IMPRIMERIE DE LEBÈGUE,
RUE DES NOYERS, N° 8.

MÉMORIAL
DE
SAINTE-HÉLÈNE,

OU

JOURNAL OU SE TROUVE CONSIGNÉ, JOUR PAR JOUR, CE QU'A DIT ET FAIT NAPOLÉON DURANT DIX-HUIT MOIS;

PAR LE COMTE DE LAS CASES.

RÉIMPRESSION DE 1824, AVEC DE NOMBREUSES CORRECTIONS ET ADDITIONS.

TOME SECOND.

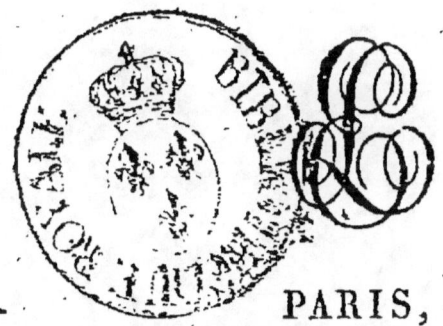

PARIS,

DÉPÔT DU MÉMORIAL, RUE DE GRENELLE-SAINT-HONORÉ, N° 29;
BOSSANGE FRÈRES, RUE DE SEINE, N° 12;
BÉCHET AÎNÉ, QUAI DES AUGUSTINS, N° 50;
LECOINTE ET DUREY, QUAI DES AUGUSTINS;
RORET, RUE HAUTEFEUILLE.

1824.

TABLE
DES SOMMAIRES DU SECOND VOLUME.

CONTINUITÉ DU SÉJOUR A BRIARS.

                                                             page

Tempérament de l'Empereur. — Courses. — Système de médecine.   10

Vie de Briars, etc. — Ma première visite à Longwood. — Machine infernale, son historique.   15

Conspiration de Georges, Pichegru, etc. — Affaire du duc d'Enghien. — Esclave Tobie. — Réflexions caractéristiques de Napoléon.   23

Origine des Guides. — Autre danger de Napoléon. — Un gros officier allemand. — Un Chien.   32

Guerre. — Principes. — Application. — Paroles sur divers généraux.   37

Situation des princes d'Espagne à Valencey. — Le Pape à Fontainebleau. — Réflexions, etc.   43

Sur la Nouvelle Héloïse, et sur l'amour. — Contrariétés.   46

Lieutenant anglais. — Singularité. — Départ pour Longwood arrêté. — Politique — État de la France. — Mémoire justificatif de Ney.   49

ÉTABLISSEMENT A LONGWOOD.

Translation à Longwood. — Description de la route. — Prise de possession. — Premier bain.   59

Description de Longwood, etc. — Détail des Appartemens.   65

Régularisation de la maison de l'Empereur. — Situation morale des captifs entre eux, etc. — Quelques nuances du caractère de l'Empereur. — Portrait de Napoléon, par M. de Pradt, traduit d'une gazette anglaise. — Réfutation.   71

Ma situation matérielle adoucie. — Mon lit changé, etc.   85

Habitudes et heures de l'Empereur. — Son style aux deux Impératrices. — Détails. — Maximes de l'Empereur sur la police. — Police secrète des lettres. — Détails curieux. — l'Empereur pour un gouvernement fixe et modéré.   88

TABLE.

	page
Première tournée de l'Empereur à cheval. — Dureté des instructions ministérielles à son égard. — Nos peines, nos plaintes. — Paroles de l'Empereur. — Réponses brutales.	102
Mépris de L'Empereur pour la popularité; ses motifs, ses argumens, etc. — sur ma femme. — La mère et la sœur du général Gourgaud.	107
L'Empereur souvent blessé dans ses campagnes. — Cosaques. — Jérusalem délivrée.	113
Ma conversation avec un anglais.	117
Sur l'émigration. — Bienfaisance des anglais. — Ressources des émigrés, etc.	120
Excursion difficile. — Premier essai de notre vallée. — Marais perfide. — Momens caractéristiques. — Anglais désabusés. — poison de Mithridate.	130
L'Empereur laboure un sillon. — Denier de la Veuve. — Entrevue avec l'Amiral. — Nouveaux arrangemens. — Le Polonais Piontkowski.	139
Sous-gouverneur Skelton. — Fa...	143
Premier de l'an. — Fusils de chasse, etc. famille du gouverneur Wilks.	144
Vie de Longwood. — Course à cheval de l'Empereur. — Notre Nymphe. — Sobriquets. — Des îles, de leur défense. — Grandes forteresses, Gibraltar. — Culture et lois de l'île. — Enthousiasme, etc.	148
L'Empereur, vivement contrarié. — Nouvelles brouillerie avec l'Amiral.	158
Chambre de Marchand. — Linge, vêtemens de l'Empereur manteau de Marengo. — Eperons de Champaubert, etc., etc.	164
Amiral Taylor, etc.	169
L'Empereur couché en joue. — Nos passetemps du soir. — Romans. — Sortie politique.	170
Sur l'histoire secrète du cabinet de Bonaparte, par Goldsmith. — Détails, etc.	174
L'Empereur se décide à apprendre l'anglais.	181
Première leçon d'anglais, etc.	183
Nos habitudes journalières. — Conversation avec le gouverneur Wilks. — Armées. — Chimie. —	

TABLE.

	page
Politique. — Détails sur l'Inde. — Delphine de Madame Staël. — MM. Necker, Calonne.	185
Mon nouveau logement, etc. — Description. — Visite matinale, etc.	194
Lettres de l'Empereur. — Madame de Sévigné. — Charles XII. — Paul et Virginie. — Vertot. — Rollin. — Velly. — Garnier.	198
Difficulté vaincue. — Dangers personnels de l'Empereur à Eylau, à Iéna, etc. — Troupes russes, autrichiennes, prussiennes. — Jeune Guibert. — Corbineau. — Maréchal Lannes. — Bessières. — Duroc.	204
Étude de l'anglais, etc., etc. — Détails. — Réflexions, etc. — Promenade à cheval. — Cheval embourbé, autres traits caractéristiques.	217
Fragmens de la campagne d'Italie.	228
Treize Vendémiaire.	231
Bataille de Montenotte.	255
Fragmens du chapitre III.	288
Éloge de Sainte-Hélène par l'Empereur. — Petites ressources de l'île.	296
Première saignée de mon fils. — L'Empereur me donne un cheval.	301
Progrès de l'Empereur dans l'anglais.	id.
L'Empereur apprend la mort de Murat.	304
Porlier, Ferdinand. — Tableaux de l'Atlas.	310
Sur l'Égypte. — Ancien projet sur le Nil.	314
Uniformité. — Ennui. — Solitude de l'Empereur. — Caricatures.	315
Longue course à pied de l'Empereur.	318
Mauvaise température de Sainte-Hélène. — Observation importante sur l'esprit de ce Journal.	320
Politique de l'Empereur sur les affaires de France.	322
Peinture du bonheur domestique par l'Empereur. — Deux demoiselles de l'île.	325
Travaux de l'Empereur à l'île d'Elbe. — Prédilection des Barbaresques pour Napoléon.	328
Piontkowsky. — Caricature.	330
Retour de l'île d'Elbe. — Détails, etc.	332
Campagnes d'Italie et d'Égypte. — Opinion de l'Empereur sur nos grands poëtes. — Tragédies	

	page
modernes. — Hector. — Les Etats de Blois. — Talma.	333
Les faiseurs d'affaires dans la révolution. — Crédit de l'Empereur à son retour. — Sa réputation dans les bureaux comme vérificateur. — Ministres des Finances, du Trésor. — Cadastre.	341
Sur l'invasion en Angleterre. — Détails.	351
Flotte de la Chine.	357
Cour de l'Empereur, étiquette, etc. — Anecdote de Tarare. — Grands-officiers. — Chambellans. — Splendeur sans égale de la Cour des Tuileries. — Belle administration du palais. — Intention de l'Empereur à ses levers. — Grand couvert. — De la Cour et de la Ville.	359
Jeu d'échec venu de la Chine. — Présentation des capitaines de la flotte de la Chine.	376
Mystification.	379
L'Empereur en état d'employer son anglais. — Sur la médecine. — Corvisart. — Définition. — Sur la peste. — Médecine de Babylone.	381
Procès de Ney. — Voiture perdue à Waterloo. — Entrevue de Dresde. — Sur l'humeur des femmes. — Princesse Pauline. — Beau mouvement de l'Empereur	389
Injure à l'Empereur et au Prince de Galles. — Exécution de Ney. — Evasion de Lavalette.	422
Commission pour le Prince Régent.	426
Esprit de l'île de France.	428
Ses intentions sur Rome. — Horrible nourriture. — Britannicus.	431
Vingt Mars. — Couches de l'Impératrice.	434
Conjuration de Catilina. — Les Gracques. — Les historiens. — Sommeil durant la bataille. — César, ses Commentaires. — Des divers systèmes militaires.	439
Résumé des neuf mois écoulés.	449

FIN DE LA TABLE DU SECOND VOLUME.

MÉMORIAL DE Sᵗᵉ-HÉLÈNE.

CONTINUITÉ
DU SÉJOUR A BRIARS.

Jeudi 23 Novembre 1815.

L'Empereur a été fort souffrant; il est demeuré enfermé chez lui, et n'a voulu recevoir personne. Il m'a fait demander sur les neuf heures du soir; je l'ai trouvé très-abattu, fort triste; il m'a à peine dit quelques mots, et moi je n'ai rien osé lui dire. Si sa souffrance était physique, j'avais une vive inquiétude; si elle était morale, mon chagrin était grand de ne pouvoir employer vis-à-vis de lui toutes les ressources dont le cœur abonde pour celui qu'on aime véritablement. Il m'a renvoyé au bout d'une demi-heure.

Vendredi 24.

L'Empereur a continué d'être fort souffrant, et n'a voulu encore voir personne. Assez tard, il m'avait fait venir pour dîner avec lui. On a servi sur une très-petite table, à côté de son canapé sur lequel il est resté; il a mangé assez bien. Il se sentait le besoin d'une secousse qui arriverait bientôt, disait-il, tant il connaissait sa constitution. Après dîner, l'Empereur a pris les Mémoires du maréchal de Villars, qui l'amusaient. Il a lu tout haut plusieurs articles qui ont amené des ressouvenirs et plusieurs citations d'anecdotes.

Samedi 25.

Tempérament de l'Empereur. — Courses. — Système de médecine.

L'Empereur était encore souffrant; il avait passé une mauvaise nuit. Il m'a fait venir dîner près de son canapé, dont il ne sortait pas; mais il était évidemment mieux. Après dîner il a voulu lire; il se trouvait sur son sopha au milieu d'un grand nombre de livres; la rapidité de son imagination, la fatigue du même sujet, ou le dégoût de relire sans cesse ce qu'il sait déjà, lui faisaient prendre, jeter et reprendre encore tous ces livres les uns après les autres; il finit par s'arrêter sur l'Iphigénie de Racine, faisant ressortir les perfections, indiquant et discutant le peu de défauts qu'on lui trouve, et il m'a renvoyé d'assez bonne heure.

L'Empereur, contre l'opinion commune, celle que j'avais entretenue moi-même, est loin d'avoir une forte constitution; ses membres sont gros, mais sa fibre est très-molle; avec une poitrine fort large, il est toujours enrhumé; son corps est soumis aux plus légères influences; l'odeur de peinture suffit pour le rendre malade; certains mets, la plus petite humidité, agissent immédiatement sur lui; son corps est bien loin d'être de fer, ainsi qu'on l'a cru, c'est seulement son moral. On connaît ses prodigieuses fatigues au-dehors, ses perpétuels travaux au-dedans; jamais aucun souverain n'a égalé ses fatigues corporelles. Ce qu'on cite de plus fort est la course de Valladolid à Burgos, à franc-étriers (trente-cinq lieues d'Espagne en cinq heures et demie, plus de sept lieues à l'heure *.) L'Empereur

---

* Ceci paraîtra incroyable; moi-même, en relisant aujourd'hui mon manuscrit, je doute; mais je ne peux oublier cependant, que lors-

était parti avec une nombreuse suite, à cause du danger des guerrillas : à chaque pas il resta du monde en route; Napoléon arriva presque seul. On cite aussi la course de Vienne au Simmering (dix-huit ou vingt lieues), où il se rendit à cheval, déjeûna et revint aussitôt après. On lui a vu faire souvent des chasses de trente-huit lieues, les moindres étaient de quinze. Un jour, un officier russe, arrivant en courrier de Pétersbourg, en douze ou treize jours, joignit l'Empereur à Fontainebleau, au départ de la chasse; pour délassement il eut la faveur d'être invité à suivre : il n'eut garde de refuser; mais il tomba dans la forêt, et ce ne fut pas sans peine qu'on le retrouva.

J'ai vu l'Empereur, au Conseil d'État, traiter les affaires huit ou neuf heures de suite, et lever la séance avec les idées aussi nettes, la tête aussi fraîche qu'au commencement. Je l'ai vu lire, à Sainte-

---

qu'il en fut question à Longwood, c'était à diner; ce devint l'objet d'une discussion assez longue, et je n'ai bien certainement écrit alors que ce qui demeura convenu. D'ailleurs, il existe encore plusieurs de ceux qui l'accompagnaient; on pourra vérifier.

Hélène, dix ou douze heures de suite, des sujets abstraits, sans en paraître nullement fatigué.

Il a supporté, sans ébranlement, les plus fortes secousses qu'un homme puisse éprouver ici bas. A son retour de Moscow ou de Leipsick, après l'exposé du désastre au Conseil d'Etat, il dit : « On a répandu dans Paris que les che- » veux m'en avaient blanchi; mais vous » voyez qu'il n'en est rien (montrant son » front de la main), et j'espère que j'en » saurais supporter bien d'autres. » Mais toutes ces prodigieuses épreuves ne se sont accomplies, pour ainsi dire, qu'en déception de son physique, qui ne se montre jamais moins susceptible que quand l'activité de l'esprit est plus grande.

L'Empereur mange très-irrégulièrement et en général fort peu. Il répète souvent qu'on peut souffrir de trop manger, jamais d'avoir mangé trop peu. Il est homme à rester vingt-quatre heures sans manger, seulement pour se donner de l'appétit le lendemain. Il boit bien moins encore; un seul verre de vin de Madère ou de Champagne suffit pour réveiller ses forces ou lui donner de la gaîté. Il dort fort peu, et à des heures très-irrégulières; se relevant au premier réveil pour lire ou pour travailler, et se recouchant pour redormir encore.

L'Empereur ne croit pas à la médecine, il ne prend jamais aucun remède. Il s'est créé un traitement particulier: son grand secret avait été depuis long-temps, disait-il, de commettre un excès en sens opposé à son habitude présente; c'est ce qu'il appelle rappeler l'équilibre de la nature : s'il était depuis quelque temps en repos, il faisait subitement une course de soixante milles, une chasse de tout un jour.

S'il se trouvait au contraire surpris au milieu de très-grandes fatigues, il se condamnait à vingt-quatre heures de repos absolu. Cette secousse imprévue lui causait infailliblement une crise intérieure qui amenait aussitôt le résultat désiré; cela, disait-il, ne lui avait jamais manqué.

L'Empereur a la lymphe trop épaisse, son sang circule difficilement. La nature l'a doué de deux avantages bien précieux, dit-il: l'un est de s'endormir dès qu'il a besoin de repos, à quelque heure et en quelque lieu que ce soit;

l'autre, de ne pouvoir commettre d'excès nuisibles dans son boire ou dans son manger : « Si je dépassais le moindrement mon tirant-d'eau, disait-il, mon » estomac rendrait aussitôt le surplus. » Il vomit très-facilement, une simple toux d'irritation suffit pour lui faire rendre son dîner.

Dimanche 26 au Mardi 28.

Vie de Briars, etc. — Ma première visite à Longwood. — Machine infernale, son historique.

Le vingt-six, l'Empereur s'est habillé de très-bonne heure, il était tout à fait bien. Il avait voulu sortir; le temps était charmant, et d'ailleurs sa chambre n'avait pas été faite depuis trois jours. Nous avons été dans le jardin, où il a voulu déjeûner sous le berceau; il se trouvait fort gai, et sa conversation a parcouru beaucoup d'objets et de personnes.

L'Empereur, tout à fait rétabli, reprit ses occupations ordinaires : elles étaient sa seule ressource; sa chambre, la lecture, la dictée, le jardin, devaient remplir toute sa journée; quelquefois encore l'allée inférieure, dont une nouvelle saison ou l'état de la lunaison nous bannissait insensiblement. Les nombreuses visites que la curiosité attirait chez notre hôte pour y rencontrer l'Empereur, l'avaient gêné, et l'en avaient tout à fait éloigné. Nous demeurions claquemurés dans notre petite enceinte. Nous n'avions dû y rester que quelques jours, six semaines étaient écoulées, et il n'était pas encore question de notre changement. Durant tout ce temps, l'Empereur s'était trouvé aussi resserré que s'il fût demeuré à bord du vaisseau. Il ne s'était encore permis qu'une seule excursion chez le major Hudson, et nous apprîmes plus tard qu'elle avait même causé une extrême inquiétude : elle était parvenue, au milieu du bal de l'Amiral, aux oreilles des autorités et les avait mises tout en émoi.

On travaillait toujours à Longwood, qui devait être notre nouvelle demeure. Les troupes que nous avions amenées d'Angleterre étaient campées aux environs. Le colonel donnait un bal, nous y étions invités; l'Empereur voulut que j'y allasse et que j'examinasse l'endroit. Je m'y rendis avec Mme Bertrand, dans une voiture attelée de six bœufs; c'est dans cet équipage mérovingien que nous escaladâmes la distance qui nous séparait de Longwood. C'était la première fois que je voyais de nouvelles parties de l'île; toute la route ne me montra qu'une constante répétition des grandes convulsions de la nature : toujours d'énormes rochers hideux et nus, entièrement privés de végétation. Si, à chaque changement d'horizon, on apercevait au loin quelque verdure, quelques bouquets de bois, tout cela disparaissait en approchant, comme les ombres des poëtes; ce n'était plus que quelques plantes marines, quelques arbrisseaux sauvages, ou bien encore quelques tristes arbres à gomme; ceux-ci sont toute la parure de Longwood. Je revins à cheval vers les six heures, pour me retrouver à temps auprès de l'Empereur. Il me questionna beaucoup sur notre nouvelle demeure. Il ne m'en trouva nullement enthousiasmé. Il me demandait, en résumé, s'il y avait à gagner ou à perdre. Je pus lui rendre toute ma pensée en deux mots : « Sire, nous sommes ici en » cage ; là, nous serons parqués. »

Le vingt-huit, l'Empereur quitta son habit militaire, qu'il avait repris pour se rendre à bord du Bellerophon, et mit un frac de fantaisie.

Dans diverses conversations de ce jour, il a touché un grand nombre de conspirations dirigées contre lui. La machine infernale a eu son tour : cette invention diabolique, qui causa tant de rumeur et fit tant de victimes, fut exécutée par les royalistes, qui en reçurent l'idée des jacobins.

Une centaine de jacobins forcenés, disait l'Empereur, les vrais exécuteurs de septembre, du dix août, etc., etc., avaient résolu de se défaire du Premier Consul; ils avaient imaginé, à cet effet, une espèce d'obus de quinze ou seize livres qui, jeté dans la voiture, eût éclaté par son propre choc, et anéanti tout ce qui l'eût entouré; se proposant, pour être plus sûr de leur coup, de semer une certaine partie de la route de chausses-trapes qui, arrêtant subitement les chevaux, devaient amener l'immobilité de la voiture. L'ouvrier auquel on proposa l'exécution de ces chausses-trapes, prenant des soupçons sur ce qu'on lui demandait, aussi bien que sur la moralité de ceux qui l'ordonnaient, en prévint la police. On eut bientôt tracé ces gens-là, si bien qu'on les prit sur le fait essayant hors Paris, près du Jardin des Plantes, l'effet de cette machine qui fit une explosion terrible. Le Premier Consul, qui avait pour système de ne point divulguer les nombreuses conspirations dont il était l'objet, ne voulut pas qu'on donnât de suite à celle-ci; on se contenta d'emprisonner les coupables. Bientôt on se lassa de les tenir au secret, et ils eurent une certaine liberté. Or, dans la même prison se trouvaient des royalistes, enfermés pour avoir voulu tuer le Premier Consul, à l'aide de fusils à vent : ces deux bandes fraternisèrent, et ceux-ci transmirent à leurs amis du dehors l'idée de la machine infernale, comme de beaucoup préférable à tout autre moyen.

Il est très-remarquable que pendant la soirée de la catastrophe, le Premier Consul montra une répugnance extrême pour sortir : on donnait un Oratorio, Mme Bonaparte et quelques intimes du Premier Consul voulaient absolument l'y faire aller; celui-ci était tout endormi sur un canapé, et il fallut qu'on l'en arrachât, que l'un lui apportât son épée, l'autre son chapeau. Dans la voiture même, il sommeillait de nouveau, quand il ouvrit subitement les yeux, rêvant, dit-il, qu'il se noyait dans le Tagliamento. Pour comprendre ceci, il faut savoir que quelques années auparavant, étant général de l'armée d'Italie, il avait passé de nuit, en voiture, le Tagliamento, contre l'opinion de tout ce qui l'entourait. Dans le feu de la jeunesse, et ne connaissant aucun obstacle, il avait tenté ce passage, entouré d'une centaine d'hommes armés de perches et de flambeaux. Toutefois la voiture se mit à la nage, il courut le plus grand danger, et se crut réellement perdu. Or, en cet instant, il s'éveillait au milieu d'une conflagration, la voiture était soulevée, il retrouvait en lui toutes les impressions du Tagliamento, lesquelles, du reste, n'eurent que la durée d'une seconde; car une effroyable détonation se fit aussitôt entendre. « Nous sommes minés ! » furent les paroles qu'il adressa à Lannes et à Bessières qui se trouvaient avec lui. Ceux-ci voulaient arrêter à toute force; mais il leur dit de s'en bien donner de garde. Le Premier Consul arriva et parut à l'Opéra, comme si de rien n'était. Il fut sauvé par l'audace et la rapidité de son cocher. La machine n'atteignit qu'un ou deux hommes de la queue de l'escorte.

Les circonstances les plus triviales se combinent parfois avec les plus immenses résultats. Ce cocher était ivre, et il est certain que c'est cette ivresse qui a conservé les jours du Premier Consul. Son ivresse était telle, que ce n'est que le lendemain qu'il sut ce qui était arrivé ; il avait pris la détonation pour un salut. Aussitôt après l'événement, on s'en prit aux Jacobins qu'on avait jadis convaincus de la préméditation de cet attentat ; et on en déporta un bon nombre : ils n'étaient pourtant pas les vrais coupables ; un autre hasard bien bizarre fit découvrir ceux-ci.

Trois ou quatre cents cochers de fiacre donnèrent un repas de corps, à un louis ou douze francs par tête, au cocher du Premier Consul, devenu pour eux le héros du jour et du métier. Dans la chaleur du repas, un des convives buvant à son habileté, lui dit qu'il savait qui lui avait joué ce tour là. On s'en saisit aussitôt, et il se trouva que le jour même, ou la veille de la fatale explosion, ce cocher s'était arrêté avec son fiacre devant une porte cochère pour laisser passer la petite charrette qui avait fait tout le mal. On courut à cet endroit, où l'on louait en effet des voitures de toute espèce ; les propriétaires ne la renièrent pas ; ils montrèrent le hangard où elle avait été raccommodée ; des traces de poudre y étaient encore. Ils croyaient, dirent-ils, l'avoir louée à des contrebandiers bretons. On retraça facilement tous ceux qui y avaient travaillé ; celui qui avait vendu le cheval, etc., etc. ; et l'on acquit des indices que ce complot partait des royalistes chouans. On dépêcha quelques gens intelligens à leur quartier-général dans le Morbihan : ils ne s'en cachaient pas, ne se plaignant que de n'avoir pas réussi ; quelques coupables, par-là, furent saisis et punis. On assure que le chef a depuis cherché dans les austérité de la religion l'expiation de son crime ; qu'il s'est fait trapiste.

Mercredi 29. — Jeudi 30.

Conspiration de Georges, Pichegru, etc. — Affaire du duc d'Enghien. — Esclave Tobie. — Réflexions caractéristiques de Napoléon.

Je trouve ici, dans mon manuscrit,

des détails précieux sur la conspiration de Georges, de Pichegru, de Moreau et sur le procès du duc d'Enghien ; mais comme il en est question à différentes reprises dans mon journal, je renvoie plus loin ce qui se trouve ici, afin d'en présenter ailleurs l'ensemble complet.

Le petit jardin de M. Balcombe, où nous nous promenions souvent, se trouvait cultivé par un vieux nègre. La première fois que nous le rencontrâmes, l'Empereur, suivant sa coutume, me le fit questionner, et son récit nous intéressa fort. C'était un Indien-Malais qui avait été frauduleusement enlevé de chez lui, il y avait nombre d'années, par un équipage anglais, transporté à bord et vendu à Sainte-Hélène, où il demeurait depuis dans l'esclavage. Sa narration portait tout le caractère de la sincérité ; sa figure était franche et bonne, ses yeux spirituels et encore vifs ; tout son maintien nullement avili, mais tout à fait attachant.

Nous fûmes indignés au récit d'un tel forfait ; et à peu de jours de là l'Empereur pensa à l'acheter pour le faire reconduire dans son pays. Il en parla à l'Amiral dont le premier mot, en défense des siens, fut de prétendre que le vieux Tobie, c'était le nom du malheureux esclave, ne devait être qu'un imposteur, et que la chose était impossible. Toutefois il fit une enquête à ce sujet, et la chose ne se trouva que trop vraie; alors il partagea notre indignation, et promit d'en faire son affaire. Nous avons quitté Briars, nous avons été transportés à Longwood, et le pauvre Tobie, partageant le sort commun de toutes choses ici bas, a été bientôt oublié; je ne sais pas ce que le tout est devenu.

Quoi qu'il en soit, lorsque nous venions dans le jardin, l'Empereur s'arrêtait la plupart du temps près de Tobie; et me le faisait questionner sur son pays, sa jeunesse, sa famille, sa situation actuelle; on eût dit qu'il cherchait à étudier ses sensations. L'Empereur terminait toujours la conversation en me lui faisant donner un napoléon.

Tobie s'était fort attaché à nous; notre venue semblait être sa joie; interrompant aussitôt son travail, et appuyé sur sa bêche, il contemplait d'un air satisfait nos deux figures, n'entendant pas un mot de notre langage entre nous, mais souriant d'avance aux premières paroles que je lui traduirais. Il n'appelait l'Empereur que le *bon Monsieur* (the good gentleman) : c'était le seul nom qu'il lui donnait; il n'en savait pas davantage.

Je me suis arrêté sur ces détails, parce que les rencontres de Tobie étaient suivies, de la part de l'Empereur, de réflexions toujours neuves, piquantes et surtout caractéristiques. On connaît la mobilité de son esprit; aussi la chose était-elle traitée chaque fois sous une face nouvelle. Je me suis contenté de consigner ici les suivantes.

« Ce pauvre Tobie que voilà, disait-il
» une fois, est un homme volé à sa fa-
» mille, à son sol, à lui-même, et vendu :
» peut-il être de plus grand tourment
» pour lui! de plus grand crime dans
» d'autres! Si ce crime est l'acte du capi-
» taine anglais tout seul, c'est à coup sûr
» un des hommes les plus méchans; mais
» s'il a été commis par la masse de l'équi-
» page, ce forfait peut avoir été accompli
» après tout, par des hommes peut-être
» pas si méchans que l'on croirait; car
» la perversité est toujours individuelle,
» presque jamais collective. Les frères de
» Joseph ne peuvent se résoudre à le tuer;

» Judas froidement, hypocritement, avec
» un lâche calcul, livre son maître au sup-
» plice. Un philosophe a prétendu que les
» hommes naissaient méchans : ce serait
» une grande affaire et fort oiseuse que
» d'aller rechercher s'il a dit vrai. Ce qu'il
» y a de certain, c'est que la masse de la
» société n'est point méchante; car si la
» très-grande majorité voulait être crimi-
» nelle, et méconnaître les lois, qui est-ce
» qui aurait la force de l'arrêter ou de la
» contraindre? Et c'est là précisément le
» triomphe de la civilisation, parce que
» cet heureux résultat sort de son sein, et
» naît de sa propre nature. La plupart des
» sentimens sont des traditions; nous
» les éprouvons parce qu'ils nous ont pré-
» cédés : aussi la raison humaine, son
» développement, celui de nos facultés,
» voilà toute la clef sociale, tout le secret
» du législateur. Il n'y a que ceux qui
» veulent tromper les peuples, et gou-
» verner à leur profit, qui peuvent vouloir
» les retenir dans l'ignorance; car plus
» ils sont éclairés, plus il y aura de gens
» convaincus de la nécessité des lois, du
» besoin de les défendre; et plus la so-
» ciété sera assise, heureuse, prospère. Et
» s'il peut arriver jamais que les lumières

»soient nuisibles dans la multitude, ce
» ne sera que quand le gouvernement,
» en hostilité avec les intérêts du peuple,
» l'acculera dans une position forcée, ou
» réduira la dernière classe à mourir de
» misère; car alors il se trouvera plus
» d'esprit pour se défendre ou devenir
» criminel.

» Mon seul Code, par sa simplicité, a
» fait plus de bien en France que la masse
» de toutes les lois qui m'ont précédé.
» Mes écoles, mon enseignement mutuel,
» préparent des générations inconnues.
» Aussi sous mon règne les crimes allè-
» rent-ils en décroissant avec rapidité,
» tandis que chez nos voisins, en Angle-
» terre, ils allaient au contraire croissant
» d'une manière effrayante. Et c'en est
» assez, il me semble, pour pouvoir pro-
» noncer hardiment sur les deux admi-
» nistrations respectives! *

» Et voyez comme aux Etats-Unis, sans
» force apparente, sans efforts aucuns,
» tout y prospère; combien on y est heu-
» reux et tranquille : c'est qu'en réalité

---

* Cette vérité se trouve développée par des documens authentiques qui présentent des résultats bien plus grands, sans doute, qu'on ne

» c'est la volonté, ce sont les intérêts
» publics qui y gouvernent. Mettez le
» même gouvernement en guerre avec
» la volonté, les intérêts de tous, et vous
» verrez aussitôt quel tapage, combien
» de tiraillemens, de troubles, de con-
» fusion, et surtout quel accroissement
» de crimes.

» Arrivé au pouvoir, on eût voulu que
» j'eusse été un Washington : les mots
» ne coûtent rien; et bien sûrement ceux
» qui l'ont dit avec autant de facilité, le
» faisaient sans connaissance des temps,
» des lieux, des hommes et des choses.

---

saurait se l'imaginer. (Voyez, *Situation de l'Angleterre, par M. de Montvéran.*)

FRANCE.			ANGLETERRE.	
HABITANS.	C. À MORT.	ANNÉES.	HABITANS.	C. A MORT.
34,000,000.	882.	1801.	16,000,000.	3,400.
42,000,000.	392.	1811.	17,000,000.	6,400.

D'où l'on voit qu'en 1801, en France, il y avait vingt-six condamnations à mort par million d'habitans, et qu'en 1811, dix ans après, elles avaient déjà diminué de deux tiers; n'y en ayant plus que neuf par million d'habitans.

En Angleterre, au contraire, où les condamnations étaient de deux cent douze par million

» Si j'eusse été en Amérique, volontiers
» j'eusse été aussi un Washington, et j'y
» eusse eu peu de mérite ; car je ne vois
» pas comment il eût été raisonnable-
» ment possible de faire autrement. Mais
» si lui se fût trouvé en France, sous la
» dissolution du dedans et sous l'invasion
» du dehors, je lui eusse défié d'être lui-
» même, ou s'il eût voulu l'être, il n'eût
» été qu'un niais, et n'eût fait que conti-
» nuer de grands malheurs. Pour moi,
» je ne pouvais être qu'*un Washington
» couronné*. Ce n'était que dans un con-
» grès de rois, au milieu des rois con-

---

en 1801, elles s'étaient accrues de plus de moitié, étant en 1811 de trois cent soixante-seize par million d'habitans.

On peut observer aussi, en passant, que ces condamnations en Angleterre, se trouvaient alors à celles de France, comme 9 est à 576, ou comme 1 à 42.

Le rapport de la mendicité en France, aux pauvres à la charge des paroisses, en Angleterre, est bien autrement prodigieux : la France ne présentant, en 1812, guère que trente mille individus, sur quarante-trois millions d'habitans, tandis qu'en Angleterre, même année, le quart de la population, ou quatre millions deux cent cinquante mille pauvres, se trouvait à la charge des paroisses. (*Montyéran.*)

» vaincus ou maîtrisés, que je pouvais le
» devenir. Alors, et là seulement, je pou-
» vais montrer avec fruit sa modération,
» son désintéressement, sa sagesse; je
» n'y pouvais raisonnablement parvenir
» qu'au travers *de la dictature universelle* :
» j'y ai prétendu, m'en ferait-on un crime?
» Penserait-on qu'il fût au-dessous des
» forces humaines de s'en démettre?
» Sylla, gorgé de crimes, a bien osé
» abdiquer, poursuivi par l'exécration
» publique. Quel motif eût pu m'arrêter,
» moi qui n'aurais eu que des bénédic-
» tions à recueillir!...... Mais demander
» de moi, avant le temps ce qui n'était
» pas de saison, était d'une bêtise vul-
» gaire; moi l'annoncer, le promettre eût
» été pris pour du verbiage, du charlata-
» nisme; ce n'était point mon genre.......
» Je le répète, il me fallait vaincre à
» Moscow!.... »

Une autre fois, arrêté devant Tobie,
il disait : « Ce que c'est pourtant que
» cette pauvre machine humaine! pas
» une enveloppe qui se ressemble; pas
» un intérieur qui ne diffère! et c'est
» pour se refuser à cette vérité qu'on
» commet tant de fautes! Faites de Tobie
» un Brutus, il se serait donné la mort;

» un Ésope, il serait peut-être aujour-
» d'hui le conseiller du gouverneur; un
» chrétien ardent et zélé, il porterait ses
» chaînes en vue de Dieu et les bénirait.
» Pour le pauvre Tobie, il n'y regarde
» pas de si près, il se courbe et travaille
» innocemment! » Et après l'avoir consi-
déré quelques instans en silence, il dit
en s'éloignant : « Il est sûr qu'il y a loin
» du pauvre Tobie à un roi Richard!....
» Et toutefois, continuait-il en marchant,
» le forfait n'en est pas moins atroce; car
» cet homme, après tout, avait sa famille,
» ses jouissances, sa propre vie. Et l'on
» a commis un horrible forfait en venant
» le faire mourir ici sous le poids de l'es-
» clavage. » Et s'arrêtant tout à coup, il
me dit : « Mais je lis dans vos yeux; vous
» pensez qu'il n'est pas le seul exemple
» de la sorte à Sainte-Hélène! » Et soit
qu'il fût heurté de se voir en parallèle
avec Tobie, soit qu'il crût que mon courage eût besoin d'être relevé, soit enfin
toute autre chose, il poursuivit avec feu
et majesté : « Mon cher, il ne saurait y
» avoir ici le moindre rapport; si l'attentat
» est plus relevé, les victimes aussi offrent
» bien d'autres ressources. On ne nous a
» point soumis à des souffrances corpo-

» relles ; et l'eût-on tenté, nous avons
» une âme à tromper nos tyrans!.. Notre
» situation peut même avoir des attraits!
» L'univers nous contemple!....... Nous
» demeurons les martyrs d'une cause
» immortelle!...... Des millions d'hom-
» mes nous pleurent, la patrie soupire,
» et la gloire est en deuil!..... Nous lut-
» tons ici contre l'oppression des dieux,
» et les vœux des nations sont pour
» nous!.... » Et après une pause de quelques secondes, il reprit : « Mes véritables
» souffrances ne sont point ici!.... Si je
» ne considérais que moi, peut-être au-
» rais-je à me réjouir!.... Les malheurs
» ont aussi leur héroïsme et leur gloire!..
» L'adversité manquait à ma carrière!....
» Si je fusse mort sur le trône, dans les
» nuages de ma toute puissance, je serais
» demeuré un problème pour bien des
» gens; aujourd'hui, grâce au malheur,
» on pourra me juger à nu! »

Vendredi 1ᵉʳ Décembre au Dimanche 3.

Origine des Guides. — Autre danger de Napoléon. — Un gros Officier allemand. — Un
Chien.

Un grand nombre d'objets remplissent
ces journées; j'en élague une partie

comme inutile, et j'en tais une autre par convenance; je ne retranscris ici que quelques traits nouveaux, relatifs au Général en chef de l'armée d'Italie.

Napoléon, après le passage du Mincio, toutes les mesures ordonnées, et l'ennemi poursuivi dans toutes les directions, s'arrêta dans un château sur la rive gauche. Il souffrait de la tête, et prit un bain de pieds. Un gros détachement ennemi, égaré et perdu, arrive, en remontant le fleuve, jusqu'à ce château. Napoléon y était presque seul; la sentinelle en faction à la porte n'a que le temps de la pousser, en criant aux armes; et le général de l'armée d'Italie, au sein de sa victoire, est réduit à s'évader par les derrières du jardin, avec une seule botte, l'autre jambe nue. S'il eût été pris avant que sa réputation ne l'eût consacré, les actes de génie par lesquels il venait de débuter, n'eussent peut-être jamais été, pour le vulgaire, que des échauffourées heureuses et blâmables.

Le danger auquel venait d'échapper le général français, circonstance qui, dans sa manière d'opérer, pouvait se renouveler souvent, devint l'origine des guides, chargés de garder sa personne.

Ils ont été imités depuis par les autres armées.

Napoléon, dans la même campagne, courut encore un aussi pressant danger; Wurmser, réduit à se jeter dans Mantoue, et débouchant subitement dans une plaine, apprit d'une vieille femme qu'il n'y avait qu'un instant que le général français, presque seul de sa personne, se trouvait arrêté devant sa porte, et qu'il avait pris la fuite à la vue même des Autrichiens. Wurmser expédia aussitôt un bon nombre de cavaliers dans toutes les directions, ne doutant pas de la précieuse capture. « Mais il recommandait » surtout, il faut lui rendre cette justice, » disait l'Empereur, de ne pas me tuer, » ni de me faire aucun mal. » Heureusement la vitesse de son cheval et son heureuse étoile sauvèrent le jeune général.

On va voir que la nouvelle manière de faire la guerre, pratiquée par Napoléon, déconcertait tout le monde. A peine la campagne était ouverte, que toute la Lombardie était inondée dans toutes les directions, et qu'on faisait déjà les approches de Mantoue, pêle-mêle au milieu des ennemis. Le général en chef se trouvant dans les environs de

Pizzighitone, rencontra un gros capitaine ou colonel allemand qu'on venait de faire prisonnier. Napoléon eut la fantaisie de le questionner, sans en être connu, et lui demanda comment allaient les affaires. « Oh! très-mal, lui dit l'autre : je ne sais pas comment cela finira; mais on n'y comprend plus rien. On nous a envoyé pour nous combattre un jeune étourneau qui vous attaque à droite, à gauche, par-devant, par-derrière; on ne sait plus que faire. Cette manière est insupportable; aussi, pour ma part, je suis tout consolé d'avoir fini. »

Napoléon disait qu'à la suite d'une de ses grandes affaires d'Italie, il traversa, lui trois ou quatrième, le champ de bataille dont on n'avait pu encore enlever les morts : « C'était par un beau clair de lune et dans la solitude profonde de la nuit, disait l'Empereur; tout à coup un chien sortant de dessous les vêtemens d'un cadavre, s'élança sur nous et retourna presqu'aussitôt à son gîte, en poussant des cris douloureux; il léchait tour à tour le visage de son maître, et se lançait de nouveau sur nous; c'était tout à la fois demander du secours et rechercher la vengeance.

» Soit disposition du moment, continuait
» l'Empereur, soit le lieu, l'heure, le
» temps, l'acte en lui-même, ou je ne
» sais quoi, toujours est-il vrai que jamais
» rien, sur aucun de mes champs de ba-
» taille, ne me causa une impression
» pareille. Je m'arrêtai involontairement
» à contempler ce spectacle. Cet homme,
» me disais-je, a peut-être des amis; il
» en a peut-être dans le camp, dans sa
» compagnie, et il gît ici abandonné de
» tous, excepté de son chien! Quelle
» leçon la nature nous donnait par l'in-
» termédiaire d'un animal!...

» Ce qu'est l'homme! et quel n'est pas
» le mystère de ses impressions! J'avais
» sans émotion ordonné des batailles qui
» devaient décider du sort de l'armée;
» j'avais vu, d'un œil sec, exécuter des
» mouvemens qui amenaient la perte d'un
» grand nombre d'entre nous; et ici, je
» me sentais ému, j'étais remué par les
» cris et la douleur d'un chien!..... Ce
» qu'il y a de bien certain, c'est qu'en ce
» moment j'eusse été plus traitable pour
» un ennemi suppliant : je concevais
» mieux Achille rendant le corps d'Hec-
» tor aux larmes de Priam. »

Lundi 4. — Mardi 5.

Guerre. — Principes. — Application. — Paroles sur divers généraux.

Mes yeux étaient devenus fort malades; j'ai été obligé d'interrompre mon travail : ils s'en vont tout à fait, je les aurais perdus sur la campagne d'Italie.

Depuis quelque temps la température éprouvait une variation sensible; au demeurant, nous n'entendions plus rien aux saisons : le soleil passant dans l'année deux fois sur nos têtes, nous devions avoir, disions-nous, du moins deux étés ou, pour mieux dire, le tout, dans nos idées accoutumées, ne ressemblait plus à rien; car, pour achever la confusion, nous devions faire tous nos calculs désormais au rebours de l'Europe, puisque nous nous trouvions dans l'hémisphère méridional. Quoiqu'il en fût, il pleuvait souvent, l'atmosphère était très-humide, il faisait plus froid. L'Empereur ne sortait plus le soir; il s'enrhumait à chaque instant, il ne reposait pas bien. Il fut obligé de cesser de manger sous la tente, et de faire servir de nouveau dans sa chambre : il s'y trouvait mieux; mais il ne pouvait y bouger. La conversation continuait à table après qu'on avait desservi. Aujourd'hui il entreprit le général Gourgaud, qui était resté pour dîner, sur les élémens et sur les premiers exercices de l'artillerie. Celui-ci sortait de cette arme, était encore tout frais émoulu. L'examen fut très-curieux et fort gai; l'Empereur ne fut jamais le plus faible : on eût dit qu'il venait de passer lui-même son examen à l'école.

On parla ensuite de guerre, de grands capitaines. « Le sort d'une bataille, disait l'Empereur, est le résultat d'un instant, d'une pensée : on s'approche avec des combinaisons diverses, on se mêle, on se bat un certain temps, le moment décisif se présente, *une étincelle morale* prononce, et la plus petite réserve accomplit. » Il a été parlé de Lutzen et de Bautzen, etc., etc.

Plus tard l'Empereur a dit qu'à la campagne de Waterloo, s'il avait suivi la pensée de tourner la droite ennemie, il y eût réussi facilement; il avait préféré de percer le centre et de séparer les deux armées. Mais tout a été fatal dans cette affaire, qu'il dit avoir pris la teinte d'une absurdité, et pourtant il devait obtenir la victoire. Jamais aucune de ses batailles n'avait présenté moins de doute à ses yeux; il est encore à concevoir ce qui est arrivé.

« *Grouchi* s'est égaré, a-t-il dit.

» *Ney* était tout hors de lui.

» *Derlon* s'est rendu inutile.

» Personne n'a été soi-même, etc. »

Si le soir il eût connu la position de Grouchi, continuait-il, et qu'il eût pu s'y jeter, il lui eût été possible au jour, avec cette magnifique réserve, de rétablir les affaires, et peut-être même de détruire les alliés par un de ces prodiges, de ces retours de fortune qui lui étaient familiers et qui n'eussent surpris personne; mais il n'avait nulle connaissance de Grouchi, et puis il n'était pas facile de se gouverner au milieu des débris de cette armée. « On se la pein- » drait difficilement dans cette nuit de » douleur, disait-il; c'était un torrent » hors de son lit, elle entraînait tout. »

Laissant ensuite cela, il disait que des périls des généraux de nos jours ne pouvaient se comparer à ceux des temps anciens; il n'y avait pas de position aujourd'hui où un général ne pût être atteint par l'artillerie; jadis les généraux ne couraient de risque que quand ils chargeaient eux-mêmes; ce qui n'était arrivé à César que deux ou trois fois.

Il était rare et difficile, disait-il dans un autre moment, de réunir toutes les qualités nécessaires à un grand général. Ce qui était le plus désirable et tirait aussitôt quelqu'un hors de ligne, c'est que chez lui l'esprit ou le talent fût en équilibre avec le caractère ou le courage : c'est ce qu'il appelait être *carré* autant de base que de hauteur. Si le courage, continuait-il, était de beaucoup supérieur, le général entreprenait vicieusement au-delà de ses conceptions; et, au contraire, il n'osait pas les accomplir, si son caractère ou son courage demeurait au-dessous de son esprit. Il citait alors le *Vice-Roi*, chez lequel cet équilibre était le seul mérite, et suffisait néanmoins pour en faire un homme très-distingué.

Delà on a beaucoup parlé du courage physique et du courage moral; et l'Empereur disait, au sujet du courage physique, qu'il était impossible à *Murat* et à *Ney* de n'être pas braves; mais qu'on n'avait pas moins de tête qu'eux, le premier surtout.

Quant au courage moral, il avait trouvé fort rare, disait-il, celui de deux heures après minuit; c'est-à-dire le courage de l'improviste qui, en dépit des événemens les plus soudains, laisse néanmoins la même liberté d'esprit, de jugement et de décision. Il n'hésitait pas à prononcer qu'il était celui qui s'était trouvé avoir le plus de ce courage de deux heures après minuit, et qu'il avait vu fort peu de personnes qui ne fussent demeurées de beaucoup en arrière.

Il disait à la suite de cela, qu'on se faisait une idée peu juste de la force d'âme nécessaire pour livrer, avec une pleine méditation de ses conséquences, une de ces grandes batailles d'où vont dépendre le sort d'une armée, d'un pays, la possession d'un trône. Aussi observait-il qu'on trouvait rarement des généraux empressés à donner bataille : » Ils pre-
» naient bien leur position, s'établis-
» saient, méditaient leurs combinaisons;
» mais là commençaient leurs indéci-
» sions; et rien de plus difficile et pour-
» tant de plus précieux que de savoir se
» décider.

Passant à un grand nombre de géné-
raux, et daignant répondre à quelques questions : *Kléber*, disait-il, était doué » du plus grand talent; mais il n'était

2 *

» que l'homme du moment : il cherchait
» la gloire comme la seule route aux jouis-
» sances; d'ailleurs nullement national,
» il eût pu, sans effort, servir l'étranger :
» il avait commencé dans sa jeunesse sous
» les Prussiens, dont il demeurait fort
» engoué.

» *Desaix* possédait à un degré très-su-
» périeur cet équilibre précieux défini
» plus haut.

» *Moreau* était peu de chose dans la
» première ligne des généraux : la nature,
» en lui, n'avait pas fini sa création; il
» avait plus d'instinct que de génie.

» Chez *Lannes* le courage l'emportait
» d'abord sur l'esprit; mais chez lui l'es-
» prit montait chaque jour pour se mettre
» en équilibre. Il était devenu très-supé-
» rieur quand il a péri : je l'avais pris
» *pigmée*, je l'ai perdu *géant*. »

Chez tel autre qu'il nommait, l'esprit, au contraire, surpassait le caractère : on ne pouvait lui refuser de la bravoure assurément; mais enfin il calculait le boulet, ainsi que beaucoup d'autres.

Parlant d'ardeur et de courage, l'Empereur disait : « Il n'est aucun de mes
» généraux dont je ne connaisse ce que
» j'appelle son *tirant-d'eau*. Les uns, di-

» sait-il en s'accompagnant du geste, en
» prennent jusqu'à la ceinture, d'autres
» jusqu'au menton, enfin d'autres jusque
» par-dessus la tête, et le nombre de
» ceux-ci est bien petit, je vous assure. »

Suchet était quelqu'un chez qui le caractère et l'esprit s'étaient accrus à surprendre.

Masséna avait été un homme très-supérieur qui, par un privilége très-particulier, ne possédait l'équilibre tant désiré qu'au milieu du feu : il lui naissait au milieu du danger.

« Les généraux qui semblaient devoir
» s'élever, les destinées de l'avenir, ter-
» minait-il, étaient *Gérard, Clausel, Foy,*
» *Lamarque,* etc. : c'étaient mes nou-
» veaux maréchaux. »

Mercredi 6.

Situation des princes d'Espagne à Valencey. — Le Pape à Fontainebleau. — Réflexions, etc.

L'Empereur, après m'avoir dicté ce matin, a travaillé successivement avec ces messieurs, et a prolongé quelque temps sa promenade avec eux. A leur départ je l'ai suivi dans l'allée inférieure : il était triste, silencieux ; sa physionomie avait quelque chose de contrarié et de

sévère. « Eh! bien, m'a-t-il dit en remon-
» tant pour dîner, nous aurons à Long-
» wood des sentinelles sous nos fenêtres;
» on voudrait me forcer d'avoir un
» officier étranger à ma table, dans mon
» salon; je ne saurais monter à cheval
» sans en être accompagné; en un mot,
» nous ne saurions faire un pas, un mou-
» vement sous peine d'un outrage!.... »

Je lui ai dit que c'était une goutte d'absinthe de plus dans le calice amer que nous devions boire à sa gloire et à sa toute-puissance passée; que son stoïcisme d'ailleurs suffisait pour défier ses ennemis, et les ferait rougir de leur brutalité à la face des nations. Je me suis hasardé de dire que les princes d'Espagne à Valencey, le Pape à Fontainebleau, n'avaient sans doute jamais rien éprouvé de pareil. « Je le crois bien,
» a-t-il repris; les princes chassaient à
» Valencey, ils y donnaient des bals,
» sans soupçonner physiquement leurs
» chaînes; le respect, les égards, les en-
» touraient de toutes parts. Le vieux roi
» Charles IV avait été tranféré de Com-
» piègne à Marseille, et de Marseille à
» Rome, quand il l'avait voulu. Et,
» cependant, quelle différence de ces

»localités à celles d'ici! le Pape, à Fon-
»tainebleau, bien qu'on en ait osé dire
»dans le monde, avait été traité de
»même; et encore ne sait-on point le
»nombre des personnes qui, malgré
»tous ces adoucissemens, avaient refusé
»dans ces circonstances, d'en être les
»gardiens; refus qui ne m'avaient point
»offensé, parce qu'ils m'avaient paru
»simples: ces emplois étaient du do-
»maine de la délicatesse intérieure, et
»nos mœurs européennes veulent que
»le pouvoir se trouve limité par l'hon-
»neur. » Il ajoutait que quant à lui,
comme homme et officier, il n'eût pas
hésité à refuser de garder le Pape, dont
il n'avait jamais ordonné d'ailleurs la
translation en France.

Ma figure exprimait une grande surprise : »Ceci vous étonne? a-t-il repris,
»vous ne le saviez pas? Cela est pourtant
»vrai ainsi que beaucoup d'autres choses
»semblables que vous apprendrez avec
»le temps. D'ailleurs, faudrait-il encore
»distinguer les actes du souverain qui
»agit collectivement, de ceux de l'homme
»privé que rien ne gêne dans son sen-
»timent : la politique admet, ordonne

» même à l'un ce qui demeurerait sou-
» vent sans excuse dans l'autre. »

Le moment du dîner amena d'autres conversations, et trompa son chagrin; la gaîté prit le dessus.

Cependant l'Empereur songeait sérieusement à quitter sa mauvaise cabane, quelque inconvénient d'ailleurs que fît pressentir la nouvelle demeure. Il m'a chargé, en allant finir ma soirée chez notre hôte, de lui porter une boîte avec son chiffre, et de lui dire qu'il était fâché de tout l'embarras qu'il devait lui avoir causé.

Jeudi 7.

Sur la Nouvelle Héloïs, et sur l'amour. — Contrariétés.

L'Empereur m'a fait descendre de bonne heure chez lui. Il s'est mis à lire la Nouvelle Héloïse, s'arrêtant souvent sur l'art et la force des raisonnemens; le charme du style et des expressions; il a lu plus de deux heures. Cette lecture produisit sur moi une grande impression, une forte mélancolie mêlée de douceur et de peine. Cette production m'avait toujours fort attaché; elle réveillait d'heureux souvenirs, créait de tristes regrets; l'Empereur en sourit plus d'une fois. Durant le déjeûner, l'ouvrage demeura le sujet de la conversation.

Jean-Jacques avait chargé son sujet, disait l'Empereur, il avait peint la frénésie; l'amour devait être un plaisir, et non pas un tourment. Moi j'affirmais qu'il n'y avait rien dans Jean-Jacques qu'un homme n'ait pu sentir, et que le tourment même, dont parlait l'Empereur, était un bonheur. « Je vois, me » disait-il en riant, que vous avez donné » dans le *romanesque* : cela vous a-t-il » rendu heureux? — Je ne me plains pas » de ma destinée, Sire, répondais-je; si » j'avais à recommencer, je n'y voudrais » rien changer. »

L'Empereur a repris la lecture après le déjeûner. Cependant, à mesure que nous avancions, il s'arrêtait de temps à autre; la magie l'atteignait à son tour. Il finit par laisser le livre, et nous avons pris la route du jardin. « En effet, disait-» il chemin faisant, cet ouvrage a du feu, » il remue, il inquiète. » Le sujet a été traité à fond; nous avons débité beaucoup de verbiage, à la suite duquel il a été conclu que l'amour parfait était le bonheur idéal; que tous deux étaient aussi aériens l'un que l'autre, aussi fugitifs, aussi mystérieux, aussi inexplicables, et que l'amour du reste devait être l'*occupation* de l'homme oisif, la *distraction* du guerrier, l'*écueil* du souverain.

Le Grand-Maréchal et M. Gourgaud nous ont rejoints, ils arrivaient de Longwood. L'Amiral, depuis quelques jours, était fort pressé de nous y envoyer; l'Empereur n'était pas moins désireux de s'y rendre; il était si mal à Briars! Toutefois il fallut que l'odeur de la peinture le lui permît; il était impossible à son organisation particulière de la supporter; jamais, dans les palais impériaux, il n'était arrivé de l'y exposer. Souvent, dans ses voyages, on avait été obligé de changer à la hâte les logemens qu'on lui avait préparés. A bord du Northumberland il avait été malade de la seule peinture du vaisseau. Ici on lui avait dit la veille que tout était prêt, qu'il n'y avait plus d'odeur. Il avait dès-lors résolu de partir pour Longwood le surlendemain samedi, afin de jouir de l'absence des ouvriers le dimanche; mais le Grand-Maréchal et M. Gourgaud lui ont déclaré en cet instant, qu'ils venaient de vérifier la place, qu'elle ne serait pas tenable ; ils se sont étendus longuement sur cet objet. L'Empereur a pris beaucoup d'humeur du premier rapport qu'on lui avait fait, et de la résolution qu'il lui avait fait prendre. Ces deux messieurs s'en sont retournés ; nous avons gagné l'allée inférieure, l'Empereur toujours assez mal disposé. M. de Montholon est arrivé de Longwood fort mal à propos ; il a répété que tout était préparé, que l'Empereur pouvait y aller quand il voudrait ; la contrariété et l'humeur ont éclaté à ces deux rapports aussi voisins et aussi contradictoires. Heureusement l'instant du dîner est venu faire diversion ; on avait mis le couvert dans la chambre à coucher, l'Empereur était assez enrhumé pour ne plus pouvoir supporter la tente. Après le dîner, il a repris sa lecture ; il a fini la journée, comme il l'avait commencée, avec la Nouvelle Héloïse.

Vendredi 8. — Samedi 9.

Lieutenant anglais. — Singularité. — Départ pour Longwood arrêté. — Politique. — État de la France. — Mémoire justificatif de Ney.

Le doute élevé hier sur l'odeur de la

peinture, à Longwood, m'ayant donné l'idée d'aller le vérifier moi-même, et désirant pouvoir en rendre compte à l'Empereur à son déjeûner, je suis parti de très-grand matin, faisant les trois quarts de la route à pied, parce que personne n'était encore levé aux écuries; j'étais de retour avant neuf heures. Il était très-vrai que les appartemens sentaient peu; mais c'étaient encore trop pour l'Empereur.

Le neuf, l'Empereur a reçu, au jardin, la présentation du capitaine du Minden, de soixante-quatorze, venant du Cap, et repartant sous peu de jours pour l'Europe. Ce capitaine avait déjà eu l'honneur de lui être présenté à Paris sous le consulat, douze ans auparavant. Il a demandé la permission de présenter à l'Empereur un de ses lieutenans, à cause de quelques circonstances personnelles qui nous ont paru bien singulières. Ce jeune homme était né à Bologne, précisément lors de la première entrée de l'armée française dans cette ville. Le Général français, lui Napoléon, était même intervenu pour quelque chose, que le jeune homme ne sut pas expliquer, dans la cérémonie de son baptême; et le Général français avait fait présent, à cette occasion, d'une cocarde tricolore, conservée précieusement depuis dans la famille.

Après le départ de ces personnes, le Grand-Maréchal arriva de Longwood; il trouvait que l'odeur était réellement peu de chose. L'Empereur était si mal! une portion de ses effets était déjà partie, il arrêta de se rendre à Longwood le lendemain. J'en fus bien aise pour mon compte; depuis quelques jours j'avais pu me convaincre du parti pris d'obliger l'Empereur à déguerpir. J'avais gardé pour moi les communications publiques ou secrètes qu'on m'en avait faites; je me faisais une loi de lui épargner autant de contrariétés que possible, me contentant d'agir en conséquence. Il y avait deux jours qu'on était venu enlever la tente, sans que nous l'eussions désiré; l'officier qui en était chargé avait aussi ordre d'enlever en même temps les contrevents de la demeure de l'Empereur. Je pris sur moi de m'y opposer; cela ne se pouvait pas, lui dis-je, l'Empereur dormait encore, et je le renvoyai. D'un autre côté, afin de m'effrayer, on me dit, on me confia avec mystère et sous le secret que si l'Empereur demeurait plus long-temps, il était question d'envoyer cent soldats camper aux portes de l'enclos. Je répondis que c'était très-bien, et n'en tins nul compte, etc., etc.

Quel pouvait être le motif de cette presse nouvelle? Je soupçonnai que le caprice de nos geoliers et l'exercice de l'autorité y avait beaucoup plus de part que toute autre chose.

Nous avions reçu des papiers jusqu'au quinze septembre; ils devinrent le sujet de la conversation; l'Empereur les analysa : l'avenir demeurait enveloppé des nuages les plus sinistres. Toutefois trois grands résultats seulement s'offraient à la pensée, disait l'Empereur: le partage de la France, le règne des Bourbons, ou une dynastie nouvelle. Louis XVIII, observait-il, avait pu régner facilement en 1814, en se faisant national; aujourd'hui il ne lui restait plus que la chance, fort odieuse et très-incertaine, d'une excessive sévérité, celle de la terreur; sa dynastie pouvait demeurer, ou celle qui lui succéderait n'être encore que dans le secret du temps. Un de nous ayant observé qu'il pourrait se faire que ce fût le Duc d'Orléans; l'Empereur a

par un mouvement fort serré, fort éloquent, prouvé qu'à moins que le Duc d'Orléans n'arrivât au trône par son tour de succession, il eût été dans l'intérêt bien entendu de tous les souverains de l'Europe de le préférer, lui Napoléon, au Duc d'Orléans arrivant par un crime ; « car, que prétend aujourd'hui la doc-
» trine des Rois contre les événemens
» du jour ? Empêcher le renouvellement
» de l'exemple que j'ai fourni contre ce
» qu'ils appellent la légitimité ? Or,
» l'exemple que j'ai fourni ne se renou-
» velle pas dans des siècles : celui que
» donnerait le Duc d'Orléans, proche
» parent du monarque sur le trône, peut
» se renouveler chaque jour, à chaque
» instant, dans chaque pays. Il n'est pas
» de souverain qui n'ait à quelque pas
» de lui, dans son propre palais, des
» cousins, des neveux, des frères, quel-
» ques parens, propres à imiter facile-
» ment celui qui une fois les aurait
» remplacés. »

Nous lûmes, dans les mêmes papiers, l'extrait du Mémoire justificatif du maréchal Ney. L'Empereur le trouvait des plus pitoyables : il n'était pas propre à lui sauver la vie, et ne relevait nulle-

ment son honneur. Ses moyens étaient pâles, sans couleurs, pour ne pas dire plus. Avec ce qu'il avait fait, il protestait encore de son dévouement au Roi, et surtout de son éloignement pour l'Empereur. « Système absurde, disait
» Napoléon, que semblent avoir généra-
» lement adopté ceux qui ont paru dans
» ces momens mémorables, sans faire
» attention que je suis tellement iden-
» tifié avec nos prodiges, nos monumens,
» nos institutions, tous nos actes natio-
» naux, qu'on ne saurait plus m'en sépa-
» rer sans faire injure à la France : sa
» gloire est à m'avouer ! et quelque subti-
» lité, quelque détour, quelque men-
» songe qu'on emploie pour essayer de
» prouver le contraire, je n'en demeu-
» rerai pas moins encore tout cela aux
» yeux de cette nation.

» La défense politique de Ney, conti-
» nuait l'Empereur, semblait toute tra-
» cée : il avait été entraîné par un mou-
» vement général qui lui avait paru la
» volonté et le bien de la patrie; il y avait
» obéi sans préméditation, sans trahison.
» Des revers avait suivi, il se trouvait
» traduit devant un tribunal, il ne lui
» restait plus rien à répondre sur ce

» grand événement. Quant à la défense
» de sa vie, il n'avait rien à répondre
» encore, si ce n'est qu'il était à l'abri
» derrière une capitulation sacrée qui
» garantissait à chacun le silence et l'ou-
» bli sur tous les actes, sur toutes les
» opinions politiques. Si, dans ce sys-
» tème, il succombait, ce serait du moins
» à la face des peuples, en violation des
» lois les plus simples; laissant le souve-
» nir d'un grand caractère, emportant
» l'intérêt des âmes généreuses, et cou-
» vrant de réprobation et d'infamie ceux
» qui, au mépris d'un traité solennel,
» l'abandonnaient sans pudeur. Mais ce
» rôle est peut-être au-dessus de ses
» forces morales, disait l'Empereur. Ney
» est le plus brave des hommes; là se
» bornent toutes ses facultés. »

Il est certain que Ney quitta Paris tout au Roi; qu'il n'a tourné qu'entraîné par ses soldats. Si alors il s'est montré ardent en sens contraire, c'est qu'il sentait qu'il avait beaucoup à se faire pardonner. Du reste, il est juste de dire qu'après son fameux ordre du jour, il écrivit à l'Empereur que ce qu'il venait de faire était principalement dans l'in-térêt de la patrie; et que ne devant pas lui être agréable, il le priait de trouver bon qu'il se retirât. L'Empereur lui fit répondre de venir, qu'il le recevrait comme le lendemain de la bataille de la Moscowa. Ney, rendu près de Napoléon, lui disait encore que d'après ce qui était arrivé à Fontainebleau, il devait lui rester, sans doute, des préventions sur son attachement et sa fidélité; qu'en conséquence il ne lui demandait d'autre poste que celui de grenadier dans sa garde. L'Empereur, pour réponse, lui tendit la main, en l'appelant le Brave des Braves, comme il faisait souvent. Plus tard il disait à l'Empereur......

....

L'Empereur comparaît la situation de Ney à celle de Turenne. Ney pouvait être défendu; Turenne était injustifiable, et pourtant Turenne fut pardonné, honoré, et Ney allait probablement périr.

« En 1649, Turenne, disait-il, com-
» mandait l'armée du Roi; ce comman-
» dement lui avait été conféré par
» Anne d'Autriche, régente du royaume.
» Malgré qu'il eût prêté serment de
» fidélité, il corrompit son armée, se
» déclara pour la Fronde, et marcha sur

»Paris. Mais dès qu'il fut reconnu cou-
»pable de *haute-trahison*, son armée
»repentante l'abandonna, et Turenne,
»poursuivi, se réfugia auprès du prince
»de Hesse, pour échapper à la justice.

»Ney, au contraire, fut entraîné par
»le vœu, par les clameurs unanimes de
»son armée. Il n'y avait que neuf mois
»seulement qu'il reconnaissait un mo-
»narque qu'avaient précédé six cent
»mille baïonnettes étrangères ; monar-
»que qui n'avait pas accepté la consti-
»tution à lui présentée par le sénat,
»comme condition formelle et néces-
»saire de son retour, et qui déclarant
»qu'il régnait depuis dix-neuf ans,
»manifestait par-là qu'il regardait tous
»les gouvernemens précédens comme
»des usurpations. Ney, élevé dans la
»souveraineté nationale, avait combattu
»pendant vingt-cinq ans pour soutenir
»cette cause, et de simple soldat s'était
»élevé au rang de maréchal. Si sa con-
»duite au vingt mars n'est pas honorable,
»elle est au moins explicable, et sous
»quelques rapports excusable; mais celle
»de Turenne était véritablement crimi-
»nelle, parce que la Fronde était un
»parti allié à l'Espagne, lequel faisait

» alors la guerre à son Roi; enfin, parce
» qu'il était poussé par son propre intérêt
» et celui de sa famille, espérant obte-
» nir une souveraineté aux dépens de la
» France, et par conséquent au préju-
» dice de sa patrie. »

ÉTABLISSEMENT
A LONGWOOD.

Dimanche 10.

Translation à Longwood. — Description de la route. — Prise de possession. — Premier bain, etc.

L'Empereur m'a fait appeler vers les neuf heures pour le suivre dans le jardin : il était contraint de sortir de bonne heure de sa chambre, tout devant en être enlevé le matin même pour être transporté à Longwood. Arrivé au jardin, l'Empereur y a fait appeler notre hôte, M. Balcombe, et a demandé son déjeûner; il a voulu que M. Balcombe déjeûnât avec lui. Il était à merveille; sa conversation a été fort gaie.

Vers les deux heures on a annoncé l'Amiral; il s'avançait avec un certain embarras : la manière dont l'Empereur s'était vu traiter à Briars, les gênes imposées à ceux des siens demeurés à la ville, avaient créé de l'éloignement; l'Empereur avait cessé de recevoir l'Amiral : toutefois il l'a traité en ce moment comme s'ils s'étaient vus la veille.

Enfin on a quitté Briars, on s'est mis

en route pour Longwood. L'Empereur a monté le cheval qu'on lui avait fait venir du Cap : il le voyait pour la première fois ; il était petit, vif, assez gentil. L'Empereur avait repris son uniforme des chasseurs de la garde ; sa grâce et sa bonne mine étaient particulièrement remarquables ce jour-là ; tout le monde en faisait l'observation autour de nous, et je me complaisais à l'entendre dire. L'Amiral lui prodiguait ses soins. Beaucoup de monde s'était réuni sur la route pour le voir passer, et plusieurs officiers anglais, joints à nous, grossissaient sa suite.

Pour se rendre de Briars à Longwood on revient pendant quelque temps vers la ville, puis tournant tout à coup à droite, on franchit, à l'aide de trois ou quatre sinuosités, la chaîne qui forme un des côtés de la vallée ; alors on se trouve sur un plateau un tant soit peu ascendant, et l'on découvre un nouvel horizon, de nouveaux sites. On laisse derrière soi la chaîne des montagnes pelées, et des rocs stériles qui caractérisent le côté du débarquement ; on a en front une nouvelle chaîne transversale, dont le pic de Diane est le

TRACÉ DE LONGWOOD.

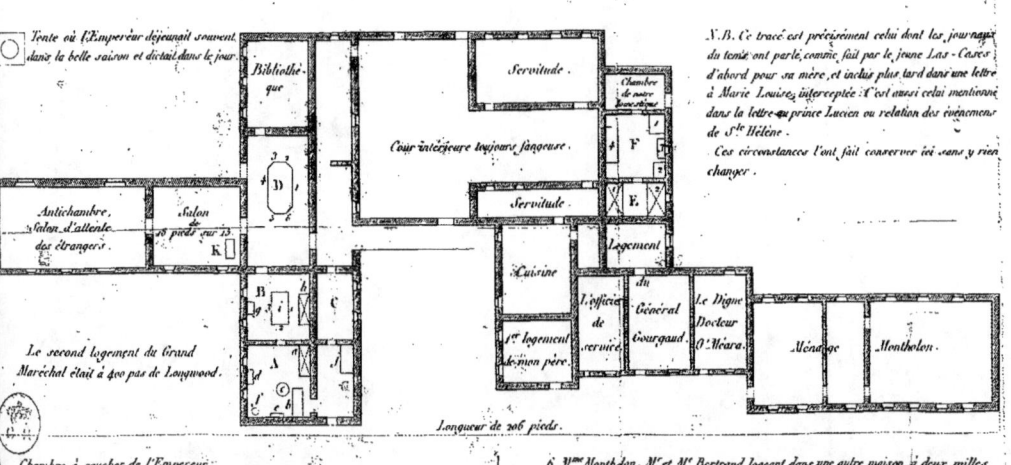

Tente où l'Empereur déjeunait souvent dans la belle saison et dictait dans le jour.

N.B. Ce tracé est précisément celui dont les journaux du temps ont parlé, comme fait par le jeune Las-Cases d'abord pour sa mère, et inclus plus tard dans une lettre à Marie Louise, interceptée. C'est aussi celui mentionné dans la lettre du prince Lucien ou relation des évènements de S.te Hélène.

Ces circonstances l'ont fait conserver ici sans y rien changer.

Le second logement du Grand Maréchal était à 400 pas de Longwood.

Longueur de 206 pieds.

Echelle de 12 24 36 48 Pieds.

A. Chambre à coucher de l'Empereur.
a. Petit lit de campagne en fer, où couchait l'Empereur.
b. Canapé où l'Empereur était assis une grande partie du jour, tourné vers la cheminée.
c. Petit Guéridon sur lequel déjeunait l'Empereur. Il y faisait souvent venir mon père, surtout lors des leçons d'anglais.
d. Commode entre les deux croisées.
e. Cheminée où sont suspendus 2 portraits de l'Impératrice et 5 du Roi de Rome dont un est brodé des mains de Marie Louise, et aussi un petit buste en marbre du Roi de Rome.
f. Grand Lavabo apporté de l'Élysée.
B. Cabinet de travail.
g. Bibliothèque.
h. Second petit lit semblable au premier. Quand l'Empereur ne pouvait dormir, il se transportait souvent d'un lit à l'autre.
i. Table sur laquelle travaillait l'Empereur. 1. Place de l'Empereur. 2. celle de mon père. 3. moi, auquel il dictait les campagnes d'Italie. Chacun de nous avait son travail particulier et à des heures différentes.
C. Couloir où se tenait le valet de chambre.
j. Baignoire où l'Empereur prenait des bains toutes les fois que l'eau ne manquait pas.
D. Salle à manger. 1. Place de l'Empereur. 2. mon père. 3. moi. 4. Montholon. 5. Gourgaud.

b. M.me Montholon. M.r et M.me Bertrand logeant dans une autre maison, à deux milles environ de Longwood ne venaient dîner que tous les dimanches. Après le dîner, qui ne durait jamais plus de 15 à 18 minutes, l'Empereur renvoyait les gens en exerçant sur eux son anglais go out, go to supper. Puis il demandait ordinairement si nous irions à la comédie, ou à la tragédie; il m'envoyait à la Bibliothèque et lisait tout haut. C'était toujours un de nos grands maîtres et le plus souvent Corneille, Racine, Molière, après quoi il se retirait pour aller se coucher. S'il avait atteint 11 heures ou minuit, il se trouvait heureux et appelait cela une conquête sur le tems.

E. Chambre à coucher de mon père. 1. son lit. 2. le mien. La chambre était si petite qu'il y avait au plus la place de deux chaises.

F. Notre chambre de travail. 1. bureau de mon père. 2. table d'où je j'écrivais. 3. table d'Ali le valet de chambre de l'Empereur, qui venait souvent transcrire pour mon père. 4. Canapé sur lequel mon père était étendu une grande partie du jour. Les chambres sont si basses qu'en élevant la main on peut toucher le plafond. Elles sont couvertes en papier goudronné. S'il faisait du soleil nous étouffions, s'il pleuvait nous étions dans l'eau. Là, que de fois nous sommes restés à nous promener mon père et moi bien avant dans la nuit, parlant de toi, ma mère.

K. Petite table sur laquelle l'Empereur faisait ordinairement une partie d'échecs avant de se mettre à table.

sommet le plus élevé, en même temps qu'il semble être la clef et le noyau de tout le système environnant ; sur la gauche, qui est la partie orientale de l'île ou le côté de Longwood, l'horizon est fermé par la chaîne crevassée de rochers nus qui forment le contour et la barrière de l'île ; le sol se montre entièrement en désordre, inculte et désert : mais sur la droite l'œil plonge sur un terrein assez étendu, fort tourmenté il est vrai, mais du moins montrant de la verdure, un assez grand nombre d'habitations et toutes les traces de la culture ; de ce côté le tableau, il faut l'avouer, est tout à fait romantique et même agréable.

A mesure qu'on avance sur une route en fort bon état, se creuse sur la gauche une vallée profonde. Au bout de deux milles, la route fait brusquement un coude à gauche, à ce coude se trouve *Hut's-gate*, mauvaise petite maison choisie pour la demeure du Grand-Maréchal et de sa famille. A quelques pas de là, la vallée de gauche, qui va toujours en se creusant, forme alors un gouffre circulaire, auquel son étendue, sa profondeur et son ensemble gigantesque, ont fait donner le nom de *Bol-de-Punch-du-Diable*; la route étant fort rétrécie en cet endroit par une éminence à droite, on se trouve obligé de prolonger à gauche et de très-près, ce précipice jusqu'à ce qu'elle s'en détache pour atteindre Longwood, qu'on rencontre bientôt sur la droite *.

A la porte de Longwood s'est trouvé une garde sous les armes, rendant les honneurs prescrits à l'auguste Captif. Son cheval, vif et indocile, peu accoutumé à tout ce spectacle et effrayé par le tambour, se refusait obstinément à franchir le seuil, et ce n'est que par la force de l'éperon que le cavalier est venu à bout de l'y lancer; et alors aussi des regards significatifs se sont échangés

---

* Ce serait peut-être ici le lieu de placer la carte géographique qui a été promise; mais ayant été travaillée avec assez de soin pour en faire une espèce de gravure, on a eu l'idée de ne plus mettre dans le volume cette carte, qui se trouverait gâtée par ses plis; mais de la donner séparément, de manière à ce qu'on pût la faire encadrer, si on en avait la fantaisie.

Il a été dessiné aussi, et comme pendant à cette carte géographique, quatre différentes vues de Sainte-Hélène, sous un même cadre, qu'on pourra se procurer à volonté.

involontairement entre ceux qui formaient son escorte; et nous nous sommes trouvés enfin dans notre nouvelle demeure.

L'Amiral s'est empressé de tout montrer dans les plus petits détails; il avait constamment tout dirigé, certains ouvrages étaient même de ses mains. L'Empereur a trouvé le tout très-bien; l'Amiral s'en est montré des plus heureux; on voyait qu'il avait redouté la mauvaise humeur et le dédain; mais l'Empereur au contraire témoignait une bonté parfaite.

Il s'est retiré vers les six heures, et m'a fait signe de le suivre dans sa chambre. Il a parcouru alors divers petits meubles qui s'y trouvaient, s'informant si j'en avais autant; sur la négative, il me les a fait emporter avec une grâce charmante, disant : « Prenez toujours; » pour moi je ne manquerai de rien, on » me soignera plus que vous. » Il se trouvait très-fatigué; il m'a demandé s'il n'en portait pas les traces. C'était le résultat de cinq mois d'un repos absolu : il avait beaucoup marché le matin, et venait de faire quelques milles à cheval.

Cette nouvelle demeure se trouvait

garnie d'une baignoire, que l'Amiral était venu à bout de faire exécuter, tant bien que mal, par ses charpentiers. L'Empereur, qui avait été privé de bains depuis la Malmaison, et pour qui ils étaient devenus une des nécessités de la vie, a voulu en prendre un dès l'instant même. Il m'a dit de lui tenir compagnie durant ce temps, et là il traçait les petits détails de notre établissement nouveau; et comme le local qu'on m'avait assigné était des plus mauvais, il a voulu que je m'établisse, durant le jour, dans ce qu'il a appelé son cabinet topographique, attenant à son propre cabinet. Le tout, disait-il, afin que je me trouvasse moins éloigné de lui. Tout cela était dit avec une bonté qui me pénétrait. Il l'a poussée même jusqu'à me dire, à plusieurs reprises, qu'il fallait que je vinsse le lendemain prendre aussi un bain dans sa baignoire; et sur ce que mon attitude s'en excusait par un respect profond et une retenue indispensable : «Mon cher, a-t-il dit, » en prison il faut savoir s'entr'aider. Je » ne saurais après tout occuper cette » machine tout le jour, et ce bain vous » ferait autant de bien qu'à moi. » On eût dit qu'il cherchait à me dédommager de ce que j'allais le perdre, de ce que je ne serais plus le seul auprès de lui. En effet, tant de bonté me donnait du bonheur, il est vrai ; mais ce n'était pas sans quelque tristesse. Tout ce que faisait là l'Empereur était le prix de mes assiduités de Briars, sans doute ; mais cela m'annonçait aussi peut-être la fin de cette habitude journalière que j'avais due à notre solitude profonde.

Après son bain, l'Empereur ne voulant pas se rhabiller, a dîné dans sa chambre et m'a retenu avec lui ; nous étions seuls, la conversation a conduit à une circonstance toute particulière, dont le résultat pouvait être d'une *grande importance*. Il m'en a demandé mon avis et m'a chargé de lui en présenter le lendemain mes idées.....

Lundi 11 *au Jeudi* 14.

Description de Longwood, etc. — Détail des Appartemens.

Enfin se déroulait pour nous une portion nouvelle de notre existence, sur le malheureux rocher de Sainte-Hélène. On venait de nous établir dans nos futures demeures, et de nous assigner les limites de notre sauvage prison.

Longwood, dans le principe, simple ferme de la Compagnie, abandonnée au sous-gouverneur pour lui tenir lieu de maison de campagne, se trouve dans une des parties les plus élevées de l'île. Le thermomètre anglais marque dix degrés de différence en moins avec la vallée où nous avions débarqué. C'est un plateau assez étendu sur la côte orientale, et assez près du rivage. Des vents éternels, parfois violens et toujours de la même partie, en balayent constamment la surface; des nuages le couvrent presque toujours; le soleil qui y paraît rarement, n'en a pourtant pas moins d'influence sur l'atmosphère : il attaque le foie, si on ne s'en préserve avec soin*; des pluies abondantes et soudaines achèvent d'empêcher qu'on ne distingue ici aucune saison régulière; il n'en est point à Longwood, ce n'est qu'une continuité de vents, de nuages, d'humidité; toujours une température modérée et monotone qui présente du reste peut-être plus d'ennui que d'in-

---

* Voyez l'ouvrage du docteur O'Méara. (*Béchet aîné*, 1824.)

salubrité. L'herbe, en dépit des fortes pluies, disparaît rongée par le vent ou flétrie par la chaleur; l'eau y est amenée par un conduit, et se trouve si malsaine que le sous-gouverneur, que nous avons remplacé, n'en faisait usage, pour lui ou pour ses gens, qu'après l'avoir fait bouillir : nous avons été contraints d'en faire autant nous-mêmes. Les arbres qu'on y voit, et qui de loin lui prêtent un aspect riant, ne sont que des arbres à gomme, arbuste chétif et bâtard qui ne donne point d'ombre. Une partie de l'horizon présente au loin l'immense mer; le reste n'offre plus que d'énormes rochers stériles, des abîmes profonds, des vallées déchirées, et au loin la chaîne nuageuse et verdie du Pic-de-Diane. En résumé, l'aspect de Longwood ne saurait être agréable qu'au voyageur fatigué d'une longue navigation, pour qui toute terre a des charmes. S'il s'y trouve transporté par un beau jour, frappé des objets bizarres qui s'offrent soudainement à sa vue, il peut s'écrier même : que c'est beau ! Mais cet homme n'y est que pour un instant; et quel supplice sa fausse admiration ne fait-elle pas éprouver alors aux captifs condamnés à y demeurer toujours !

Depuis deux mois on n'avait pas cessé de travailler pour mettre Longwood en état de nous recevoir; toutefois les résultats étaient bien peu de chose.

On entre à Longwood par une pièce qui venait d'être bâtie, destinée à servir tout-à-la-fois d'anti-chambre et de salle à manger; de là on passe dans une pièce attenante, dont on avait fait le salon; on entre ensuite dans une troisième fort obscure, en travers sur celles-ci; on l'avait désignée pour recevoir les cartes et les livres de l'Empereur : elle est devenue plus tard la salle à manger. En tournant à droite, dans cette chambre, on trouvait la porte de l'appartement de l'Empereur; cet appartement consistait en deux très-petites pièces égales, à la suite l'une de l'autre, formant son cabinet et sa chambre à coucher; un petit corridor extérieur, en retour de ces deux pièces, lui servait de salle de bain. A l'opposite de l'appartement de l'Empereur, à l'autre extrémité du bâtiment, était le logement de madame de Montholon, de son mari et de son fils, local qui a formé depuis la bibliothèque de l'Empereur. En dehors de tout cela, et au travers d'issues informes, une petite pièce carrée, au rez-de-chaussée, contiguë à la cuisine, fut ma demeure. Au travers d'une trappe pratiquée au plancher, et à l'aide d'une échelle de vaisseau, on arrivait au gîte de mon fils, véritable grenier qui ne renfermait guère que la place de son lit. Nos fenêtres et nos lits demeuraient sans rideaux; le peu de meubles de nos chambres provenait évidemment de ce dont les habitans s'étaient défait dans cette circonstance; heureux, sans doute, de trouver cette occasion de les placer à profit pour les renouveler ensuite avec avantage.

Le Grand-Maréchal, sa femme et ses enfans avaient été laissés à deux milles en arrière de nous, dans un abri tel que dans le pays même, il porte le nom de *Hutte*, (Hut's-gate).

Le général Gourgaud fut mis sous une tente, ainsi que le médecin[*] et l'officier

---

[*] Ce médecin était le docteur O'Méara, du Northumberland, qui voyant Napoléon partir pour Sainte-Hélène, sans médecin, s'offrit généreusement, aux grands applaudissemens

préposé à notre garde, en attendant que l'on eût achevé leurs chambres, que construisaient à la hâte les matelots du Northumberland.

Une espèce de jardin régnait autour de nous; mais le défaut d'eau, la nature du climat, le peu de soins que nous pouvions lui donner, faisaient qu'il n'en avait réellement que le nom. En face de nous, et séparé par un ravin assez profond, était campé, à une assez petite distance, le 53e, dont divers postes couronnaient les sommités voisines : tel était notre nouveau séjour.

Le douze, je rendis compte à l'Empereur de l'objet particulier sur lequel il m'avait dit, deux jours auparavant, de lui présenter mes idées; il ne décida rien, croyant la chose tout à fait inutile. J'avais osé insister parce que, dans le doute même, il n'y avait du moins rien

---

de tous les siens, et à la vive reconnaissance de nous tous. Les ministres anglais seuls semblent s'en être irrités : tout le monde sait les outrages, les injustices révoltantes, les persécutions que leur froide et barbare furie ont accumulés plus tard sur la tête de ce digne Anglais, qui n'avait fait pourtant qu'honorer l'humanité, son pays et son cœur.

à risquer ni à perdre : c'était se donner la chance de la loterie sans la dépense de la mise. L'événement a prouvé du reste qu'il avait bien jugé ; la chose eût été parfaitement inutile ; elle n'eût pu amener aucun résultat. . . . .
. . . .

Le même jour le colonel Wilks, ancien gouverneur pour la Compagnie, que l'Amiral était venu déplacer, vint faire sa visite à l'Empereur ; je servis d'interprète. Le lendemain ou surlendemain, le Minden fit voile pour l'Europe ; j'en profitai pour écrire à Londres et à Paris.

Vendredi 15. — Samedi 16.

Régularisation de la maison de l'Empereur. — Situation morale des captifs entre eux, etc. — Quelques nuances du caractère de l'Empereur. — Portrait de Napoléon, par M. de Pradt, traduit d'une gazette anglaise. — Réfutation.

La maison domestique de l'Empereur, au départ de Plymouth, se trouva composée encore de onze personnes. Je me fais un plaisir de consacrer ici leurs noms ; je le dois à leur dévouement.

Quelque nombreuse que se trouvât

cette maison de l'Empereur, on pourrait dire cependant que, depuis notre départ d'Angleterre, durant notre traversée, et depuis notre débarquement à Sainte-Hélène, elle avait cessé d'exister pour lui *.

Notre dispersion, les incertitudes de notre établissement, nos besoins, l'irrégularité avec laquelle ils étaient satisfaits, avaient nécessairement créé le désordre.

Dès que nous nous trouvâmes tous réunis à Longwood, l'Empereur voulut régulariser tout ce qui était autour de lui, et chercha à employer chacun de

---

* PERSONNES COMPOSANT LE SERVICE DE L'EMPEREUR.

CHAMBRE.

MARCHAND............ Parisien........ 1ᵉʳ valet de chambre.
St-DENIS, dit ALY.... de Versailles... valet de chambre.
NOVERRAZ............ Suisse.......... idem.
SANTINI............. Corse........... huissier.

LIVRÉE.

ARCHAMBAULT aîné... de Fontainebleau.. piqueur.
ARCHAMBAULT cadet.. idem............ idem.
GENTILINI........... Elbois.......... valet de pied.

BOUCHE.

CYPRIANI. Corse.. mort à Sainte-Hélène.. maître-d'hôtel.
PIERRON............ Parisien............ officier.
LEPAGE............. .... cuisinier.
ROUSSEAU.......... de Fontainebleau..... argentier.

nous suivant la pente de son esprit. Conservant au Grand-Maréchal le commandement et la surveillance de tout en grand, il confia à M. de Montholon tous les détails domestiques; il donna au général Gourgaud la direction de l'écurie, et me réserva le détail des meubles avec l'administration intérieure de ce qui nous serait fourni. Cette dernière partie me semblait tellement en contact avec les détails domestiques, et je trouvais que l'unité sur ce point devait être si avantageuse au bien commun, que je me prêtai le plus que je pus à m'en faire dépouiller; ce qui ne fut ni difficile ni long.

Ces nouvelles dispositions de l'Empereur arrêtées, tout commença à marcher tant bien que mal, et nous en fûmes certainement beaucoup mieux. Toutefois ces dispositions, quelque raisonnables qu'elles fussent, ne laissèrent pas de semer parmi nous des germes d'éloignement qui poussèrent de légères racines, et reparurent parfois à la surface : l'un trouvait qu'il avait perdu, l'autre voulait donner trop de lustre à sa partie, un autre se trouvait lésé dans le partage. Nous n'étions pas les membres d'une même famille qui s'employant chacun selon leurs moyens, ne songent qu[e] faire prospérer la masse commune. C[e] que la nécessité eût dû nous contraindr[e] de faire, nous étions loin de le mettr[e] en pratique; nous nous débattions en core sur les débris de quelque luxe, e[t] les restes de quelque ambition.

Quand l'attachement à la personne d[e] l'Empereur nous réunit autour de lui le hasard seul, et non pas les sympathies présida à notre agglomération; ce fut u[n] ensemble purement fortuit, et non l[e] résultat des affinités. Aussi formions nous masse à Longwood, plutôt p[ar] encerclure que par cohésion. Et com ment en eût-il été autrement? Nou[s] étions presque tous étrangers les u[ns] aux autres, et malheureusement les ci[r] constances, l'âge, le caractère, étaie[nt] en nous autant de dispositions à [y] demeurer.

Ces circonstances, bien que légères ont eu pourtant la conséquence fâcheus[e] de nous priver, en grande partie, de no[s] plus douces ressources. Elles ont em pêché parmi nous cette confiance, c[et] épanchement, cette union intime q[ui] peuvent répandre quelques charmes, même au sein des plus cruelles info[r] tunes. Mais aussi par contre, ces mêmes circonstances m'ont bien souvent rendu témoin des dispositions privées du cœur de l'Empereur : ses invitations indirectes à nous unir et à confondre nos sentimens ; son soin constant à nous épargner tout juste motif de jalousie ; cette distraction calculée qui lui dérobait ce dont il ne voulait pas s'apercevoir ; enfin, jusqu'aux gronderies même si paternelles, dont nous nous rendions quelquefois l'objet, et qui, pour le dire en passant à l'honneur de chacun de nous, étaient évitées avec autant de zèle, reçues avec autant de respect que si elles fussent émanées du trône des Tuileries.

Qui aujourd'hui sur la terre pourrait se flatter de connaître dans l'Empereur l'homme privé plus que moi ? Qui a possédé les deux mois de solitude au désert de Briars ? Qui a joui de ces longues promenades au clair de lune, de ces heures nombreuses écoulées avec lui ? Qui a eu comme moi l'instant, le lieu, le sujet des conversations ? Qui a reçu le ressouvenir des charmes de l'enfance, le récit des plaisirs de la jeunesse, l'amertume des douleurs modernes ? Aussi puis-je m'expliquer à présent bien des circonstances qui semblaient, dans le temps, à plusieurs, difficiles à entendre. Je comprends bien, surtout aujourd'hui, ce qui nous frappait si fort, et le caractérisait particulièrement aux jours de sa puissance; savoir: Qu'on n'était jamais complétement perdu avec lui, que quelque éclatante qu'eût été la disgrâce, quelque profond qu'eût été l'abîme où l'on avait été jeté, on devait toujours espérer d'en revenir; qu'une fois auprès de lui, quelque faute que l'on fît, quelque déplaisir que l'on causât, il était bien rare de s'en voir éloigné tout-à-fait. C'est qu'il est dans l'Empereur, à un degré éminent, deux qualités bien précieuses: un grand fond de justice et une disposition naturelle à s'attacher. Quelque soient les contrariétés et les mouvemens de colère qu'il vient à éprouver, il est encore un sentiment de justice qui reste tout puissant sur lui; on est toujours sûr, de le rendre attentif à de bonnes raisons; on est même sûr, si l'on garde le silence, de les lui voir produire lui-même, s'il s'en présente à son esprit. D'un autre côté, il n'oublie jamais les services une fois rendus; pas davantage les habitudes prises; tôt ou tard le resouvenir lui en vient à l'esprit; il se dit tout ce que l'on a dû souffrir, trouve que le châtiment a été assez long, et fait alors chercher au loin celui que le monde même avait oublié; celui-ci reparaît au grand étonnement de tous, à l'étonnement de lui-même. On en connaît une foule d'exemples.

L'Empereur, sans être démonstratif, s'attache sincèrement. Une fois qu'il a pris l'habitude de quelqu'un, il ne pense pas qu'il puisse s'en séparer; il en aperçoit les fautes, il les condamne, il blâme son propre choix, il gronde même avec force; mais on n'a rien à craindre, ce sont comme autant de nouveaux liens.

On sera surpris sans doute de me voir esquisser ces traits du caractère de Napoléon avec autant de simplicité. Tout ce qu'on en écrit ordinairement est si recherché; on se croit obligé à tant d'antithèses, à tant de brillant; c'est qu'en général les autres cherchent l'effet, ils se torturent l'esprit; moi j'écris ici ce que je vois, j'exprime ce que je sens. Cette réflexion du reste ne saurait venir plus à propos.

L'Empereur parcourait aujourd'hui avec moi, dans les papiers anglais, un portrait de lui par l'archevêque de Malines, hérissé d'antithèses et d'esprit alambiqué, de contrastes et d'afféterie; il a voulu que le Grand-Maréchal le lui transcrivît mot à mot, en voici les principaux traits :

..... « L'esprit de Napoléon (dit
» l'abbé de Pradt dans son Ambassade de
» Varsovie, en 1812) était vaste; mais à
» la manière des Orientaux, et, par une
» disposition contradictoire, il retombait,
» comme de son propre poids, dans des
» détails qu'on pourrait dire ignobles. Le
» premier jet était toujours grand, et le
» second petit et vil. Il en était de son
» esprit comme de sa bourse, dont la mu-
» nificence et la lésine tenaient chacune
» un cordon. Son génie, fait à la fois pour
» la scène du monde et pour les tréteaux,
» représentait un manteau royal joint à
» un habit d'arlequin. C'était l'homme
» des deux extrêmes; l'homme qui, ayant
» commandé aux Alpes de s'abaisser, au
» Simplon de s'aplanir, à la mer de s'ap-
» procher ou de s'éloigner de ses rivages,
» a fini par se livrer lui-même à une
» croisière anglaise.

» Doué d'une sagacité merveilleuse,
» infinie; étincelant d'esprit; saisissant,

« créant, dans toute question, des rap-
» ports inaperçus et nouveaux; abondant
» en images vives, pittoresques, en ex-
» pressions animées, et pour ainsi dire
» dardées, plus pénétrantes par l'incor-
» rection même de son langage, toujours
» un peu empreint d'*étrangeté*; sophiste
» et subtile, mobile à l'excès, il s'était
» fait d'autres règles d'optique que les
» autres hommes. Joignez à ces dispo-
» sitions, l'ivresse du succès, l'habitude
» de boire dans la coupe enchantée, de
» s'enivrer de tout l'encens de l'univers,
» et vous serez sur la voie de l'homme
» qui, unissant dans ses bizarreries tout
» ce qu'il y a de plus élevé et de plus vil
» parmi les mortels, de plus majestueux
» dans l'éclat de la souveraineté, de plus
» péremptoire dans le commandement,
» avec ce qu'il y a de plus ignoble et de
» plus lâche jusque dans ses plus grands
» attentats; joignant les guet-à-pens aux
» détrônemens, présente une espèce de
» *Jupiter Scapin*, qui n'avait pas encore
» paru sur la scène du monde. »

Certes, voilà de l'esprit, et du plus
recherché. Je passerai sur l'inconvenance, le scandale du caractère grave
d'un prêtre, d'un archevêque comblé

des bienfaits de son souverain, auquel, durant sa prospérité, il fit la cour la plus assidue; qu'il entoura des plus grandes flatteries, et qui se permet, au jour de l'infortune, des expressions aussi triviales, aussi grotesques, aussi injurieuses que celles qu'on vient de lire plus haut... (*Napoléon en habit d'Arlequin!... Un Jupiter Scapin....*)

Je ne m'arrêterai que sur le mérite du jugement de M. l'abbé de Pradt quand il dit que : » le premier jet de l'Empereur » était toujours grand, le second petit; » que c'était l'homme des extrêmes; » l'homme qui, ayant commandé aux » Alpes de s'abaisser, au Simplon de » s'aplanir, a fini par se livrer lui-même » à une croisière anglaise. »

M. l'abbé de Pradt a donc bien peu senti l'élévation, la grandeur, la magnanimité d'une si noble démarche. Se séparer d'un peuple qu'égarent des meneurs infidèles, afin de lui faciliter ses destinées; sacrifier ses intérêts personnels aux maux d'une guerre civile, sans résultats nationaux; dédaigner des asiles honorables, assurés, mais dépendans; préférer le refuge chez un peuple dont on fut pendant vingt ans le constant ennemi; lui supposer une magnanimité égale à la sienne; honorer assez ses lois, pour s'y croire à l'abri de l'ostracisme de l'Europe. Certes, de telles pensées, de telles déterminations, ne sauraient être l'opposé du gigantesque, du noble et du grand.

N. B. Ici venaient dans mon journal, plusieurs pages pleines de très-mauvais détails sur M. l'archevêque de Malines, tous sortis de la bouche de l'Empereur, ou produits par nous-mêmes; je les passe aujourd'hui; je crois le devoir à la satisfaction que l'on m'a dit avoir été éprouvée plus tard par l'Empereur à la lecture des Concordats écrits par M. de Pradt; je cède, pour mon compte, à celle que m'ont causée depuis cent autres témoignages de même nature et de la même source.

L'amende honorable, spontanée des gens, est de mille fois supérieure à toutes les rétorsions qu'on pourrait accumuler contre eux. Et puis, il est des personnes pour qui un retour n'est pas sans mérite, et qui se plaisent à en tenir compte : je suis de ce nombre.

Au moment où j'écrivis ceci, on m'a

fait lire, de M. l'abbé de Pradt, des lignes nouvelles qui sont certainement très-belles dans leur diction; mais qui sont bien plus belles encore par leur justesse et leur vérité. Je ne puis me refuser à les transcrire ici; elles seront une compensation de celles qui précèdent.

Une déclaration des souverains, émanée de Laybach, qualifiant avec réprobation Napoléon de représentant de la révolution, M. l'archevêque de Malines s'exprime ainsi :

« Il est trop tard pour insulter Napo» léon quand il est sans armes, lorsque » pendant tant d'années on a fléchi devant » lui, quand à son tour il en avait.. » Des mains armées doivent respecter les » mains désarmées, et la gloire du vain» queur se compose en partie d'égards » pour les captifs, surtout quand ce n'est » pas sous le génie, mais sous le nombre, » qu'on a succombé. Il est trop tard » d'appeler Napoléon révolutionnaire, » après l'avoir appelé long-temps restau» rateur de l'ordre en France, et par elle » en Europe; il est trop tard pour lui » lancer un trait flétrissant, après lui avoir » tendu la main comme ami, donné sa

» foi comme allié, et cherché des appuis
» pour un trône ébranlé, en mêlant son
» sang avec le sien. »

Plus loin il dit :

« *Lui, Représentant de la révolution ?*

» Elle rompt les liens de la France
» avec Rome, il les renoue.

» Elle a abattu et fermé les temples, il
» les relève.

» Elle a fait deux clergés ennemis, il
» les rappelle à l'amitié.

» Elle a profané Saint-Denis, il le pu-
» rifie et offre des expiations aux cendres
» des Rois.

» Elle a abattu le trône, il le relève
» et le rehausse.

» Elle a éloigné de leur patrie les
» hautes classes de la France; il leur en
» ouvre les portes avec celles de son
» palais, quoiqu'il les connaisse pour
» ses irréconciliables ennemies ; et pour
» la plupart ennemies des services pu-
» blics; il les incorpore de nouveau avec
» la société dont elles avaient été si
» violemment séparées.

» C'est le *Représentant d'une révolu-
» tion*, à laquelle on attache la note
» d'anti-sociale, qui a fait venir de
» Rome le chef de l'Eglise pour verser

» sur son front l'huile qui consacre les
» diadèmes?

» C'est le *Représentant d'une révolu-*
» *tion*, qu'on déclare ennemie des Rois,
» celui qui en a rempli l'Allemagne, qui
» a fait passer les princes à des rangs
» supérieurs à ceux qu'ils occupaient,
» qui a refait la haute-royauté, et recréé
» un modèle effacé.

» C'est le *Représentant d'une révolu-*
» *tion*, qu'on veut faire passer pour un
» principe d'anarchie, celui qui, nouveau
» Justinien, a fait rédiger, au milieu du
» tumulte des armes, des embûches de
» la politique extérieure, tous ces Codes
» qui sont ce qu'il y a encore de moins
» défectueux dans la législation humaine,
» et de la main duquel est sortie cette
» machine de gouvernement, la plus
» vigoureuse qui existe sur la terre.

» C'est le *Représentant d'une révolu-*
» *tion*, accusée vulgairement d'avoir tout
» détruit, celui qui a refait les univer-
» sités, les écoles, qui a couvert son
» empire de chefs-d'œuvre des arts;
» c'est l'auteur des travaux les plus vas-
» tes, les plus hardis qui aient étonné
» et honoré l'esprit humain; c'est en
» présence des Alpes aplanies à sa voix

» des mers domptées à Cherbourg, à
» Flessingue, au Helder, à Anvers; des
» fleuves docilement courbés sous le
» poids des ponts d'Iéna, de Sèvres, de
» Bordeaux, de Turin; des canaux liant
» les mers entre elles, dans un cours
» indomptable pour le souverain des
» mers; enfin, c'est en présence de
» Paris, métamorphosé par lui, qu'on
» le dit un agent général de destruction!
» Celui qui a tout refait, *représente* ce
» qui a tout détruit! Encore une fois, à
» quels hommes privés de discernement
» croit-on donc parler! etc., etc. »

Dimanche 17.

Ma situation matérielle adoucie. — Mon lit changé, etc.

L'Empereur m'a fait demander à deux heures; il commençait sa toilette. En me voyant il m'a trouvé pâle; je lui ai dit que cela pouvait venir de l'atmosphère de ma chambre, dont le voisinage de la cuisine faisait une véritable étuve, souvent remplie de fumée. Il a voulu alors que je m'emparasse tout à fait du cabinet topographique pour y travailler le jour, et y coucher la nuit, dans le lit même que l'Amiral lui avait fait préparer, et dont il n'avait pas voulu faire usage, préférant son lit de campagne habituel. En finissant sa toilette et choisissant parmi deux ou trois tabatières qu'il avait sous la main, il en a donné une assez brusquement à son valet de chambre (Marchand). « Serrez cela, » a-t-il dit, je la retrouve toujours sous » mes yeux; elle me fait mal. » Je ne saurais dire ce que c'était; je présume toutefois qu'il s'agissait d'un portrait du Roi de Rome.

L'Empereur est sorti, je l'ai suivi; il a fait le tour de la maison et a voulu entrer dans ma chambre. Touchant un miroir de toilette, il m'a demandé si c'était celui qu'il m'avait donné. Puis, portant la main à la muraille que chauffe la cuisine, il m'a répété que je ne pouvais pas demeurer là; qu'il voulait absolument que je couchasse désormais dans son lit du cabinet topographique, ajoutant la parole charmante que c'était le *lit d'un ami*.

Nous nous sommes dirigés ensuite vers une mauvaise ferme qui était en rue. Sur notre chemin se trouvait le casernement des Chinois : ce sont des hommes de main-d'œuvre, des laboureurs, etc., que les bâtimens anglais enrôlent à Macao, qui restent dans l'île au service de la compagnie un certain nombre d'années, et s'en retournent après avoir recueilli un petit pécule, à la manière de nos Auvergnats. L'Empereur a voulu leur faire beaucoup de questions, mais nous n'avons jamais pu nous entendre.

Nous avons voulu ensuite entrer dans ce qu'on appelle la ferme de Longwood. L'expression avait séduit l'Empereur; il croyait trouver ces belles fermes de Flandres ou d'Angleterre; ce n'était que la fange de nos plus sales métairies. De là nous sommes descendus au jardin de la compagnie, formé dans la rigole des deux ravins opposés. L'Empereur a fait venir le jardinier et celui qui surveille le bétail de la compagnie et commande les Chinois; il leur a fait, à chacun, une foule de questions relatives à leurs emplois. Il est rentré très-fatigué de sa course à pied: nous avions pourtant à peine fait un mille; mais c'était sa première excursion.

Avant dîner, l'Empereur m'a fait appeler, ainsi que mon fils, pour notre travail accoutumé. Il m'appelait paresseux, et me faisait observer que mon fils en riait sous cape. Il m'en a demandé la raison; j'ai répondu que c'était sans doute parce que Sa Majesté le vengeait. « Ah! j'entends, a-t-il dit en riant, je » suis ici le grand-père. »

Lundi 18. — Mardi 19.

Habitudes et heures de l'Empereur. — Son style aux deux Impératrices. — Détails. — Maximes de l'Empereur sur la police. — Police secrète des lettres. — Détails curieux. — L'Empereur pour un gouvernement fixe et modéré.

Peu à peu nos heures et nos habitudes se régularisèrent et s'établirent. L'Empereur déjeûnait vers les dix heures dans sa chambre, sur un guéridon, parfois il appelait l'un de nous. A la table de service nous déjeûnions à peu près à la même heure; l'Empereur, pour notre agrément particulier, nous avait laissés libres d'en faire les honneurs et d'y inviter qui bon nous semblerait.

Il n'y avait pas encore d'heures fixes pour la promenade; la chaleur était très forte dans le jour, l'humidité prompte et grande vers le soir. On annonçait depuis long-temps des chevaux de selle et de voiture venant du cap de Bonne-Espérance; mais ils n'arrivaient point. L'Empereur travaillait dans la journée avec plusieurs de nous; il me réservait d'ordinaire pour le temps qui précédait le dîner, lequel n'était guères servi que sur les huit ou neuf heures. Il me faisait donc venir sur les cinq ou six heures avec mon fils; je n'écrivais ni ne lisais plus, à cause de l'état de mes yeux; mon fils était venu à bout de me remplacer; c'était lui qui écrivait ce que l'Empereur dictait; je n'étais plus là que pour l'aider à se retrouver plus tard dans son griffonnage, ce à quoi je m'étais habitué de manière à pouvoir reproduire, presque littéralement et dans leur entier, toutes les paroles de l'Empereur.

La campagne d'Italie était finie, nous la repassions en entier; l'Empereur corrigeait ou dictait de nouveau. On dînait, ainsi que je viens de le dire, de huit à neuf heures; la table était mise dans la première pièce en entrant; Mme de Montholon était à la droite de l'Empereur; j'étais à sa gauche; MM. de Montholon, Gourgaud et mon fils étaient dans les parties opposées. La salle avait encore de l'odeur, surtout quand le temps était humide; et quelque peu qu'il y en eût, c'était encore assez pour incommoder l'Empereur; aussi nous n'étions pas dix minutes à table. On préparait le dessert dans la pièce voisine, qui était le salon; nous allions nous y remettre à table, on y servait le café; la conversation se prolongeait, ou lisait quelques scènes de Molière, de Racine, de Voltaire; nous regrettions chaque fois de n'avoir pas Corneille. De là on passait à une table de reversi; c'était le jeu de l'Empereur au temps de sa jeunesse, disait-il. Ce ressouvenir lui était agréable; il pensait qu'il pouvait s'en amuser long-temps; il ne tarda pas à se détromper; du reste, nous le jouyons avec toutes ses variantes, ce qui amenait beaucoup de mouvement; j'ai vu jusqu'à 15 ou 18,000 fiches de remises. L'Empereur essayait presqu'à chaque coup de faire le reversi, c'est-à-dire de faire toutes les levées, ce qui est assez difficile, et cela lui réussissait néanmoins souvent: le caractère perce toujours et partout! On se retirait de dix à onze heures.

Aujourd'hui dix-neuf, quand j'aborde l'Empereur, il me donne à lui traduire un libelle qui lui était tombé sous la main. A travers mille inepties, nous arrivons à des lettres privées qu'il adressait à l'Impératrice Joséphine, sous la forme solennelle de *Madame et chère épouse*. Ensuite c'était une combinaison d'espions et d'agens, à l'aide desquels l'Empereur lisait dans l'intérieur de toutes les familles en France, et perçait dans l'obscurité de tous les cabinets de l'Europe. L'Empereur n'a pas voulu aller plus loin, et m'a fait jeter le livre, en me disant : « C'est par trop bête! »

Le fait est que Napoléon, dans ses relations privées, n'a jamais cessé d'écrire très-bourgeoisement *tu* à l'Impératrice Joséphine, et *ma bonne petite Louise* à Marie-Louise.

La première fois que j'ai vu de l'écriture suivie de l'Empereur, c'est à Saint-Cloud, après la bataille de Friedland, entre les mains de l'Impératrice Joséphine, qui se plaisait à nous la faire déchiffrer comme des espèces d'hyéroglyphes. Elle portait : « Mes enfans
» viennent d'illustrer encore une fois
» ma carrière ; la journée de Friedland

» s'inscrira dans l'histoire à côté de celles
» de Marengo, d'Austerlitz et d'Iéna. *Tu*
» feras tirer le canon; Cambacérès fera
» publier le bulletin...... » Plus tard la
même faveur me procura la vue de la
même écriture, lors du traité de Tilsit.
Elle disait : « La reine de Prusse est
» réellement charmante; elle est pleine
» de coquetterie pour moi; mais n'en
» sois pas jalouse; je suis une toile cirée
» sur laquelle tout cela ne fait que glis-
» ser. Il m'en coûterait trop cher pour
» faire le galant. »

A ce sujet on racontait alors parmi nous, dans le salon de Joséphine, que la reine de Prusse tenant à sa main une fort belle rose, l'Empereur la lui avait demandée, la Reine avait d'abord hésité quelques instans, disait-on, puis elle l'avait donnée en disant : « Pourquoi » faut-il que je vous donne si facilement, » vous qui demeurez inflexible sur tout » ce que je vous demande? » Faisant allusion à la place de Magdebourg, qu'elle avait ardemment sollicitée. Circonstance du reste tant soi peu variée, ainsi qu'on pourra s'en convaincre plus tard par le récit même de Napoléon qu'on trouvera par la suite.

Telle était pourtant la nature des rapports privés, que des ouvrages anglais d'un certain mérite, ont défigurés au point de démontrer l'Empereur comme un tyran farouche, insolent et brutal; prêt à faire violence, à l'aide de ses mamelouks, à cette belle Reine, sous les yeux mêmes de son mari malheureux.

Mais voici précisément, sur le même sujet et de la même époque, une lettre authentique, dont je n'ai eu connaissance que depuis peu, et qui achèvera de donner une idée juste du style de Napoléon vis-à-vis de Joséphine, en même temps qu'elle fera connaître des formes aimables, et surtout une sensibilité et une galanterie domestiques qu'amis et ennemis étaient assurément bien loin de soupçonner alors en celui que, par toute l'Europe, la calomnie et le mensonge étaient venu à bout de faire passer pour le plus dur, le plus brutal, le plus insensible des hommes. Cette lettre de Napoléon est une réponse à des observations que lui adressait Joséphine sur le bulletin de la grande armée, qui s'exprimait avec trop peu de ménagement sur la reine de Prusse.

« J'ai reçu la lettre où tu me parais

»fâchée du mal que je dis des femmes.
» Il est vrai que je hais les femmes intri-
» gantes au-delà de tout ; je suis accou-
» tumé à des femmes bonnes, douces et
» conciliantes : ce sont celles que j'aime.
» Si elles m'ont gâté ce n'est pas ma faute,
» mais la tienne. Au reste, tu verras que
» j'ai été fort bon pour une qui s'est
» montrée sensible et bonne, Mme d'Hatz-
» feld. Lorsque je lui montrai la lettre
» de son mari, elle me dit en sanglotant,
» avec une profonde sensibilité et naïve-
» ment : c'est bien là son écriture. Son
» accent allait à l'âme, elle me fit peine,
» je lui dis : *Eh bien, Madame, jetez*
» *cette lettre au feu, je ne serai plus assez*
» *puissant pour faire condamner votre mari.*
» Elle brûla la lettre, et me parut bien
» heureuse ; son mari est depuis tran-
» quille, deux heures plus tard il était
» perdu. Tu vois donc que j'aime les
» femmes bonnes, naïves et douces ;
» mais c'est que celles-là seules te res-
» semblent, etc., etc. »

» 6 novembre 1806, à neuf heures du soir. »

Quant à ce grand échafaudage de police et d'espionnage dont parlait le mauvais livre que nous venons de parcourir,

échafaudage qui a fait tant de bruit dans le monde à la même époque ; quel Etat du continent peut se vanter d'en avoir eu moins que le gouvernement français ? Et cependant quel terrein pouvait en demander plus que la France ! Quelles circonstances le commandaient plus impérieusement ! Tous les pamphlets de l'Europe se sont dirigés sur ce point, pour rendre odieux chez autrui ce qu'ils cherchaient par là à cacher d'autant plus chez eux. Toutefois, ces mesures, si nécessaires en principe, avilissantes sans doute dans leurs détails, n'ont jamais été traitées que fort en grand par l'Empereur, et toujours d'après sa maxime constante, qu'il n'y a que ce qui est indispensable qui doive être fait. Je l'ai souvent entendu, au Conseil d'Etat, se faire rendre compte de ces objets, les traiter avec une sollicitude particulière, les corriger, chercher à en prévenir les inconvéniens, créer des commissions de son conseil pour aller visiter les prisons, et lui faire des rapports directs. Employé moi-même dans une mission de cette nature, j'ai pu me convaincre, en effet, de tous les abus, de toutes les vexations des subalternes ; mais aussi de toute l'inclination et de l'extrême désir du Souverain de les réprimer.

L'Empereur voulut même, disait-il, chercher à relever, aux yeux des peuples, cette branche d'administration que flétrissaient en quelque sorte les préjugés et l'opinion, en la confiant à quelqu'un dont le caractère et la moralité seraient sans reproches. Il fit appeler, en 1810, à Fontainebleau, un de ses conseillers d'Etats. Celui-ci avait été émigré, ou à peu près. Sa famille, sa première éducation, ses premières opinions, tout eût pu le rendre suspect à quelqu'un de plus défiant que l'Empereur. Dans le cours de la conversation, il lui demanda : « Si le comte de Lille » se découvrait maintenant à Paris, et » que vous fussiez chargé de la police, » le feriez-vous arrêter? — Oui, sans » doute, répondit le conseiller d'Etat, » parce qu'il aurait rompu son ban, et » qu'il y serait en opposition à toutes les » lois existantes. » Et l'Empereur continuant à poser des questions auxquelles il fut répondu à sa satisfaction, il termina, disant : « Et! bien, retournez à » Paris, je vous y fais mon préfet de » Police. »

Quant au secret des lettres sous le gouvernement de Napoléon, quoiqu'on en ait dit dans le public, on en lisait très-peu à la poste, assurait l'Empereur: celles qu'on rendait aux particuliers, ouvertes ou recachetées, n'avaient pas été lues la plupart du temps; jamais on n'en eût fini. Ce moyen était employé, bien plus pour prévenir les correspondances dangereuses, que pour les découvrir. Les lettres réellement lues n'en conservait aucune trace; les précautions étaient des plus complètes. Il existait depuis Louis XIV, disait l'Empereur, un bureau de *police politique* pour découvrir les relations avec l'étranger. Depuis ce souverain, les mêmes familles en étaient demeurées en possession; les individus et leurs fonctions étaient inconnus; c'était un véritable emploi. Leur éducation s'était achevée à grands frais dans les diverses capitales de l'Europe; ils avaient leur morale particulière, et se prêtaient avec répugnance à l'examen des lettres de l'intérieur : c'était pourtant eux qui l'exerçaient. Dès que quelqu'un se trouvait couché sur la liste de cette importante surveillance, ses armes, son cachet étaient aussitôt gravés par le

bureau, si bien que ses lettres, après avoir été lues, parvenaient néanmoins intactes, et sans aucun indice de soupçon, à leur adresse. Ces circonstances, les graves inconvéniens qu'elles pouvaient amener, les grands résultats qu'elles pouvaient produire, faisaient la principale importance du directeur-général des postes, et commandaient dans sa personne beaucoup de prudence, de sagesse et de sagacité.

L'Empereur a donné à ce sujet de grandes louanges à M. Lavalette; il n'était nullement partisan, du reste, de cette mesure, disait-il; car, quant aux lumières diplomatiques qu'elle pouvait procurer, il ne pensait pas qu'elles pussent répondre aux dépenses qu'elles occasionnaient : ce bureau coûtait six cent mille francs. Et quant à la surveillance exercée sur les lettres des citoyens, il croyait qu'elle pouvait causer plus de mal que de bien. « Rarement, disait-il, les » conspirations se traitent par cette voie; » et quant aux opinions individuelles » obtenues par les correspondances épis» tolaires, elles peuvent devenir plus » funestes qu'utiles au prince, surtout » avec notre caractère. De qui ne nous

» plaignons-nous pas avec notre expan-
» sion et notre mobilité nationales? Tel
» que j'aurai maitraité à mon lever, ob-
» servait-il, écrira dans le jour que je
» suis un tyran : il m'aura comblé de
» louanges la veille, et le lendemain,
» peut-être, il sera prêt à donner sa vie
» pour moi. La violation du secret des
» lettres peut donc faire perdre au prince
» ses meilleurs amis, en lui inspirant à
» tort de la méfiance et des préventions;
» d'autant plus que les ennemis capables
» d'être dangereux sont toujours assez
» rusés pour ne pas s'exposer à ce dan-
» ger. Il est tel de mes ministres dont je
» n'ai jamais pu surprendre une lettre. »

Je crois avoir déjà dit qu'au retour
de l'île d'Elbe, on a trouvé, aux Tuileries, une foule de pétitions et de pièces
où Napoléon se trouvait fort indécem-
ment mentionné : il les fit brûler. « Elles
» eussent formé un recueil bien abject,
» disait l'Empereur. J'eus un moment
» l'idée d'en insérer quelques-unes dans
» le Moniteur; elles auraient dégradé
» quelques individus, mais n'eussent
» rien appris sur le cœur humain : les
» hommes sont toujours les mêmes! »

L'Empereur, du reste, était loin de

connaître tout ce que la police exécutait en son nom sur les écrits et sur les individus : il n'en avait ni le temps ni les moyens. Aussi tous les jours apprend-il de nous, ou par des pamphlets qui lui tombent sous la main, des arrestations d'individus ou des suppressions d'ouvrages qui sont tout à fait neuves pour lui.

En parlant des ouvrages cartonnés ou défendus par la police, sous son règne, l'Empereur disait que n'ayant rien à faire à l'île d'Elbe, il s'y était amusé à parcourir quelques-uns de ces ouvrages, et souvent il ne concevait pas les motifs que la police avait eus, dans la plupart des prohibitions qu'elle avait ordonnées.

De là il est passé à discuter la liberté ou la limitation de la presse. C'est selon lui une question interminable et qui n'admet point de demi-mesure. Ce n'est pas le principe en lui-même, dit-il, qui apporte la grande difficulté; mais bien les circonstances sur lesquelles on aura à faire l'application de ce principe pris dans le sens abstrait. L'Empereur serait même par nature, disait-il, pour la liberté illimitée.

C'est sous ce même point de vue, et avec les mêmes raisonnemens, que je l'ai vu constamment traiter ici toutes les grandes questions ; aussi Napoléon a-t-il vraiment été et doit-il demeurer, avec le temps, le type, l'étendart et le prince des idées libérales : elles sont dans son cœur, dans ses principes, dans sa logique. Si parfois ses actions semblent s'en être écartées, c'est que les circonstances l'ont impérieusement maîtrisé. En voici une preuve que j'acquis dans le temps, et que je n'appréciais pas alors autant qu'aujourd'hui.

Causant à l'écart dans un de ces cercles du soir aux Tuileries, avec trois ou quatre personnes de la Cour groupées autour de lui, ainsi que cela arrivait souvent, il termina une grande question politique par ces paroles remarquable : « Car moi » aussi je suis foncièrement et naturel- » lement pour un gouvernement fixe et » *modéré*. » Et comme la figure d'un des interlocuteurs lui exprimait quelque surprise. « Vous ne le croyez pas, con- » tinua-t-il : pourquoi? Est-ce parce que » ma marche ne semble point d'accord » avec mes paroles? Mais, mon cher, » que vous connaîtriez peu les choses et » les hommes ! la nécessité du moment » n'est-elle donc rien à vos yeux? Je

» n'aurais qu'à relâcher les rênes, et
» vous verriez un beau tapage ; ni vous
» ni moi ne coucherions peut-être pas
» après demain aux Tuileries. »

Mercredi 20 au Samedi 23.

Première tournée de l'Empereur à cheval. — Dureté des instructions ministérielles à son égard. — Nos peines, nos plaintes. — Paroles de l'Empereur. — Réponses brutales.

L'Empereur est monté à cheval après déjeûner. Nous avons pris le chemin de la ferme ; nous avons rencontré le fermier dans le jardin de la compagnie ; nous nous en sommes fait suivre. Nous avons parcouru tout le terrein avec lui ; l'Empereur lui faisant une foule de questions sur tous les détails de sa ferme, ainsi qu'il le faisait, me disait-il, dans ses chasses aux environs de Versailles, où il discutait avec les fermiers les idées du Conseil d'État, pour venir reproduire ensuite à ce même Conseil d'État les objections des fermiers. Nous avons prolongé le terrein de Longwood le long de la vallée, jusqu'à ce que les chevaux n'ayant plus de passage, nous nous sommes vus contraints de rétrograder. Nous avons alors traversé le vallon, gagné le plateau du camp, couru jusqu'à la montagne des Signaux, et prolongeant sa crête, nous sommes venus, en dehors du camp, par la maison des Signaux, jusqu'au chemin qui conduit de Longwood chez Mme Bertrand. L'Empereur voulait d'abord aller jusque chez elle ; mais à mi-chemin il s'est ravisé, et nous sommes rentrés dans Longwood.

Les instructions des ministres anglais, à l'égard de l'Empereur à Sainte-Hélène, avaient été dictées avec cette dureté et ce scandale qui ont présidé en Europe à leur violation solennelle du droit des gens. Un officier anglais devait être constamment à la table de l'Empereur ; mesure barbare qui nous eût privés de la douceur de nous trouver en famille : on ne s'en abstint que parce que l'Empereur n'eût jamais mangé que dans sa chambre. Peut-être se repentait-il, et j'ai de bonnes raisons de le croire, de n'en avoir pas agi ainsi à bord du Northumberland.

Un officier anglais devait sans cesse accompagner l'Empereur à cheval ; gêne cruelle qui tendait à ne pas lui permettre un moment de distraction dans sa malheureuse situation. On y renonça, du moins pour l'intérieur de certaines limites qu'on nous fixa à cet effet, parce que l'Empereur avait déclaré qu'autrement il ne monterait jamais à cheval.

Dans notre triste situation, chaque jour venait ajouter quelque chose à nos contrariétés; c'était sans cesse une piqûre nouvelle, d'autant plus cruelle que le mal s'établissait pour un long avenir.

Ulcérés comme il était permis de l'être, nous étions sensibles à tout; et trop souvent les motifs qu'on nous donnait prenaient encore les couleurs de l'ironie. Ainsi des sentinelles étaient mises, à la nuit, sous les fenêtres de l'Empereur et jusqu'à nos portes; c'était, nous disait-on, pour notre propre sûreté. On gênait la libre communication avec les habitans, on nous mettait au secret, et l'on répondait que c'était pour que l'Empereur ne fût point importuné. Les consignes, les ordres, variaient sans cesse; nous vivions dans la perplexité, dans l'hésitation, dans la crainte d'être exposés à chaque pas à quelque affront imprévu. L'Empereur, qui ressentait vivement toutes ces choses, prit le parti d'en faire écrire à l'Amiral par M. de Montholon. Il parlait avec chaleur, et accompagnait ses paroles d'observations dignes de remarque. « Que l'Amiral ne s'attende pas, disait-il, que je traite aucun de ces objets avec lui. S'il venait demain, malgré mon juste ressentiment, il me trouverait le visage aussi riant et la conversation aussi insignifiante que de coutume; non qu'il y eût de la dissimulation de ma part, ce ne serait que le fruit de mon expérience. Je me souviens encore de lord Withworth qui remplit l'Europe d'une longue conversation avec moi dont à peine quelques mots étaient vrais. Toutefois ce fut alors ma faute : elle fut assez forte pour m'apprendre à n'y plus revenir. Aujourd'hui l'Empereur a gouverné trop longtemps, pour ne pas savoir qu'il ne doit point se commettre à la discrétion de quelqu'un, auquel il donnerait le droit de dire à faux : *l'Empereur m'a dit cela*; car l'Empereur n'aurait pas même la ressource d'affirmer que non. Un témoignage en vaut un autre; il faut donc de nécessité qu'il employe quelqu'un qui puisse dire au narrateur qu'il ment dans ce qu'il lui fait dire, et qu'il est prêt à lui rendre raison de son expression, ce que l'Empereur ne saurait faire. »

La lettre de M. de Montholon était vive, la réponse fut injurieuse et brutale : *On ne connaissait pas telle chose à Sainte-Hélène qu'un Empereur; la justice et la modération du Gouvernement anglais à notre égard, seraient l'admiration des âges futurs*, etc., etc....... Le docteur O'Méara fut chargé d'accompagner cette réponse écrite d'additions verbales les plus révoltantes; de demander par exemple, si l'Empereur désirait que l'Amiral lui envoyât des libelles et des lettres anonymes atroces qu'il avait reçus à son adresse, etc., etc...

Je travaillais avec l'Empereur quand on lui rendit compte de cette réponse. Je ne pus cacher l'étonnement et l'indignation que me causaient certaines expressions. Toutefois la philosophie seule devait nous tenir lieu de ressentiment : il fallait bien se dire que toute satisfaction était hors de notre pouvoir; car, adresser une plainte directe au Prince Régent, c'eût été ménager peut-être une jouissance à ce prince, et à celui qui nous offensait un titre méritoire; et puis d'ailleurs il ne pouvait exister de plaintes de l'Empereur adressées à qui que ce fût sur la terre; il n'était plus pour lui, à cet égard, d'autre tribunal que Dieu, les nations et la postérité.

Le 23, la frégate la Doris est arrivée du Cap : elle apportait sept chevaux qui y avaient été achetés pour l'Empereur.

Dimanche 24.

Mépris de l'Empereur pour la popularité; ses motifs, ses argumens, etc. — Sur ma femme. — La mère et la sœur du général Gourgaud.

L'Empereur lisait quelque chose dans lequel on le faisait parler avec trop de bonté; il s'est récrié sur l'erreur de l'écrivain : « Comment a-t-on pu me faire » dire cela? C'est trop tendre, trop dou- » cereux pour moi; on sait bien que je » ne le suis pas. — Sire, disais-je, on a » eu une bonne intention; la chose est » innocente en elle-même, et a pu pro- » duire un bon résultat au-dehors. Cette » réputation de bonté, que vous semblez » vouloir dédaigner, eût pu avoir un poids » immense sur l'opinion; elle eût prévenu » du moins les couleurs, dont un système » en Europe a faussement peint Votre » Majesté aux yeux des peuples. Votre » cœur, que je connais à présent, est » certainement aussi bon que celui de » Henri IV, que je n'ai pas connu; eh

» bien ! sa bonté est encore proverbiale ;
» il est demeuré une idole, et je soup-
» çonne que Henri IV était un tant soit
» peu charlatan; pourquoi Votre Majesté
» a-t-elle dédaigné de l'être? Elle montre
» trop d'horreur pour cette espèce de
» moyen. Après tout, c'est le charlata-
» nisme qui gouverne le monde; heureux
» toutefois quand il n'est qu'innocent ! »

L'Empereur s'est mis à rire de ce qu'il appelait mon verbiage. « Mon cher,
» qu'est-ce que la popularité, la débon-
» naireté? disait-il. Qui fut plus popu-
» laire, plus débonnaire que le malheu-
» reux Louis XVI? Pourtant quelle a été
» sa destinée? Il a péri! C'est qu'il faut
» servir dignement le peuple, et ne pas
» s'occuper de lui plaire : la belle manière
» de le gagner, c'est de lui faire du bien;
» rien n'est plus dangereux que de le
» flatter : s'il n'a pas ensuite tout ce qu'il
» veut, il s'irrite et pense qu'on lui a
» manqué de parole; et si alors on lui
» résiste, il hait d'autant plus qu'il se dit
» trompé. Le premier devoir du prince,
» sans doute, est de faire ce que veut le
» peuple, mais ce que veut le peuple
» n'est presque jamais ce qu'il dit : sa
» volonté, ses besoins, doivent se trou-

» ver moins dans sa bouche que dans le
» cœur du prince.

» Tout système peut sans doute se sou-
» tenir : celui de la débonnaireté comme
» celui de la sévérité ; chacun a ses avan-
» tages et ses inconvéniens : tout se ba-
» lance dans ce bas monde. Que si vous
» me demandez à quoi ont pu me servir
» mes expressions et mes formes sévères,
» je répondrai : « A m'épargner de faire ce
» dont je menaçais. » « Quel mal, après
» tout ai-je fait ? Quel sang ai-je versé ?
» Qui peut se vanter, dans les circons-
» tances où je me suis trouvé, qu'il eût
» fait mieux ? Quelle époque de l'histoire,
» semblable à mes difficultés, offre mes
» innocens résultats ? Car, que me re-
» proche-t-on, On a saisi les archives de
» mon administration, on est demeuré
» maître de mes papiers, qu'a-t-on eu à
» mettre au grand jour ? Tous les souve-
» rains, dans ma position, au milieu des
» factions, des troubles, des conspira-
» tions, ne sont-ils pas entourés de
» meurtres et d'exécutions ? Voyez pour-
» tant quel a été avec moi le calme subit
» de la France ? Cette marche vous étonne,
» continua-t-il en riant, vous qui par-

» fois montrez la douceur et la *naïveté*
» d'un enfant? »

Et me voilà, dans ma propre défense, soutenant vivement à mon tour que tous les systèmes pouvaient avoir leur avantage. « Tout homme, convenais-je, doit
» se créer sans doute un caractère par
» l'éducation; mais il faut qu'il en pose
» les bases sur celui que lui a donné la
» nature; autrement il court le risque de
» perdre les avantages de celui-ci, sans
» obtenir ceux du caractère qu'il voudrait
» se donner; ce pourrait n'être plus
» qu'un instrument qui fausserait sans
» cesse. Le cours de la vie de chacun
» doit être, après tout, le résultat évident,
» le vrai jugement de son caractère.
» Or, de quoi pourrai-je avoir à me
» plaindre? Du dernier degré de la misère?
» Je me suis relevé seul à une assez
» belle aisance, et du pavé de Londres,
» je suis parvenu aux marches de votre
» trône, aux siéges de votre conseil; le
» tout sans que j'aie à être embarrassé,
» devant qui que ce soit, d'aucune parole,
» d'aucun écrit, d'aucune démarche.
» N'est-ce pas aussi avoir produit en
» petit mes petites merveilles? Et qu'au

» rais-je donc pu faire de mieux avec un
» autre tour donné à mon caractère? »

On est venu interrompre la conversation, pour dire à l'Empereur que l'Amiral et des dames, venues par la Doris, sollicitaient la faveur d'être présentés. L'Empereur a répondu sèchement qu'il ne voyait personne, qu'on le laissât tranquille.

Au point où nous en étions, la politesse personnelle de l'Amiral était une injure de plus, et quant à ceux qui le suivaient, comme on ne pouvait venir à nous qu'avec la permission de l'Amiral, l'Empereur ne pouvait accorder qu'on fît ainsi les honneurs de sa personne : s'il était au secret, il fallait qu'on le signifiât, s'il n'y était pas, il devait voir qui bon lui semblait sans l'intervention de personne. Il ne fallait pas surtout qu'on se targuât en Europe de l'entourer de toutes sortes d'égards et de respects, quand on ne l'abreuvait que d'inconvenances et de caprices.

L'Empereur est sorti à cinq heures et s'est promené dans le jardin. Le général, colonel du 53ᵉ régiment, est venu l'y trouver, et lui a demandé la permission de lui présenter, le lendemain, son corps d'officiers; l'Empereur l'a accepté pour trois heures.

Demeurés seuls nous deux, l'Empereur a prolongé sa promenade; il s'est arrêté devant une des plates-bandes, à considérer une fleur, et m'a demandé si ce n'était pas là un lys; c'en était un magnifique............

Après le dîner, durant notre reversi accoutumé, dont l'Empereur commençait du reste à se fatiguer : « Où croyez-vous, m'a-t-il dit tout-à-coup, que soit en ce moment Mme de Las Cases? —Hélas! Sire, lui ai-je répondu, Dieu le sait ! — Elle est à Paris, a-t-il continué, c'est aujourd'hui mardi, il est neuf heures, elle est à l'Opéra. — Non, Sire, elle est trop bonne femme pour être au spectacle quand je suis ici. — Voilà bien les maris, disait l'Empereur en riant, toujours confians et crédules ! » Puis passant au général Gourgaud, il l'a plaisanté de même sur sa mère et sa sœur. Celui-ci, s'en attristant beaucoup, et ses yeux se mouillant, l'Empereur le regardant de côté, disait d'une manière charmante : « N'est-ce pas bien méchant

» à moi, bien barbare, bien tyran, de
» toucher ainsi des cordes si tendres ?*»

L'Empereur me demandait ensuite
combien j'avais d'enfans; quand et comment j'avais connu Mme de Las Cases. Je
lui répondais que Mme de Las Cases était
ma première connaissance dans la vie;
que notre mariage était un nœud que
nous avions lié nous-mêmes dans notre
enfance, et que pourtant il avait fallu
la plupart des événemens de la révolution pour pouvoir l'accomplir, etc., etc.

Lundi 25.

L'Empereur souvent blessé dans ses campagnes.
— Cosaques. — Jérusalem délivrée.

L'Empereur, qui n'avait pas été bien
la veille, a continué d'être indisposé,

---

* Le général Gourgaud avait pour sa mère
et sa sœur une tendresse extrême; il en était
aimé de même. Ses soins pour elles allaient
au point de leur peindre, dans ses lettres,
Sainte-Hélène comme un lieu de délices, afin
de les tranquilliser sur son compte : c'étaient
des forêts d'orangers, de citronniers; un printemps perpétuel, en un mot tout à fait du
roman. Et les ministres anglais n'ont pas rougi,
plus tard, de faire tourner contre lui ces innocentes supercheries de sa sollicitude filiale!!!

et a fait prévenir qu'il ne pourrait pas recevoir les officiers du 53ᵉ, ainsi qu'il l'avait fixé. Vers le milieu du jour il m'a fait appeler, et nous avons relu quelques chapitres de la campagne d'Italie. Je comparais celui de la bataille d'Arcole à un chant de l'Iliade.

Quelque temps avant l'heure du dîner, nous nous trouvions réunis autour de lui dans sa chambre ; on est venu nous dire que nous étions servis ; il nous a renvoyés ; je sortais le dernier, il m'a retenu. « Restez, m'a-t-il dit, nous dîne-
» rons ensemble nous sommes les vieux,
» laissons aller les jeunes; nous nous tien-
» drons compagnie. » Puis il a voulu s'habiller, ayant l'intention, disait-il, de passer dans le salon après son dîner.

En faisant sa toilette, il passait sa main sur sa cuisse gauche, où se voyait un trou considérable ; il y enfonçait le doigt en me le montrant significativement, et voyant que j'ignorais ce que ce pouvait être, il m'a dit que c'était le coup de baïonnette qui avait failli lui coûter la cuisse au siége de Toulon. Marchand, qui l'habillait, s'est permis d'observer qu'on le savait bien à bord du Northumberland; qu'un des hommes de l'équipage lui avait dit, lorsqu'on y arriva, que c'était un Anglais qui, le premier, avait blessé notre Empereur.

L'Empereur prenant alors ce sujet, disait qu'on avait généralement admiré et prôné le rare bonheur qui le tenait comme invulnérable au milieu de tant de batailles. « Et l'on était dans l'erreur, » ajoutait-il, seulement j'avais toujours » fait mystère de tous mes dangers. » Et il a raconté qu'il avait eu trois chevaux tués sous lui au siége de Toulon; qu'il en avait eu plusieurs tués ou blessés dans ses campagnes d'Italie; trois ou quatre au siége de Saint-Jean-d'Acre. Qu'il avait été blessé maintes fois : qu'à la bataille de Ratisbonne, une balle lui avait frappé le talon; qu'à celle d'Esling ou de Wagram, je ne saurais dire laquelle, un autre coup de feu lui avait déchiré la botte, le bas et la peau de la jambe gauche; en 1814, il avait perdu un cheval et son chapeau à Arcis-sur-Aube, ou dans son voisinage; et après le combat de Brienne, en rentrant le soir à son quartier-général, triste et méditatif, il se trouva chargé inopinément par des Cosaques qui avaient passé sur les derrières de l'armée; il en repoussa un de la main, et se vit contraint de tirer son épée pour sa défense personnelle ; plusieurs de ces Cosaques furent tués à ses côtés. « Mais ce qui donne un prix bien « extraordinaire à cette circonstance, « disait-il, c'est qu'elle se passa auprès « d'un arbre que je considérais en cet « instant, et que je reconnaissais pour « être celui au pied duquel, durant nos « récréations, à l'âge de douze ans, je « venais lire la Jérusalem délivrée. » C'était donc là que Napoléon avait éprouvé sans doute les premières émotions de la gloire !

L'Empereur répétait qu'il avait été très-souvent exposé dans ses batailles ; mais on le taisait toujours avec le plus grand soin. Il avait recommandé, une fois pour toutes, le silence le plus absolu sur toutes les circonstances de cette nature. « Quelle confusion, quel désordre « n'eussent pas résulté du plus léger « bruit, du plus petit doute touchant « mon existence, disait-il. A ma vie, se « rattachait le sort d'un grand empire, « toute la politique et les destinées de « l'Europe ! »

Cette habitude, du reste, de tenir ces circonstances secrètes, faisait, ajoutait-il en ce moment, qu'il n'avait pas songé à les relater dans ses campagnes ; et puis elles étaient aujourd'hui presque hors de sa mémoire ; ce n'était plus guère, disait-il, que par hasard et dans le cours de ses conversations qu'elles pouvaient lui revenir, etc., etc.

Mardi 26.

Ma conversation avec un Anglais.

L'Empereur a continué d'être indisposé.

Un des Anglais, dont la femme avait été refusée hier à la suite de l'Amiral, est venu me rendre visite ce matin, dans l'intention d'essayer une nouvelle et dernière tentative pour parvenir à Napoléon. Cet Anglais parlait très-bien le français, ayant demeuré en France pendant toute la guerre. C'était un de ceux connus dans le temps sous le nom de *détenus;* un de ceux qui, venus en France comme voyageurs, s'y trouvèrent arrêtés par le Premier Consul, lors de la rupture du traité d'Amiens, en représaille de ce que le gouvernement anglais avait, suivant sa coutume, saisi nos bâtimens marchands avant de nous déclarer la guerre. Cette circonstance causa une longue et vive discussion entre les deux gouvernemens, et empêcha même, durant toute la guerre, un cartel d'échange. Les ministres anglais s'obstinèrent à ne vouloir pas regarder leurs compatriotes arrêtés comme des prisonniers, dans la crainte que ce ne fût une renonciation implicite à leur espèce de *droit de piraterie*. Toutefois cette obstination de leur part valut une longue captivité à leurs compatriotes ; ils ont été retenus en France plus de dix ans : c'est l'absence du siége de Troye, aussi longue, aussi pénible ; mais moins glorieuse.

Cet anglais était beau-frère de l'Amiral Burton, qui venait de mourir, commandant la station de l'Inde. Cette circonstance pouvait lui donner quelques rapports directs avec les ministres, à son arrivée en Angleterre ; il pouvait avoir été choisi par l'Amiral pour y rendre bien des choses qui nous concernent ; je n'ai donc pas refusé la conversation, je l'ai même prolongée ; Elle a duré plus de deux heures, toute calculée de ma part sur ce qu'il pouvait redire à l'Amiral, répéter au gouvernement ou dans les cercles en Angleterre. J'en fais grâce ; on n'y retrouverait que l'éternelle récapitulation de nos reproches et de nos griefs, la fastidieuse répétition de nos plaintes et de nos douleurs; ce serait encore et toujours, la violation des droits estimés les plus sacrés; l'outrage fait à notre bonne foi; l'arrogance, l'impudeur, les plus basses insultes du pouvoir, etc. J'ai particulièrement appuyé sur les mauvais traitemens qu'on nous faisait éprouver ici; sur le travers d'esprit de celui qui tenait ici nos chaînes. « Sa gloire, disais-je, » n'est pas de nous soumettre; mais bien » plutôt de nous satisfaire. Il devrait nous » faire oublier, à force d'égards, toute » la rigueur et les injustices de la poli- » tique. Rechercherait-il la réprobation » des hommes, lorsque sa bonne fortune » le conduisait à mêler noblement son » nom à celui de l'homme du temps, du » héros de l'histoire! Objecterait-il ses » instructions? Mais encore, dans nos » mœurs européennes, l'honneur est là » pour les interpréter convenablement. Mon Anglais m'a écouté avec beaucoup d'attention; il a montré même parfois un intérêt marqué, approuvant fort plusieurs de mes observations; mais aura-t-il été sincère, et ne tiendrat-il pas à Londres un langage tout à fait différent?

Chaque fois qu'un bâtiment arrive de Sainte-Hélène en Angleterre, les papiers publics présentent aussitôt sur les captifs de Longwood des relations infidèles, absurdes, qui doivent nécessairement les rendre ridicules à la masse du public. Comme nous nous en exprimions ici avec amertume, des Anglais honnêtes et distingués, nous dirent : « Ne vous y » méprenez pas, ces injures ne viennent » pas sans doute de nos compatriotes » qui vous visitent ici ; mais bien de nos » ministres à Londres ; car aux excès et » à la violence du pouvoir, l'adminis- » tration qui nous gouverne aujourd'hui, » joint toute la petitesse des intrigues » les plus basses et les plus viles. »

Mercredi 27.

Sur l'émigration. — Bienfaisance des Anglais. — Ressources des émigrés, etc.

L'Empereur se trouvant mieux est monté à cheval vers une heure, et au retour a reçu les officiers du 53ᵉ. Il a été pour eux tout à fait aimable et gracieux.

Après cette visite, l'Empereur, qui

m'avait dit de demeurer avec lui, s'est promené dans le jardin ; je lui ai rendu compte de ma conversation de la veille avec l'Anglais qui était venu me faire visite. De là ses questions se sont portées sur l'émigration, Londres et les Anglais.

Je lui disais que l'émigration n'aimait pas les Anglais; mais qu'il y avait peu d'émigrés qui ne se fussent attachés à quelque Anglais : que les Anglais n'aimaient point l'émigration ; mais qu'il y avait peu de familles anglaises qui n'eussent adopté quelque Français. Ce devait être là toute la clef des sentimens et des rapports, souvent contradictoires, qu'on rencontre d'ordinaire sur cet objet. Quant au bien qu'ils nous avaient fait, surtout la classe mitoyenne, qui est celle qui caractérise toujours un peuple, il était au-delà de toute expression, et nous endette envers elle d'une véritable reconnaissance. Il est difficile d'énumérer les bienfaits particuliers, les institutions bienveillantes, les mesures charitables employées vis-à-vis de nous; ce sont les particuliers qui, par leur exemple, ont amené le Gouvernement à des secours réguliers ; et quand

» fois, je ne me mis pas plus en règle
» vis-à-vis de la police, et il ne m'arriva
» jamais rien.

» Lorsque je fus présenté à la Cour
» de Votre Majesté, les émigrés qui
» étaient dans le même cas que moi,
» firent lever leur surveillance qui était
» de dix ans; moi, je me promis bien
» de laisser finir la mienne de sa belle
» mort. Invité, au nom de Votre Majesté,
» à une fête qu'elle donnait à Fontaine-
» bleau, je trouvai plaisant d'aller à la
» police demander un passeport. On
» convint qu'il m'était régulièrement
» nécessaire; mais on me le refusa, pour
» ne pas rendre, dit-on, l'administration
» ridicule. Plus tard, devenu Chambel-
» lan de Votre Majesté, j'eus à faire un
» voyage privé; et pour cette fois, ils
» m'affranchirent pour toujours et en
» riant de toute formalité future.

» Au retour de Votre Majesté, en
» 1815, voulant rendre service à quel-
» ques émigrés qui étaient revenus avec
» le Roi, j'allai pour eux à la police.
» J'étais un conseiller d'Etat; tous les
» registres me furent ouverts. Après
» l'article de mes amis, je fus curieux
» de connaître le mien; j'appris que j'y

» de là, lui demander pourquoi il ne
» m'arrêtait pas; celui-ci repondit que
» je ne faisais aucun mal. Je gagnai mon
» gîte à pas redoublés, frémissant sur le
» danger que je venais de courir : j'étais
» en contravention formelle vis-à-vis de
» la police; mon émigration, mon nom,
» mes habitudes, mes opinions, me
» classaient parmi les mécontens; tous
» les renseignemens qu'on eût pris
» m'eussent été défavorables, je n'aurais
» pu me réclamer de personne; on eût
» trouvé dans ma poche, et c'est ce qui
» me frappait davantage, cinq guinées :
» bien que je fusse en France depuis
» plus de deux ans, c'était les dernières
» que m'avait valu mon travail, je les
» portais toujours, je les ai ici, leur vue
» était pour moi une espèce de bonheur,
» elles me rappelaient un temps pénible
» qui n'était plus. Or, que ne pouvait-il,
» que ne devait-il pas arriver par le con-
» cours de toutes ces circonstances?
» J'aurais eu beau nier, affirmer ; per-
» sonne ne m'eût cru ; j'eusse beaucoup
» souffert sans doute, et pourtant je
» n'étais nullement coupable. Voilà ce-
» pendant la justice des hommes! Toute

»s'encourage, tout se vend; et puis le
» Ciel bénit mes efforts. Débarqué à
» l'entrée de la Tamise, j'avais gagné
» Londres à pied, n'ayant que sept louis
» dans ma poche, sans connaissances,
» sans recommandations sur ces rives
» étrangères; j'en sortis en poste, pos-
» sédant deux mille cinq cents guinées,
» ayant fait des amis tendres pour les-
» quels j'aurais donné ma vie. »

« Mais moi, si j'avais émigré, disait
» l'Empereur, quel eût été mon sort,
» mon lot? » Il parcourait alors inutile-
ment diverses directions, et s'arrêtait
constamment sur le militaire. « J'y aurais
» toujours bien fourni ma carrière, après
» tout, disait-il. — Cela n'est pas sûr,
» répondais-je, Sire; vous vous fussiez
» trouvé étouffé dans la foule. Arrivé à
» Coblentz ou dans tout corps français,
» vous eussiez été classé d'après le rang
» du tableau; rien n'eût pu vous le faire
» franchir; car nous étions stricts obser-
» vateurs des formes, etc., etc. »

L'Empereur me demandait ensuite
quand et comment j'étais rentré. —
« Après la paix d'Amiens, par le bienfait
» de votre amnistie; encore m'étais-je
» glissé par contrebande dans une famille

» anglaise, pour atteindre Paris plus tôt.
» Dès que j'y fus arrivé, de peur de com-
» promettre cette famille, j'allai moi-
» même faire ma déclaration à la police,
» qui me donna une carte que je devais
» faire viser toutes les semaines ou tous
» les mois; je n'en fis rien, et il ne m'en
» arriva rien. J'étais décidé à me con-
» duire sagement; qu'avais-je à craindre?
» disais-je. Cependant, une fois, je vis
» qu'il eût pu m'en coûter cher : c'était
» le moment le plus violent de la crise
» de Georges et Pichegru; d'ordinaire
» je passais mes soirées dans des sociétés
» intimes dans ma propre maison, je ne
» sortais presque jamais; mais ici, con-
» duit par la fatalité, peut-être par le
» vif intérêt que je prenais à la chose du
» jour, je m'égarai un soir assez tard
» dans le faubourg Saint-Germain; je
» manquai le passage du pont Louis XVI,
» que je connaissais si bien, et allai
» déboucher sur le boulevard des Inva-
» lides, sans plus savoir où je me trou-
» vais. Les postes étaient doublés partout
» et multipliés, je demandai ma route
» à une sentinelle; j'entendis distincte-
» ment son camarade, à quelques pas

»de là, lui demander pourquoi il ne
» m'arrêtait pas; celui-ci répondit que
» je ne faisais aucun mal. Je gagnai mon
» gîte à pas redoublés, frémissant sur le
» danger que je venais de courir : j'étais
» en contravention formelle vis-à-vis de
» la police; mon émigration, mon nom,
» mes habitudes, mes opinions, me
» classaient parmi les mécontens; tous
» les renseignemens qu'on eût pris
» m'eussent été défavorables, je n'aurais
» pu me réclamer de personne; on eût
» trouvé dans ma poche, et c'est ce qui
» me frappait davantage, cinq guinées :
» bien que je fusse en France depuis
» plus de deux ans, c'était les dernières
» que m'avait valu mon travail, je les
» portais toujours, je les ai ici, leur vue
» était pour moi une espèce de bonheur,
» elles me rappelaient un temps pénible
» qui n'était plus. Or, que ne pouvait-il,
» que ne devait-il pas arriver par le con-
» cours de toutes ces circonstances?
» J'aurais eu beau nier, affirmer; per-
» sonne ne m'eût cru; j'eusse beaucoup
» souffert sans doute, et pourtant je
» n'étais nullement coupable. Voilà ce
» pendant la justice des hommes! Toute

» fois, je ne me mis pas plus en règle
» vis-à-vis de la police, et il ne m'arriva
» jamais rien.

» Lorsque je fus présenté à la Cour
» de Votre Majesté, les émigrés qui
» étaient dans le même cas que moi,
» firent lever leur surveillance qui était
» de dix ans; moi, je me promis bien
» de laisser finir la mienne de sa belle
» mort. Invité, au nom de Votre Majesté,
» à une fête qu'elle donnait à Fontaine-
» bleau, je trouvai plaisant d'aller à la
» police demander un passeport. On
» convint qu'il m'était régulièrement
» nécessaire; mais on me le refusa, pour
» ne pas rendre, dit-on, l'administration
» ridicule. Plus tard, devenu Chambel-
» lan de Votre Majesté, j'eus à faire un
» voyage privé; et pour cette fois, ils
» m'affranchirent pour toujours et en
» riant de toute formalité future.

» Au retour de Votre Majesté, en
» 1815, voulant rendre service à quel-
» ques émigrés qui étaient revenus avec
» le Roi, j'allai pour eux à la police.
» J'étais un conseiller d'Etat, tous les
» registres me furent ouverts. Après
» l'article de mes amis, je fus curieux
» de connaître le mien; j'appris que j'y

» étais noté comme grand courtisan de
» M. le Comte d'Artois, à Londres. Je
» ne pus m'empêcher de réfléchir sur
» ce que pouvaient amener la différence
» des temps et la bizarrerie des révolu-
» tions. Du reste, ma note était tout à
» fait inexacte; j'allais bien, il est vrai,
» chez M. le Comte d'Artois; mais de
» mois en mois tout au plus peut-être;
» pour en être courtisan, avec la meil-
» leure volonté, je ne l'aurais pas pu;
» j'avais à pourvoir à ma subsistance de
» chaque jour; j'avais la fierté de vouloir
» vivre de mes occupations, le temps
» m'était précieux. » J'amusais beaucoup
l'Empereur par mon récit, et je trouvais
un grand charme à le lui faire.

Aujourd'hui, la frégate la Doris a fait voile pour l'Europe.

Jeudi 28.

La famille de Briars est venue dans l'espoir de voir l'Empereur; mais il s'est trouvé incommodé de nouveau. Sa santé s'altère; cet endroit lui est visiblement contraire. Il m'a fait appeler à trois heures; il avait eu un léger accès de fièvre, il se trouvait mieux. Il m'a beaucoup parlé de ses dispositions domestiques intérieures, qui parfois laissaient venir jusqu'à lui quelques tracasseries. Ensuite il a fait sa toilette pour essayer de se promener. Je l'ai décidé à remettre son gilet de flanelle, que, dans ce lieu de température humide et inconstante, il avait imprudemment mis de côté.

Nous sommes allé nous promener au jardin; la conversation continuant toujours sur le même sujet que ci-dessus. L'Empereur marchant à l'aventure, a gagné les arbres à gomme qui prolongent le parc, causant de notre situation locale, de nos rapports avec les autorités, formant des conjectures sur les événemens politiques de l'Europe, etc. La pluie est venue nous surprendre, et nous a forcés à nous abriter sous un arbre. Le Grand-Maréchal et M. de Montholon sont venus nous joindre. Au retour l'Empereur m'a dit de le suivre, et s'est mis à jouer au piquet dans le salon avec Mme de Montholon. Il faisait fort humide, l'Empereur a désiré du feu; à peine allumé, la fumée nous a chassés, il a fallu nous réfugier dans la chambre même de l'Empereur, où la partie a continué. Bientôt il n'a plus fait que tenir les cartes; sa conversation était venue tout à fait des plus intéressantes : il nous racontait des anecdotes de son plus petit intérieur, confirmant, redressant ou détruisant celles que Mme de Montholon ou moi lui disions avoir circulé dans le monde; rien n'était plus piquant, c'était une conversation toute confidentielle; aussi fût-ce un vrai chagrin pour nous d'entendre annoncer à l'Empereur qu'il était servi.

Vendredi 29.

Excursion difficile. — Premier essai de notre vallée. — Marais perfide. — Momens caractéristiques. — Anglais désabusés. — Poison de Mithridate.

Il est un endroit de notre enclos d'où l'on voit au loin la partie de la mer où apparaissent les vaisseaux qui arrivent; là est un arbre au pied duquel on peut la considérer à son aise. J'étais dans l'habitude, depuis quelques jours, d'y aller dans mes momens d'oisiveté pour voir arriver, me disais-je, le vaisseau qui doit terminer notre exil. Le célèbre Munich est demeuré vingt ans au fond de la Sibérie, buvant chaque jour à son retour à Saint-Pétersbourg, avant de voir arriver cet instant désiré. J'aurai son courage; mais j'espère n'avoir pas besoin de sa patience.

Depuis quelques jours des bâtimens se succédaient; de très-bon matin on en avait aperçu trois, dont j'en jugeai deux bâtimens de guerre. En revenant on me dit que l'Empereur était déjà levé; j'allai le trouver dans le jardin pour lui faire part de ma découverte. Il voulut déjeûner sous un arbre, et me retint. Après le déjeûner il me dit de le suivre à cheval. Nous prolongeâmes, en dehors de Longwood, tous les arbres à gomme, et essayâmes, à l'extrémité, de descendre dans une vallée très-rapide et profondément sillonnée: c'étaient des sables, des cailloux presque mouvans, parsemés de ronces marines; nous fûmes obligés de descendre de cheval. L'Empereur ordonna au général Gourgaud de prendre par un autre côté avec les chevaux et les deux piqueurs qui formaient notre suite; il s'obstina à continuer, de sa personne, au milieu des difficultés où nous nous trouvions. Je lui donnais le bras; nous descendions et regrimpions avec peine tous les ravins; il regrettait la légèreté de sa jeunesse; me reprochait d'être plus leste que lui : il y trouvait plus de différence que le peu d'âge qui nous sépare. C'est, disais-je, que je rajeunissais pour le servir. Chemin faisant il observait que ceux qui pourraient nous considérer en ce moment reconnaîtraient sans peine l'inquiétude et l'impatience françaises. « Au fait, disait-il, » il n'y a que des Français auxquels il » puisse venir dans l'idée de faire ce » que nous faisons en cet instant. » Nous arrivâmes enfin tout haletans au bas de la vallée *. Ce que nous avions pris de loin pour un chemin tracé n'était qu'un petit ruisseau d'un pied et demi de large; nous voulûmes le traverser en attendant nos chevaux; mais les bords de ce petit ruisseau étaient perfides, ils semblaient d'une terre sèche qui nous supporta d'abord; mais bientôt nous nous sentîmes enfoncer subitement, comme si nous eussions été sur de la glace qui se fût brisée; nous étions menacés de disparaître. J'en avais déjà presque au-dessus du genou quand un

---

* Voyez la carte géographique.

effort m'en a fait sortir; je me suis retourné pour donner la main à l'Empereur, il était enfoncé des deux jambes, ses mains à terre, s'efforçant de se dégager. Ce n'est pas sans peine ni sans boue que nous avons retrouvé la terre ferme; moi ne pouvant m'empêcher de m'écrier: *Marais d'Arcole! Marais d'Arcole!* Nous les avions travaillés quelques jours auparavant; Napoléon avait failli y demeurer. Pour lui il répétait en considérant ses vêtemens : « Mon « cher, voici une sale aventure. » Et puis il disait : « Si nous avions disparu ici, « qu'eût-on dit en Europe? Les cafards « prouveraient sans nul doute que nous « avons été engloutis pour tous nos « crimes. »

Les chevaux nous ayant enfin rejoints, nous avons continué, forçant des haies, escaladant des murs, et avons remonté à grande peine toute la vallée qui sépare Longwood du pic de Diane. Nous sommes rentrés par le côté de Mme Bertrand; il était trois heures. On est venu nous dire que les bâtimens aperçus ce matin étaient un brick et un transport venus d'Angleterre, et un Américain.

Sur les sept heures l'Empereur m'a fait demander; il était avec le Grand-Maréchal, qui lui lisait les papiers-nouvelles depuis le neuf jusqu'au seize octobre; cela ne finissait pas; il était neuf heures. L'Empereur, étonné qu'il fût si tard, s'est levé brusquement, et impatienté qu'on ne lui donnât pas son dîner, a marché droit à la table, se plaignant qu'on l'eût fait attendre. On a eu la gaucherie de lui donner une raison fort ridicule; cette inconvenance domestique l'a vivement choqué; puis il s'est choqué intérieurement encore de s'être montré si choqué; aussi le dîner a-t-il été sombre et silencieux.

Revenu dans le salon pour le dessert, l'Empereur a cependant pris la parole sur les nouvelles que nous avaient apportées les gazettes : les conditions de la paix, les forteresses livrées aux étrangers, la fermentation des grandes villes. Il a traité ces sujets en maître; mais il s'est retiré de bonne heure, l'instant qui avait précédé le dîner lui demeurait visiblement sur le cœur.

Peu de temps après il m'a fait demander, voulant continuer les papiers. Comme je me mettais en devoir de lire, il s'est rappelé l'état de mes yeux, et ne l'a plus voulu. J'insistai, disant que je parcourais vite, et que ce ne serait pas long; mais il les a éloignés lui-même, ajoutant : « La nature ne se commande pas; je vous le défends; j'attendrai demain. » Il s'est mis à marcher, et bientôt ce qu'il avait dans le cœur en est sorti. Qu'il me semblait aimable dans ses reproches et ses plaintes! Qu'il était homme et bon; car ce qu'il disait était juste et vrai! Mais c'étaient de ces momens précieux où la nature, prise sur le fait, montre à nu le fond du cœur et du caractère. Et je me disais en le quittant, ce que j'ai d'ailleurs si souvent l'occasion de me redire : Bon Dieu, que l'Empereur a été mal connu dans le monde!»

Au demeurant, on lui rend déjà ici plus de justice. Ces Anglais si acharnés, si excusables d'ailleurs par les fausses peintures dont on les a si constamment nourris, commencent à prendre une idée plus juste de son caractère; ils avouent qu'ils sont étrangement détrompés chaque jour, et que Napoléon est bien différent de ce Bonaparte que les intérêts politiques et le mensonge leur avaient tracé sous des aspects si odieux.

Tous ceux qui ont pu le voir, l'entendre et avoir à faire à lui, n'ont plus qu'une voix là-dessus; il est échappé plus d'une fois à l'Amiral, au travers de nos querelles avec lui, de se récrier que l'Empereur était sans contredit le meilleur naturel de toute la bande, le plus raisonnable, le plus juste, le plus facile; et il disait vrai.

Une autre fois, un honnête Anglais, que nous voyions souvent, confessait à Napoléon, dans toute l'humilité de son âme, et en forme d'expiation, qu'il avait à se reprocher et qu'il était honteux d'avouer qu'il avait cru fermement toutes les abominations débitées sur son compte, ses étranglemens, ses massacres, ses fureurs, ses brutalités; enfin jusqu'aux difformités de sa personne et aux traits hideux de sa figure. « Après tout, ajou-
» tait-il candidement, comment ne l'au-
» rais-je pas cru? Tous nos livres en
» étaient pleins; c'était dans toutes nos
» bouches; pas une voix ne s'élevait pour
» le contredire. — Eh bien! dit Napoléon
» en souriant, c'est à vos ministres pour-
» tant que j'ai l'obligation de toutes ces
» gentillesses : ils ont inondé l'Europe de
» pamphlets et de libelles contre moi,

» Peut-être auraient-ils à dire pour excuse
» qu'ils ne faisaient que répondre à ce
» qu'ils recevaient de France même; et
» ici, il faut être juste, ceux d'entre nous
» qu'on a vu danser sur les ruines de leur
» patrie, ne s'en faisaient pas faute, et
» les tenaient abondamment pourvus.

» Quoi qu'il en soit, on me tourmenta
» souvent, au temps de ma puissance,
» pour que je fisse contrebattre ces me-
» nées; je m'y refusai toujours. A quoi
» m'eût servi qu'on m'eût défendu? On
» eût dit que j'avais payé, et cela ne
» m'eût que discrédité un peu davantage.
» Une victoire, un monument de plus;
» voilà la meilleure, la véritable réponse,
» disais-je constamment. Le mensonge
» passe, la vérité reste. Les gens sages,
» la postérité surtout, ne jugent que sur
» des faits. Aussi qu'est-il arrivé? Déjà
» le nuage se dissipe, la lumière perce,
» je gagne tous les jours; bientôt il n'y
» aura rien de piquant en Europe que
» de me rendre justice. Ceux qui m'ont
» succédé tiennent les archives de mon
» administration, les archives de la po-
» lice, les greffes des tribunaux; ils ont
» à leur disposition, à leur solde, ceux
» qui eussent été les exécuteurs, les

» complices de mes atrocités et de mes
» crimes ; eh bien! qu'ont-ils publié?
» qu'ont-ils fait connaître?

» Aussi la première fureur passée, les
» gens d'esprit et de jugement me revien-
» dront; je ne conserverai pour ennemis
» que des sots ou des méchans. Je puis
» demeurer tranquille, je n'ai qu'à laisser
» faire, et la suite des événemens, les
» débats des partis opposés, leurs pro-
» ductions adverses, feront luire chaque
» jour les matériaux les plus sûrs, les
» plus glorieux de mon histoire. Et à quoi
» ont abouti, après tout, les immenses
» sommes dépensées en libelles contre
» moi? Bientôt il n'y en aura plus de
» traces; tandis que mes monumens et
» mes institutions me recommanderont
» à la postérité la plus reculée.

» Aujourd'hui, du reste, on ne saurait
» plus recommencer ces torts envers moi;
» la calomnie a épuisé tous ses venins sur
» ma personne; elle ne saurait plus me
» heurter; elle n'est plus pour moi que
» *le poison de Mithridate.* »

Samedi 30.

L'Empereur laboure un sillon. — Denier de la Veuve. — Entrevue avec l'Amiral. — Nouveaux arrangemens. — Le Polonais Piontkowsky.

L'Empereur m'avait fait appeler avant huit heures. Pendant qu'il faisait sa toilette, je lui ai achevé les papiers commencés la veille. Une fois habillé, il est sorti, a marché vers les écuries, a demandé son cheval et est parti seul avec moi, tandis qu'on préparait encore ceux de la suite. Nous nous sommes promenés à l'aventure; arrivés dans un champ qu'on labourait, l'Empereur est descendu de son cheval, dont je me suis emparé, a saisi la charrue, au grand étonnement de celui qui la conduisait, et a tracé lui-même un sillon d'une longue étendue; le tout avec une rapidité singulière et sans autres paroles entre nous que de me dire en quittant, de donner un napoléon. Remonté à cheval il a continué sans intention dans le voisinage. Les piqueurs ont rejoint successivement.

Au retour, l'Empereur a voulu déjeûner sous un arbre dans le jardin, et nous a retenus. Il nous avait dit durant sa course qu'il venait de nous faire un petit cadeau, bien léger à la vérité, observait-il, mais tout se mesure aux circonstances, et, dans celle-ci, c'était pour lui, disait-il, *le denier de la veuve.* C'était un traitement mensuel qu'il venait d'arrêter pour chacun de nous. Or, ce traitement devait être prélevé sur une somme assez peu forte que nous avions dérobée à la vigilance anglaise, et cette somme demeurait ici l'unique et seule ressource de Napoléon. On sent combien elle devenait précieuse ; aussi j'ai employé le premier instant où je me suis trouvé seul avec lui, pour lui exprimer ma pensée à cet égard, et ma résolution personnelle de ne pas profiter de son bienfait. Il en a beaucoup ri, et comme j'insistais toujours. « Eh bien ! » m'a-t-il dit en me saisissant l'oreille, » si vous n'en avez pas besoin, gardez-le » moi, je saurai où le retrouver quand » il me le faudra. »

Après son déjeûner, l'Empereur est rentré dans son intérieur, et je l'ai suivi pour finir les papiers-nouvelles. Il y avait long-temps que je lisais ; M. de Montholon a fait demander à être introduit ; il venait de causer longuement avec l'Amiral, qui désirait beaucoup voir l'Empereur. L'Empereur a interrompu ma traduction, s'est promené quelque temps comme s'il eût hésité; puis, prenant son chapeau, il a gagné le salon pour y recevoir l'Amiral. J'en ai eu une vive joie; s'il était possible que notre état d'hostilité cessât, j'étais sûr que deux minutes de lui aplaniraient plus de difficultés que deux journées entières d'aucun de nous. En effet, j'ai compris que ses argumens, sa logique, sa bonhomie avaient tout entraîné. On m'a assuré que l'Amiral était sorti enchanté. Pour l'Empereur, il était fort content; il est loin de haïr l'Amiral, il a même peut-être un faible pour lui. « Vous pouvez être un très-habile homme de mer, doit-il lui avoir dit; mais vous n'entendez rien à notre situation. Nous ne vous demandons rien; nous pouvons nous nourrir à l'écart de nos peines et de nos privations, nous suffire à nous-mêmes; mais notre estime vaut bien qu'on s'en mette en peine. » L'Amiral s'est rejeté sur ses instructions. « Mais ne sait-on pas, répliquait l'Empereur, l'espace immense qui existe entre la

« dictée des instructions et leur exécu-
« tion? Tel les ordonne de loin, qui s'
« opposerait lui-même s'il devait les voi[r]
« exécuter. Qui ne sait encore, conti-
« nuait-il, qu'au moindre différend, à l[a]
« moindre contrariété, au premier cri d[e]
« l'opinion, les ministres désavouent de[s]
« instructions, ou blâment vivement d[e]
« ne les avoir pas mieux interprétées. »

L'Amiral a été à merveille ; l'Empereur n'a eu qu'à se louer de lui ; toute[s]
les aspérités se sont émoussées, on s'es[t]
entendu sur tout. Ainsi il a été conven[u]
que l'Empereur pourrait aller désormai[s]
dans l'île ; que l'officier, que les instructions attachaient à sa personne, n'exer-
cerait qu'une surveillance lointaine, qu[i]
ne pourrait blesser les regards de l'Empereur ; que les visitans arriveraient à
l'Empereur, non par la permission d[e]
l'Amiral, qui était le surveillant de Longwood, mais par celle du Grand-Maréchal
qui en faisait les honneurs.

Ce jour notre petite colonie s'est accrue
d'un Polonais, le capitaine Piontkowsky.
Il était du nombre de ceux que nous
avions laissés à Plymouth. Son dévouement pour l'Empereur, sa douleur d'en

être séparé, avaient vaincu les Anglais et leur avaient arraché la permission de venir le rejoindre.

Dimanche 31.

Sous-gouverneur Skelton.

Le sous-gouverneur, colonel Skelton et sa femme, qui s'étaient toujours montrés fort prévenans pour nous, sont venus présenter leurs hommages à l'Empereur, qui, après une bonne heure de conversation, dont j'étais l'interprète, m'a fait traduire au colonel Skelton l'invitation de le suivre dans sa promenade à cheval; le colonel a accepté avec joie. Nous nous sommes mis en route et avons parcouru la vallée qui nous sépare du pic de Diane, au grand étonnement du colonel, pour qui cette course était tout à fait nouvelle; il la trouvait fatigante, et même en certains endroits n'hésitait pas à la prononcer dangereuse. L'Empereur l'a retenu à dîner ainsi que sa femme, et s'est montré fort aimable pour eux.

Lundi 1ᵉʳ Janvier 1816 au Mercredi 3.

Premier de l'an. — Fusils de chasse, etc. — Famille du gouverneur Wilks.

Le premier jour de l'an, nous nous sommes tous réunis vers les dix heures du matin pour présenter nos hommages à l'Empereur, au sujet de la nouvelle année; il nous a reçus quelques instans après; nous avions bien plutôt à lui offrir des vœux que des félicitations. L'Empereur a voulu que nous déjeûnassions et passassions tout ce jour ensemble en véritable famille, a-t-il dit, et il s'est arrêté sur notre situation ici. « Vous ne » composez plus qu'une poignée au bout » du monde observait-il, et votre conso- » lation doit être au moins de vous y » aimer. » Nous l'avons tous accompagné dans le jardin, où il a été se promener pendant qu'on préparait le déjeûner. En cet instant on lui a apporté ses fusils de chasse, qui avaient été jusque là retenus par l'Amiral. Cet envoi n'était, du reste, de la part de l'Amiral, qu'un procédé qui témoignait ses dispositions nouvelles; ces fusils ne pouvaient être d'aucun autre agrément pour l'Empereur, la nature du terrain et le défaut de gibier ne lui permettant aucune illusion sur le divertissement de la chasse : il ne se trouvait, parmi nos arbres à gomme, que des tourterelles que quelques coups de fusil de la part du général Gourgaud et de mon fils eurent bientôt détruites ou forcées à l'émigration.

Mais il était dit que les meilleures intentions de l'Amiral, les plus bienveillantes, porteraient toujours quelques restrictions, quelques teintes de caprice propre à en détruire l'effet : avec les deux ou trois fusils de l'Empereur, il s'en trouvait deux ou trois autres à nous; ils nous furent délivrés, mais avec la condition qu'ils seraient remis chaque soir dans la tente de l'officier de garde. On s'imagine bien qu'une pareille sujétion fit remercier sans hésitation l'offre d'une telle faveur, et ces fusils ne nous restèrent sans condition qu'après quelques pourparlers. Cependant, qui étions-nous ? quelques malheureux isolés du reste de l'univers, entourés de sentinelles, gardés par tout un camp ! Et de quoi s'agissait-il ? de deux fusils de chasse. Je cite cette circonstance : elle est bien petite en elle-même; mais elle est caractéristique, et peindra mieux que beaucoup d'autres choses la vérité de notre situation et la nature de nos peines.

Le trois, j'ai été déjeûner chez madame Bertrand avec laquelle je devais aller dîner chez le Gouverneur. La distance de Plantation-House, sa demeure, demande une heure et demie de voyage avec six bœufs; un attelage de chevaux serait dangereux. On traverse ou on tourne cinq ou six gorges bordées de précipices de plusieurs centaines de pieds de profondeur*; on ôte quatre bœufs aux descentes trop rapides, et on les remet aux montées. Nous nous sommes arrêtés aux trois quarts de la route pour visiter une vieille bonne dame de quatre-vingt-trois ans, qui avait fait beaucoup de prévenances aux enfans de Mme Bertrand. Sa demeure était agréable; il y avait seize ans qu'elle n'en était sortie, lorsque apprenant l'arrivée de l'Empereur, elle se mit en route pour la ville, disant que dût-il lui en coûter la vie, elle serait heureuse si elle parvenait à l'apercevoir; elle avait eu le bonheur de réussir.

Plantation-House est le lieu le mieux

---

* Voyez la carte géographique.

situé et le plus agréable de l'île ; le château, le jardin et les dépendances rappellent les demeures, dans nos provinces, des familles de vingt-cinq à trente mille livres de rente. Cet endroit est bien soigné et tenu avec goût : enfermé dans l'enceinte de Plantation-House, on pourrait se croire en Europe, et ne pas soupçonner les lieux de désolation qui composent la plus grande partie du reste de l'île. Le maître de la maison en ce moment, le colonels Wilks, le gouverneur pour la Compagnie que l'Amiral était venu déplacer, est un homme du meilleur ton, fort agréable ; sa femme est bonne et aimable ; sa fille charmante.

Le gouverneur avait réuni une trentaine de personnes ; les manières, les expressions, les formes, tout y était européen. Nous y avons passé quelques heures qui ont été les seules d'oubli et de distraction que j'aie éprouvées depuis notre sortie de France. Le colonel Wilks me montrait une partialité et une bienveillance toutes particulières ; nous en étions aux complimens et à la sympathie de deux auteurs qui s'encensent réciproquement. Nous avons fait échange de nos productions : il comblait M. Le Sage de choses flatteuses, et celles que je lui rendais étaient des plus sincères; car son ouvrage renferme des points intéressans et nouveaux sur l'Indostan qu'il a habité long-temps en mission diplomatique; une douce philosophie, beaucoup d'instruction et un style fort pur, concourent à en faire un livre distingué. M. Wilks, dans ses opinions politiques, est, du reste, un homme très froid, qui juge avec calme et sans passion des affaires du moment, qui conserve les idées saines, les principes libéraux d'un Anglais sage et indépendant.

Au moment de nous mettre à table, à notre grande surprise, on nous a annoncé que l'Empereur venait de passer avec l'Amiral, presqu'à la porte de Plantation-House; et un des convives (M. Doveton de Sandy-bay), nous dit alors avoir eu la bonne fortune de le posséder ce matin même chez lui, pendant trois quarts d'heure.

Jeudi 4 au Lundi 8.

Vie de Longwood. — Course à cheval de l'Empereur. — Notre Nymphe. — Sobriquets. — Des îles, de leur défense. — Grandes forteresses, Gibraltar. — Culture et lois de l'île. — Enthousiasme, etc.

Quand je suis entré chez l'Empereur

pour lui rendre compte de notre excursion de la veille, il m'a dit en me saisissant l'oreille : « Eh bien ! vous m'avez abandonné hier ; j'ai pourtant bien fini ma soirée. N'allez pas croire que je ne saurais me passer de vous. » Paroles charmantes, que le ton qui les accompagnait et la connaissance que j'avais de lui désormais me rendaient délicieuses.

Tous les jours le temps a été beau, la température sèche, la chaleur forte, mais tombant subitement, ainsi que de coutume, vers les cinq ou six heures.

L'Empereur, depuis son arrivée à Longwood, avait interrompu ses dictées ordinaires : il passait son temps à lire dans son intérieur, faisait sa toilette de trois à quatre heures, et sortait ensuite à cheval avec deux ou trois de nous autres. Les matinées devaient lui paraître plus longues ; mais sa santé s'en trouvait mieux. Nos courses étaient toutes dirigées vers la vallée voisine, dont j'ai déjà parlé ; soit que nous la remontassions en la prenant dans la partie inférieure et revenant par la maison du Grand-Maréchal ; soit au contraire que nous commençassions par ce dernier côté, pour la parcourir en descendant. Une fois même ou deux, nous la franchîmes en écharpe, et traversâmes de la sorte d'autres vallées pareilles. Nous explorâmes ainsi le voisinage, et visitâmes le peu d'habitations qui s'y trouvaient : toutes étaient pauvres et misérables. Les chemins étaient parfois impraticables, il nous fallait même de temps en temps descendre de cheval; nous avions à franchir des haies, à escalader des murs de pierre qu'on rencontre fort souvent; mais rien ne nous arrêtait.

Dans ces courses habituelles, nous avions adopté depuis quelques jours une station régulière dans le milieu de la vallée ; là, entourée de roches sauvages, s'était montrée une fleur inattendue ; sous un humble toit nous avait apparu un visage charmant de quinze à seize ans. Nous l'avions surprise le premier jour dans son costume journalier, il n'annonçait rien moins que l'aisance ; le lendemain nous retrouvâmes la jeune personne avec une toilette fort soignée ; mais alors notre jolie fleur des champs ne nous parut plus qu'une fleur de parterre assez ordinaire. Toutefois, nous nous y arrêtions chaque jour quelques minutes; elle s'avançait alors de quelques pas pour entendre les deux ou trois phrases que l'Empereur lui adressait ou lui faisait traduire en passant, et nous continuions notre route tout en devisant sur ses attraits. Dès cet instant elle augmenta la nomenclature spéciale de Longwood; elle ne fut plus que *notre Nymphe.*

L'Empereur, dans son intimité, avait la coutume de baptiser insensiblement tout ce qui l'entourait : ainsi la vallée que nous parcourions d'habitude en cet instant, n'avait plus d'autre nom que l'*allée du silence;* notre hôte de Briars n'était que notre *Amphitrion;* son voisin, le Major aux six pieds de haut, notre *Hercule;* sir George Cockburn, *Monseigneur l'Amiral* tant qu'on était en gaîté; dès que l'humeur arrivait, ce n'était plus que le *Requin*, etc., etc.

Notre nymphe est précisément l'héroïne de la petite pastorale dont il a plu au docteur Warden d'embellir ses lettres; bien que j'eusse redressé son erreur lorsqu'il m'en donna lecture avant son départ pour l'Europe, lui disant : « Si « vous avez le projet de créer un conte, « c'est bien; mais si vous avez voulu « peindre la vérité, vous avez tout à « changer. » Apparemment qu'il aura

pensé que son conte avait beaucoup pl[us]
d'intérêt, et il l'a conservé.

Du reste, on m'a appris que Napolé[on]
avait porté bonheur à notre nymphe :
petite célébrité qu'elle en avait acqui[se]
a attiré la curiosité des voyageurs ; s[es]
attraits ont fait le reste : elle est deven[ue]
la femme d'un très-riche négociant [ou]
capitaine de la compagnie des Indes.

Au retour de nos courses, nous tro[u-]
vions déjà rendues les personnes q[ue]
l'Empereur invitait à dîner. Il eut su[c-]
cessivement le général-colonel du 53[e,]
plusieurs de ses officiers et leurs femme[s,]
l'Amiral, la bonne, belle et douc[e]
M°° Hodson, la femme de notre He[r-]
cule, que l'Empereur avait été visit[er]
un jour dans le fond de Briars, et do[nt]
il avait tant caressé les enfans, etc., e[tc.]

Après le dîner, l'Empereur faisait u[ne]
partie, et le reste de la compagnie u[ne]
autre.

Le jour où y dîna l'Amiral, l'Emp[e-]
reur, en prenant son café, a causé qu[el-]
ques instans sur la position de l'[île.]
L'Amiral a dit que le 66° venait renfo[r-]
cer le 53°; l'Empereur en a ri, et lu[i a]
demandé s'il ne se croyait pas déjà a[ssez]
fort. Puis, passant à des observatio[ns]

générales, il a dit qu'un soixante-quatorze de plus valait mieux qu'un régiment; que la sûreté d'une île, c'était des vaisseaux; que des fortifications n'étaient qu'un retard; qu'un débarquement, fait à forces supérieures, était un résultat tout obtenu, au temps près, si la distance n'admettait point un secours.

L'Amiral lui ayant demandé quelle était, dans son opinion, la place la plus forte du monde, l'Empereur a répondu qu'il était impossible de l'assigner, parce que la force d'une place se compose de ses moyens propres, et de circonstances étrangères indéterminées. Pourtant il a nommé Strasbourg, Lille, Metz, Mantoue, Anvers, Malte, Gibraltar. L'Amiral ayant dit qu'en Angleterre on lui avait supposé, pendant quelque temps, le dessein d'attaquer Gibraltar. « Nous » nous en serions bien donné de garde, » a dit l'Empereur; cela nous servait » trop bien. Cette place ne vous est » d'aucune utilité; elle ne défend, n'in» tercepte rien; ce n'est qu'un objet » d'amour-propre national qui coûte » fort cher à l'Angleterre, et blesse sin» gulièrement la nation espagnole. Nous

» aurions été bien maladroits de détru[ire]
» une pareille combinaison. »

Le six j'ai été invité, avec Mme B[er]-
trand et mon fils, à dîner à Briars, [où]
notre ancien hôte avait réuni beauco[up]
de monde. Nous en sommes revenus f[ort]
tard, et non sans quelque danger, [par]
les difficultés de la route et l'obscu[rité]
de la nuit, qui nous a forcés de fa[ire]
une partie du chemin à pied, par ég[ard]
pour la prudence de Mme Bertrand.

Le sept, l'Empereur a reçu la vis[ite]
du secrétaire du gouvernement et d[e]
des membres du conseil de l'île. Il [les]
a beaucoup questionnés, suivant sa c[ou]-
tume, sur la culture, la prospérité [et]
les améliorations susceptibles de l[a]
colonie. Ils répondaient qu'en 1772 [on]
avait adopté le système de fournir, [aux]
magasins de la compagnie, de la via[nde]
à moitié prix aux habitans; il en é[tait]
résulté une grande paresse dans l'ind[us]-
trie, et l'abandon de l'agriculture. [De]-
puis cinq ans on avait changé ce systè[me,]
ce qui, joint à d'autres circonstanc[es,]
avait ramené l'émulation, et porté [tout]
à un état supérieur à ce qu'elle a[vait]
jamais été. Il est à craindre que n[ous]

venue ne soit un coup mortel pour cette prospérité croissante.

Sainte-Hélène, de sept à huit lieues de tour, environ la grandeur de Paris, obéit aux lois générales d'Angleterre et à des lois locales de l'île; ces lois locales se font ici par le conseil, et se sanctionnent en Angleterre par la Cour de la compagnie des Indes. Le conseil se compose du gouverneur, de deux membres civils et d'un secrétaire qui tient les registres; tous sont nommés par la Compagnie, et sont révocables à volonté. Les membres du conseil sont législateurs, administrateurs et magistrats; ils décident sans appel, à l'aide du juri, au civil et au criminel. Il n'y a ni procureur ni avocat dans l'île; le secrétaire du conseil légitime tous les actes, et se trouve une espèce de notaire unique. La population de l'île est en ce moment de cinq à six mille âmes environ, y compris les noirs et la garnison.

Je me promenais seul un de ces après-midi, dans le jardin avec l'Empereur; un matelot de vingt-deux à vingt-trois ans, d'une figure franche et ouverte, nous a abordés avec l'émotion de l'empressement et de la joie, et l'inquiétude

d'être aperçu du dehors. Il ne parl[e]
qu'anglais, et me disait, avec précipita-
tion, avoir bravé deux fois l'obstacle d[es]
sentinelles et tous les dangers d'un[e]
défense sévère pour voir de près l'Empereur; qu'il obtenait ce bonheu[r,]
disait-il, tout en le considérant, qu[''il]
mourrait content; qu'il faisait des vœu[x]
au Ciel pour que Napoléon se port[ât]
bien, et qu'il fût un jour plus heureu[x.]
Je l'ai congédié, et en nous abando[n-]
nant, il se cachait encore derrière l[es]
arbres, les haies, afin de nous aperc[e-]
voir plus long-temps. Nous recevio[ns]
souvent ainsi des preuves non équivo[-]
ques du sentiment bienveillant de c[es]
marins. Ceux du Northumberland su[r-]
tout se croyaient désormais des rappo[rts]
établis avec l'Empereur : lors de no[tre]
séjour à Briars, où notre réclusion ét[ait]
moins complète, ils venaient souve[nt]
rôder le dimanche autour de nous, disa[nt]
qu'ils venaient revoir leur compag[non]
de vaisseau (ship's mate). Le jour [que]
nous quittâmes cet endroit, étant s[eul]
avec l'Empereur dans le jardin, il s'[en]
était présenté un à la porte, me dema[n-]
dant s'il pouvait y faire un pas sans off[en-]
ser. Je lui demandai son pays et sa r[eli-]

gion ; sa réponse fut plusieurs signes de croix rapides en signe d'intelligence et de fraternité ; puis fixant l'Empereur, devant lequel il se trouvait, et levant les yeux au Ciel, il commença, avec lui-même, une conversation de gestes, que sa grosse figure réjouie rendait partie grotesque, partie sentimentale. Cependant il était difficile d'exprimer avec plus de vérité l'admiration, le respect, les vœux et la sympathie ; de grosses larmes commençaient à rouler dans ses yeux. « Dites à ce cher homme que je ne lui veux pas de mal, me disait-il, que je lui souhaite bien du bonheur. Nous sommes beaucoup comme cela : il faut qu'il se porte bien et long-temps. » Il avait à la main un bouquet de fleurs champêtres ; il indiquait la pensée de vouloir les offrir ; mais distrait ou retenu par ce qu'il voyait ou ce qu'il éprouvait, chancelant et comme combattu en lui-même, il nous fit subitement un salut brusque et disparut.

L'Empereur ne put s'empêcher de se montrer sensible à ces deux circonstances, tant la figure, l'accent, le geste de ces hommes portaient le caractère de la vérité. Il disait alors : « Ce que c'est

» pourtant que le pouvoir de l'imagi[na]-
» tion ! tout ce qu'elle peut sur l[es]
» hommes ! Voilà des gens qui ne m[e]
» connaissaient point, qui ne m'avaie[nt]
» jamais vu, seulement ils avaient e[n]-
» tendu parler de moi ; et que ne se[n]-
» tent-ils pas, que ne feraient-ils pas [en]
» ma faveur ! Et la même bizarrerie [se]
» renouvelle dans tous les pays, da[ns]
» tous les âges, dans tous les sexe[s.]
» Voilà le fanatisme ! Oui, l'imaginati[on]
» gouverne le monde ! »

Mardi 9.

L'Empereur vivement contrarié. — Nouvell[es]
brouilleries avec l'Amiral.

L'enceinte tracée autour de Long[-]
wood, où nous avons la liberté de no[us]
promener, ne permet guère qu'un[e]
demi-heure de course à cheval ; ce q[ui]
a porté l'Empereur, pour agrandir l'e[s]-
pace ou gagner du temps, à descend[re]
dans le fond des ravins par des chemi[ns]
très-mauvais et parfois dangereux.

L'île n'ayant pas trente milles de tou[r,]
il eût été désirable que l'enceinte e[ût]
été portée à un mille des bords de [la]
mer ; alors on eût pu se promener [et]
varier même ses courses sur des espac[es]

de quinze à dix-huit milles; la surveillance n'eût été ni plus pénible ni moins effective en la plaçant sur les rives de la mer et les débouchés des vallées; en traçant même par des signaux tous les pas de l'Empereur. On nous avait fait observer, il est vrai, que l'Empereur était le maître de parcourir toute l'île sous l'escorte d'un officier anglais; mais l'Empereur était décidé à ne sortir jamais, s'il devait se priver, durant sa promenade, d'être absolument à lui-même ou à l'intimité des siens. L'Amiral, dans sa dernière entrevue avec l'Empereur, avait très-délicatement arrêté et promis que lorsque l'Empereur voudrait sortir des limites, il en ferait prévenir le capitaine anglais de service à Longwood; que celui-ci se rendrait au poste pour ouvrir le passage à l'Empereur, et qu'ensuite la surveillance serait faite, s'il en existait, de manière que l'Empereur, durant le reste de sa promenade, soit qu'il entrât dans quelques maisons ou profitât de quelque beau site pour travailler, n'aperçût rien qui pût le distraire d'un moment de rêverie.

D'après cela, l'Empereur se proposuit ce matin, de monter à cheval à sept heures; il avait fait préparer un petit déjeûner, et comptait aller dans la direction de Sandy-bay, chercher une source d'eau, et profiter de quelques belles végétations, dont on est privé à Longwood, pour y passer la matinée et y travailler quelques heures.

Nos chevaux étaient prêts; au moment de monter j'ai été prévenir le capitaine anglais, qui, à mon grand étonnement, a déclaré que son projet était de se mêler avec nous; que l'Empereur ne pouvait trouver mauvais, après tout, qu'un officier ne jouât pas le rôle d'un domestique, en restant seul de l'arrière. J'ai répondu que l'Empereur approuverait sans doute ce sentiment; mais qu'il renoncerait dès l'instant à sa partie. «Vous devez trou-
»ver simple et sans vous en croire
»offensé, lui ai-je dit, qu'il répugne
»la présence de celui qui le garde.»
L'officier se montrait fort peiné, et me disait que sa situation était des plus embarrassantes. «Nullement, lui ai-je
»observé, si vous n'exécutez que vos
»ordres. Nous ne vous demandons rien,
»vous n'avez à vous justifier de rien;

» doit vous être aussi désirable qu'à nous
» de voir les limites poussées vers les
» bords de la mer; vous seriez délivré
» d'un service pénible et peu digne; le
» but qu'on se propose n'en serait pas
» moins bien rempli; j'oserais vous dire
» qu'il le serait davantage : quand on
» veut garder quelqu'un, il faut garder
» la porte de sa chambre ou celles de
» son enceinte; les portes intermédiaires
» ne sont plus que des peines sans effi-
» cacité : vous perdez de vue l'Empereur,
» tous les jours, quand il descend dans
» les ravins de l'enceinte; vous ne con-
» naissez son existence que par son
» retour; eh bien, faites-vous un mérite
» de cette concession qu'amène la force
» des choses, étendez-là jusqu'à un mille
» du rivage; aussi bien vous pouvez le
» tracer sans cesse à l'aide de vos signaux,
» du haut de vos sommités. »

Mais l'officier en revenait toujours à dire qu'il ne demandait ni regard ni parole de l'Empereur, qu'il serait avec nous comme s'il n'y était pas. Il ne pouvait comprendre, et ne comprenait pas en effet que sa vue seule pût faire du mal à l'Empereur. Je lui ai dit qu'il était une échelle pour la manière de

7*

sentir, et que la même mesure n'était pas celle de tout le monde. Il semblait croire que nous interprétions les sentimens de l'Empereur, et que si les raisons qu'il me donnait lui étaient expliquées, il s'y rendrait; il était tenté de lui écrire. Je l'assurai que pour ce qui lui était personnel, il n'en dirait jamais autant à l'Empereur que j'en pourrais dire moi-même; que du reste j'allais de ce pas lui rendre mot à mot notre conversation. Je suis revenu bientôt lui confirmer ce que je lui avais dit d'avance : l'Empereur avait dès l'instant renoncé à sa partie.

Voulant toutefois, pour mon compte, éviter tout malentendu qui aurait pu accroître les discussions toujours fâcheuses, je lui ai demandé s'il aurait aucune objection à me montrer le compte qu'il rendait à l'Amiral. Il m'a dit qu'il n'en aurait aucune; mais qu'il ne le lui rendrait que de vive voix. Résumant alors notre longue conversation en deux mots, je l'ai réduite à deux points bien positifs : lui, à m'avoir dit vouloir se joindre au groupe de l'Empereur; moi, à lui avoir répondu que l'Empereur dès-lors renonçait à sa partie, et ne sortirait p des limites; ce qui a été parfaitement agréé de nous deux.

L'Empereur m'a fait appeler dans sa chambre; dévorant en silence le contre-temps qu'il venait d'éprouver, il se trouvait déjà déshabillé et en robe de chambre. Il m'a retenu à déjeûner, et a fait observer que le temps tournait à la pluie, que nous aurions eu un mauvais jour pour notre excursion; mais c'était un faible adoucissement à la contrainte aiguë qui venait de troubler un plaisir innocent.

Le fait est que l'officier avait reçu de nouveaux ordres; mais l'Empereur n'avait eu l'idée de sa petite excursion que sur les promesses antérieures de l'Amiral; promesses pour lesquelles l'Empereur s'était plu à lui témoigner de la satisfaction. Ce changement actuel, sans en faire rien dire à l'Empereur, devait nécessairement lui être très-sensible : on lui manquait de parole ou l'on avait voulu le rendre dupe. Ce tort de l'Amiral est un de ceux qui ont le plus pesé sur le cœur de l'Empereur.

L'Empereur a pris un bain et n'a point dîné avec nous. A neuf heures il m'a fait appeler dans sa chambre; il lisait Don

Quichotte, ce qui nous a amené à causer de la littérature espagnole, des traductions de Lesage, etc., etc. Il était fort triste et causait peu; il m'a renvoyé au bout de trois quarts d'heure.

Mercredi 10.

Chambre de Marchand. — Linge, vêtemens de l'Empereur, manteau de Marengo. — Éperons de Champaubert, etc., etc.

Vers les quatre heures, l'Empereur m'a fait appeler dans sa chambre : il était habillé et en bottes; il comptait monter à cheval ou se promener dans le jardin, mais il pleuvait un peu. Nous avons marché et causé en attendant que le temps s'éclaircît. Il a ouvert la porte de sa chambre sur le cabinet topographique afin d'alonger sa promenade de toute l'étendue de ce cabinet. En approchant du lit qui s'y trouve, il m'a demandé si j'y couchais toujours; je lui ai répondu que j'avais cessé dès l'instant où j'avais su qu'il voulait sortir de bon matin. « Qu'importe, m'a-t-il dit, revenez-y, je sortirai au besoin par ma porte de derrière. » Le salon s'est entr'ouvert, il y est entré; MM. de Montholon et Gourgaud s'y trouvaient. On travaillait à établir un petit lustre assez joli et une petite glace sur la cheminée; l'Empereur a fait redresser cette dernière qui penchait de quelques lignes sur un côté. Il s'est réjoui de cette amélioration dans l'ameublement du salon; ce qui prouve combien tout est relatif! Qu'eussent été ces objets à ses yeux, il y a si peu de temps encore, lui qui avait pour quarante millions de mobilier dans ses palais!

Nous sommes rentrés dans la cabinet topographique, et la pluie continuant, il a renoncé à la promenade; mais il regrettait que le Grand-Maréchal ne fût pas arrivé; il se sentait aujourd'hui disposé au travail; depuis quinze jours il l'avait interrompu. En attendant Bertrand, il cherchait à tuer le temps. «Allons chez Mme de Montholon, m'a-t-il dit.» Je l'y ai annoncé; il s'est assis, m'a fait asseoir, et nous avons causé d'ameublement et de ménage. Il s'est mis alors à faire l'inventaire de l'appartement pièce à pièce, et l'on est demeuré d'accord que le mobilier ne s'élevait guère au-delà de trente napoléons. Sortant de chez Mme de Montholon, il a couru de chambre en chambre, et s'est arrêté devant l'escalier qui, dans le corridor, conduit en haut chez les gens: c'est une espèce d'échelle de vaisseau fort rapide. « Voyons, dit-il, l'appartement de » Marchand: on dit qu'il y est comme une » petite maîtresse. » Nous avons grimpé; Marchand s'y trouvait; sa petite chambre est propre, il y a collé du papier qu'il peint lui-même. Son lit n'était point garni; Marchand ne couche point si loin de la porte de son maître; à Briars, lui et les deux autres valets de chambre ont constamment couché par terre en travers de la porte de l'Empereur; si bien que, quand j'en sortais tard, il me fallait leur marcher sur le corps. L'Empereur s'est fait ouvrir les armoires, elles n'ont présenté que son linge et ses habits; le tout était fort peu considérable, et pourtant il s'étonnait encore d'être si riche.

On y voyait son habit de Premier Consul, en velours rouge, brodé soie et or; il lui avait été présenté par la ville de Lyon; circonstance qui faisait sans doute qu'il se trouvait ici, son valet de chambre sachant qu'il l'affectionnait beaucoup, parce qu'il lui venait, disait-il, de sa chère ville de Lyon.

On y voyait aussi le manteau de Marengo, manteau glorieux sur lequel on été plus tard exposés religieusement les restes mortels de l'immortel vainqueur; manteau qui figure aujourd'hui dans les objets spécialement légués par Napoléon à son fils *.

Après un léger inventaire, qui n'était pas sans prix pour moi : « Combien ai-je » d'éperons, a-t-il dit en se saisissant » d'une paire? — Quatre paires, a répondu » Marchand. — Y en a-t-il de plus distin- » gués les uns que les autres? — Non, » Sire. — Eh bien, j'en veux donner une » à Las Cases. Ceux-ci sont-ils vieux? — » Oui, Sire, ils sont presque usés, ils » ont servi à Votre Majesté dans la cam- » pagne de Dresde et dans celle de Paris. » — Tenez, mon cher, m'a-t-il dit en me » les donnant, voilà pour vous. » J'aurais voulu qu'il me fût permis de les recevoir à genoux. Je recevais là quelque chose qui tenait réellement aux belles

---

* Ô bizarre succession des événemens, des personnes et des choses! ainsi donc ce manteau de Marengo se verra dans les palais autrichiens, au sein des princes d'Autriche et précisément comme monument de famille, tandis que l'événement qui le rendit si célèbre avait semblé dans le temps les menacer de la destruction, eux et leur monarchie.

journées de Champaubert, Montmirail, Nangis, Montereau! Au temps des Amadis, fut-il jamais de plus digne monument de chevalerie! « Votre Majesté m'
» fait chevalier, lui ai-je dit; mais com-
» ment gagner ces éperons? Je ne puis
» plus prétendre à aucun fait d'armes;
» et quant à l'amour, au dévouement,
» depuis long-temps, Sire, je n'ai plus
» rien à donner. »

Cependant le Grand-Maréchal ne venait pas, et l'Empereur voulait travailler. « Vous ne pouvez donc plus
» écrire, m'a-t-il dit, vos yeux sont tout
» à fait perdus? » Depuis que nous étions ici j'avais interrompu tout travail, ma vue disparaissait, et j'en éprouvais une tristesse mortelle. « Oui, Sire, lui ai-je
» répondu, ils le sont tout à fait, et ma
» douleur est de les avoir perdus sur la
» campagne d'Italie, sans avoir eu le
» bonheur et la gloire de l'avoir faite. »
Il a cherché à me consoler en me disant qu'avec du repos ma vue se réparerait sans doute, ajoutant: « Ah! que ne nous
» ont-ils laissé Planat; ce bon jeune
» homme me serait aujourd'hui d'un
» grand service. » Et il a fait venir le
» général Gourgaud pour lui dicter.

Jeudi 11.

Amiral Taylor, etc.

Après le déjeûner, vers midi et demi, me promenant devant la porte, j'ai vu arriver une nombreuse cavalcade, précédée du général colonel du 53e, c'était l'Amiral Taylor, arrivé la veille du Cap avec son escadre, et repartant le surlendemain pour l'Europe. Parmi ses capitaines était son fils, ayant un bras de moins ; il l'avait perdu à Trafalgar, où son père commandait le Tonnant.

L'Amiral Taylor était venu payer ses respects, me dit-il, à l'Empereur ; mais on venait de lui répondre qu'il était malade, et il en était cruellement désappointé. Je lui fis observer que le climat de Longwood était très-défavorable à Napoléon. Je choisissais mal mon temps ; le ciel était très-beau et le lieu déployait en ce moment toute l'illusion dont il pouvait être susceptible ; aussi l'Amiral remarqua-t-il que le site était charmant ; mais à peine lui eus-je répondu d'un air triste et vrai : « Oui, M. l'Amiral, *aujourd'hui, et pour vous qui n'y resterez qu'un quart d'heure,* » qu'il se confondit en excuses, me priant de lui pardonner son

impatiente expression, disait-il. Je do[is]
cette justice à toute la grâce qu'il témoi[-]
gna en cet instant.

Vendredi 12 au Dimanche 14.

L'Empereur couché en joue. — Nos pass[e-]
temps du soir. — Romans. — Sortie politique[.]

L'Empereur depuis plusieurs jours
avait entièrement interrompu ses pro[-]
menades à cheval. La reprise qu'il vou[-]
lut en faire le douze, ne fut pas prop[re]
à lui en redonner le goût ni l'habitude[.]
nous avions franchi notre vallée ordi[-]
naire, nous la remontions sur le rever[s]
opposé à Longwood, lorsque d'une d[es]
crêtes où jusque-là il n'y avait eu aucu[n]
poste, un soldat nous fit beaucoup [de]
cris et de gestes. Comme nous étion[s]
dans le bassin de notre enceinte, nou[s]
n'en tînmes aucun compte; alors c[et]
homme descendit hors d'haleine, cha[n-]
geant son arme en courant. Le géné[ral]
Gourgaud resta de l'arrière pour v[oir]
ce qu'il voulait, tandis que nous con[ti-]
nuâmes notre route. Je pus le voir, [à]
l'aide de plusieurs tournans, colleter l[e]
soldat et le contenir; puis le fit su[ivre]
de force jusqu'au poste voisin du Gran[d]
Maréchal, où le général Gourgaud [...]

lait le faire entrer; mais il lui échappa. Il se trouva que c'était un caporal ivre qui avait mal entendu sa consigne; il nous avait plusieurs fois couchés en joue. Cette circonstance, qui pouvait se répéter si facilement, nous fit frémir pour l'existence de l'Empereur; lui n'y vit qu'un affront moral, un nouvel obstacle à son exercice du cheval.

L'Empereur avait interrompu ses invitations à dîner; l'heure, la distance, la toilette étaient pénibles pour les convives; quant à nous, nous en éprouvions de la gêne dans nos habitudes, sans en recueillir aucun agrément. L'Empereur était moins avec nous, sa conversation n'avait plus le même abandon.

L'Empereur avait insensiblement repris son travail régulier : il dictait journellement au Grand-Maréchal sur l'expédition d'Égypte; quelque temps avant de dîner, il me faisait venir avec mon fils, pour relire et couper en paragraphes les divers chapitres des campagnes d'Italie. Le reversi était tout à fait passé de mode; l'Empereur y avait renoncé; l'après-dînée était désormais consacrée à la lecture de quelque ouvrage; l'Empereur lisait lui-même tout haut; quand il était fatigué il passait le livre à quelqu'un; mais alors n'en supportait jamais la lecture plus d'un quart d'heure, il s'endormait. Nous en étions en ce moment à des romans nous en entamions beaucoup que nous ne finissions pas. C'était *Manon l'Escaut* que nous rejetâmes bientôt comme roman d'antichambre; les *Mémoires de Grammont*, si pleins d'esprit, mais qui ne font point d'honneur aux hautes mœurs du temps; le *Chevalier de Faublas*, qui n'est supportable qu'à vingt ans, etc. Quand ces lectures pouvaient nous conduire jusqu'à onze heures ou minuit, l'Empereur en témoignait une véritable joie : il appelait cela des conquêtes sur le Temps, et il trouvait qu'elles n'étaient pas les plus faciles.

La politique aussi avait son tour. Environ toutes les trois ou quatre semaines, nous recevions un gros paquet de journaux d'Europe : c'était un coup de fouet qui nous ravivait et nous agitait fort durant quelques jours, pendant lesquels nous discutions, classions et résumions les nouvelles; après quoi nous retombions insensiblement dans marasme. Les derniers journaux nous avaient été apportés par la corvette la Levrette, arrivée depuis quelques jours; ils remplirent une de nos soirées, et firent éclater dans l'Empereur un de ces momens de chaleur et de verve dont j'ai été parfois le témoin au Conseil d'Etat, et qui lui échappent de temps à autre ici.

Il marchait à grands pas au milieu de nous, s'animant par degré et ne s'interrompant que par quelques instans de méditation.

« Pauvre France, disait-il, quelles seront tes destinées! Surtout qu'est devenue ta gloire!.........»
Je supprime le reste, d'une assez longue étendue : il le faut.

Les papiers donnant à entendre que l'Angleterre avait voulu le démembrement de la France, mais que la Russie s'y était opposée, l'Empereur a dit qu'il le jugeait ainsi; que c'était le système naturel; que la Russie devait voir avec peine la dissolution de la France, parce qu'elle devait craindre alors de voir l'Allemagne s'agglomérer infailliblement contre elle; tandis que, d'un autre côté, l'aristocratie anglaise devait désirer l'affaiblissement extrême de la France, et le despotisme sur ses ruines « Je sais « bien que cela n'est pas votre pensée, » a-t-il dit en s'adressant à moi, vous » êtes Anglais. » J'ai répondu qu'il rendait bien difficile de le combattre; mais qu'il me semblait que dans cette aristocratie anglaise même, il pouvait, à toute rigueur, se rencontrer peut-être des têtes assez fortes et des cœurs assez droits pour comprendre qu'après avoir abattu ce qui menaçait leur existence, il pouvait devenir avantageux de relever ce qui n'était plus à craindre. Que la circonstance était unique pour fonder un système nouveau, qui unît à jamais les deux peuples dans leurs intérêts les plus chers, les rendît nécessaires l'un à l'autre, au lieu de les maintenir ennemis naturels, etc. L'Empereur a terminé en disant qu'il était bien sinistre sans doute; mais qu'il avait beau faire, qu'il ne pouvait voir que des catastrophes, des massacres, du sang.

Lundi 15.

Sur l'*Histoire secrète du cabinet de Bonaparte* par Goldsmith. — Détails, etc.

J'avais entendu parler, à bord du vaisseau, de l'*Histoire secrète du cabi-*

de Bonaparte, par Goldsmith, et au premier moment de loisir ici, j'avais eu la fantaisie de le parcourir; mais j'ai eu beaucoup de peine à me le procurer, les Anglais s'en défendirent long-temps; ils disaient que c'était un si abominable libelle, qu'ils n'osaient me le mettre dans les mains : ils en avaient honte eux-mêmes, disaient-ils. Il me fallut insister long-temps; leur répéter maintes fois que nous étions tout cuirassés sur de pareilles gentillesses; que celui-là même qui en était l'objet ne faisait qu'en rire quand le hasard les lui plaçait sous la main; et puis si cet ouvrage était si mauvais qu'on le disait, il manquait son but, il cessait de l'être. Je demandai ce qu'était ce Goldsmith, son auteur. C'était un Anglais, me disait-on, qui avait long-temps desservi son pays à Paris pour de l'argent, et qui, de retour en Angleterre, cherchait à échapper au châtiment et à gagner encore quelque argent, en accablant d'injures et d'imprécations l'idole qu'il avait long-temps encensée. J'obtins enfin cet ouvrage. Il faut en convenir, il est difficile d'amasser de plus horribles et de plus ridicules vilenies que n'en pré-

sentent ses premières pages : le vi[ol]
l'empoisonnement, l'inceste, l'assa[s]
sinat et tout ce qui s'en suit, so[nt]
accumulés par l'auteur sur son héro[s]
et cela dès la plus tendre enfance[. Il]
est vrai qu'il importe peu à l'auteur,
ce qu'il semble, de les rendre croyable[s]
et qu'il les démontre lui-même impo[s]
sibles, ou bien les détruit par les a[na]
chronismes, les alibi, les contradictio[ns]
de toute espèce; les méprises des no[ms]
des personnes, des faits les plus authe[n]
tiques, etc. Ainsi, lorsque Napolé[on]
n'avait encore que dix à douze ans, [et]
se trouvait sous les barreaux de s[on]
école militaire, il lui fait comme[ttre]
des attentats qui demanderaient [du]
moins l'âge viril et une certaine liber[té.]
L'auteur lui fait entreprendre ce qu[']
appelle ses brigandages d'Italie à la t[ête]
de huit mille galériens échappés [des]
bagnes de Toulon. Plus tard, il f[ait]
abandonner les rangs autrichiens à vi[ngt]
mille Polonais, qui passent sous [les]
drapeaux du général français, etc., e[tc.]
Le même auteur fait venir Napoléon [au]
Fructidor à Paris; quand tout le mo[nde]
sait qu'il ne quitta jamais son armé[e;]
le fait traiter avec le prince de Condé[,]

demander Madame Royale en mariage, pour prix de sa trahison. Je passe une foule de choses d'une aussi absurde impudence. Il est évident que pour la partie surtout des anecdotes sales ou ridicules, il n'a fait qu'entasser tout ce qu'il a entendu; mais encore, à quelle source a-t-il été puiser? La plupart de ces traits ont pris certainement naissance dans certains cercles fort malveillans de Paris; mais encore sur ce terrain, avaient-ils un certain esprit, du sel, du mordant, certaines couleurs dans l'apparence, certaines grâces dans la diction; ici ces traits sont déjà descendus des salons dans la rue; ils n'ont été recueillis qu'après avoir roulé dans le ruisseau. Les Anglais convenaient que c'était si fort, qu'à l'exception des classes les plus vulgaires, cet ouvrage avait été un poison qui portait son antidote avec lui.

A présent on s'étonnera peut-être que, dès les premières pages, je n'aye pas repoussé une pareille production. Mais c'est si grossièrement méchant, que cela ne saurait exciter la colère; d'un autre côté il n'est point de dégoût que ne fasse surmonter l'oisiveté de

Sainte-Hélène; on est heureux d'y av[oir]
quelque chose à parcourir. *Nous n'av[ons]
de trop ici que du temps*, disait très-pl[ai]-
samment l'Empereur il y a peu de jou[rs;]
j'ai donc continué; et puis, le dirai-j[e,]
ce n'est pas sans quelque plaisir que [je]
lis désormais les contes absurdes, l[es]
mensonges, les calomnies qu'un aut[eur]
tient toujours, comme de coutume, [de]
la meilleure autorité, sur des objets q[ue]
je connais aujourd'hui si parfaiteme[nt]
moi-même, qui me sont devenus a[ussi]
familiers que les détails de ma prop[re]
vie. Comme aussi je trouve quelq[ue]
charme à laisser des pages remplies [des]
couleurs les plus fausses, un portr[ait]
purement fantastique, pour venir ét[u]-
dier la vérité aux côtés du personn[age]
réel, dans sa propre conversation pl[eine]
de choses toujours neuves, toujo[urs]
grandes.

Ce matin l'Empereur m'ayant [fait]
venir après son déjeûner, je l'ai tro[uvé]
en robe de chambre, étendu sur [le]
canapé. La conversation l'a condu[it à]
me demander quelle était ma lect[ure]
du moment. J'ai répondu que c'ét[ait un]
des plus fameux, des plus sales libe[lles]
publiés contre lui, et je lui ai ci[té]

l'instant quelques-uns des traits les plus abominables. Il en riait beaucoup, et a voulu voir l'ouvrage; je l'ai fait venir; nous l'avons parcouru ensemble. En tombant d'horreurs en horreurs, il s'écriait : *Jésus !... Jésus !...* se signait; geste que je me suis aperçu lui être familier dans sa petite intimité, lorsqu'il rencontre des assertions monstrueuses, impudentes, cyniques, qui excitent son indignation ou sa surprise, sans le porter à la colère. Chemin faisant l'Empereur analysait certains faits; redressait des points dont l'auteur avait su quelque chose. Parfois il haussait les épaules de pitié, parfois il riait de bon cœur; jamais il ne montra le moindre signe d'humeur. Quand il lut l'article de ses nombreuses débauches, les violences, les outrages qu'on lui faisait commettre, il observa que l'auteur avait voulu sans doute en faire un héros, sous tous les rapports; qu'il le livrait du reste à ceux qui voulait le faire impuissant, que c'était à ces messieurs à s'accorder ensemble, ajoutant gaîment que tout le monde n'était pas aussi malheureux que le plaideur de Toulouse. Toutefois on avait tort, disait-il, de l'attaquer sur ses mœurs, lui que

tout le monde savait les avoir singulièrement améliorées, partout où il avait gouverné; on ne pouvait ignorer que son naturel ne le portait pas à la débauche; la multitude de ses affaires ne lui en aurait pas d'ailleurs *laissé le temps*. Arrivé aux pages où sa mère était peinte à Marseille sous le rôle le plus dégoûtant et le plus abject, il s'est arrêté répétant plusieurs fois, avec l'accent de l'indignation et d'une demi-douleur : « Ah ! Ma-
» dame !..... Pauvre Madame !..... Avec
» toute sa fierté !.... Si elle lisait ceci !...
» Grand Dieu !...., »

Nous avons passé ainsi plus de deux heures, au bout desquelles il s'est mis à sa toilette; on a introduit le docteur O'Méara, c'était l'heure à laquelle d'ordinaire il était admis. « *Dottore*, lui dit-
» il en italien, tout en faisant sa barbe,
» je viens de lire une de vos belles pro-
» ductions de Londres contre moi. » La figure du docteur demandait ce que c'était; je lui fis voir le livre de loin; c'était précisément lui qui me l'avait prêté, il était déconcerté. « On a bien raison de
» dire, continuait l'Empereur, qu'il n'y
» a que la vérité qui offense; je n'ai pas
» été fâché un instant, mais j'ai ri sou-

vent. » Le docteur cherchait à répondre et s'entortillait dans de grandes phrases : c'était un libelle infâme, dégoûtant, tout le monde le savait, personne n'en faisait de cas ; toutefois quelques-uns pouvaient le croire, faute d'y avoir répondu. «Mais que faire à cela? disait l'Empe- »reur. S'il entrait aujourd'hui dans la »tête de quelqu'un d'imprimer qu'il »m'est venu du poil, et que je marche »ici à quatre pattes, il est des gens qui »le croiraient, et diraient que c'est Dieu »qui m'a puni comme Nabuchodonosor. »Et que pourrais-je faire? il n'y a aucun »remède à cela. » Le docteur sortit, concevant à peine la gaîté, l'indifférence, le naturel dont il venait d'être témoin ; pour nous, nous y étions désormais accoutumés.

Mardi 16.

L'Empereur se décide à apprendre l'anglais.

Sur les trois heures, l'Empereur m'a fait venir pour causer pendant qu'il faisait sa toilette ; nous avons été ensuite faire quelques tours dans le jardin. Il a observé, par hasard, qu'il était honteux qu'il ne sût pas encore lire l'Anglais. Je l'ai assuré que s'il avait continué, après les deux leçons que je lui avais données aux environs de Madère, il lirait aujourd'hui toute espèce de livres anglais. Il en demeurait convaincu, et m'a commandé alors de le forcer chaque jour à prendre une leçon. De là la conversation a conduit à faire savoir que je venais de donner à mon fils sa première leçon de mathématiques : c'est une partie que l'Empereur aime beaucoup, dans laquelle il est très-fort. Il s'est étonné que je montrasse à mon fils d'abondance, sans livre et sans cahier; il ne me savait pas de cette force, disait-il, et m'a menacé alors de le voir parfois, à l'improviste, examiner le maître et l'écolier. À dîner il a entrepris ce qu'il a appelé M. le professeur de mathématiques, et bientôt lui ont pris d'être ferré; une question n'attendait pas l'autre; souvent elles étaient fort subtiles. Il ne revenait pas, du reste, que dans les lycées on ne montrât pas de très-bonne heure les mathématiques; il disait qu'on avait gâté toutes ses intentions touchant les universités; se plaignait fort de M. de Fontanes; se récriant sur ce que, pendant qu'il était contraint d'aller faire la guerre au loin, on lui *gâchait* tout chez lui, etc., etc.

Cela a ramené l'Empereur à ses premières années, au père Patrault, son professeur de mathématiques, dont il nous a fait l'histoire; je l'ai déjà écrite, on doit l'avoir lue plus haut.

Mercredi 17.

Première leçon d'anglais, etc.

Aujourd'hui l'Empereur a pris sa première leçon d'anglais; et comme mon grand but était de le mettre à même de lire promptement les papiers-nouvelles, cette première leçon n'a consisté qu'à faire connaissance avec une gazette anglaise, à en étudier les formes et le plan, à connaître le placement toujours uniforme des divers objets qu'elle renferme, à séparer les annonces et les commérages de ville d'avec la politique, et dans celle-ci apprendre à discerner ce qui est authentique d'avec ce qui n'est qu'un bruit hasardé.

Je me suis engagé, si l'Empereur avait la constance de s'ennuyer tous les jours de pareilles leçons, à ce que dans un mois il pût lire les journaux sans le secours d'aucun de nous. L'Empereur ensuite a voulu faire quelques thèmes : il écrivait des phrases dictées, et les traduisait en anglais, à l'aide d'un petit tableau que je lui ai fait pour les verbes auxiliaires et les articles; et à l'aide du dictionnaire pour les autres mots, que je lui faisais chercher lui-même. Je lui expliquais les règles de la syntaxe et de la grammaire, à mesure qu'elles se présentaient : il a fait de la sorte quelques phrases qui l'ont plus amusé que les versions que nous avions essayées aussi. Après la leçon, sur les deux heures, nous sommes passés dans le jardin; on a tiré plusieurs coups de fusil; ils étaient si près, qu'il semblait que ce fût dans le jardin même. L'Empereur a observé que mon fils (nous croyions que c'était lui) semblait faire une bonne chasse; j'ai ajouté que ce serait la dernière fois qu'il la ferait aussi près de l'Empereur. « Effectivement, a-t-il repris, allez dire » qu'il ne nous approche qu'à la portée » du canon. » J'y ai couru; nous l'accusions à tort; tout ce bruit se faisait pour les chevaux de l'Empereur que l'on s'occupait à dresser.

Après le dîner, pendant le café, l'Empereur m'acculant à la cheminée, m'appuyait la main sur la tête comme pour me mesurer la taille, et me disait : « Je

« suis un géant pour vous. — Votre
» Majesté l'est pour tant d'autres, ai-je
» observé, que cela ne saurait m'affec-
» ter. » Il a parlé aussitôt d'autre chose,
car il ne s'arrête pas volontiers sur les
phrases de cette nature.

Jeudi 18 au Samedi 20.

Nos habitudes journalières. — Conversation
avec le gouverneur Wilks. — Armées. —
Chimie.—Politique.—Détails sur l'Inde. —
Delphine, de Mme de Staël. — MM. Necker,
Calonne.

Notre vie se passait dans une grande
uniformité. L'Empereur ne sortait pas
du tout le matin; vers les deux heures,
la leçon d'anglais était devenue très-
régulière; venait ensuite la promenade
du jardin ou quelques présentations qui
étaient fort rares; puis une petite course
en calèche, car les chevaux étaient enfin
arrivés; avant le dîner, la révision des
campagnes d'Italie ou d'Égypte; après
le dîner, la lecture de nos romans.

Le vingt, l'Empereur reçut le gouverneur Wilks, avec lequel il eut une
conversation à fond sur l'armée, les
sciences, l'administration et les Indes.
Parlant de l'organisation de l'armée

anglaise, il s'est arrêté sur son mode d'avancement, s'étonnant que chez un peuple où existait l'égalité des droits, les soldats devinssent si rarement officiers. Le colonel Wilks avouait que leurs soldats n'étaient pas faits pour le devenir, et que les Anglais s'étonnaient à leur tour de l'immense différence, à cet égard, qu'ils avaient remarquée dans l'armée française, où presque chaque soldat leur avait montré les germes d'un officier. « C'est une des grandes consé-
» quences de la conscription, observait
» l'Empereur : elle avait rendu l'armée
» française la mieux composée qui fût
» jamais. C'était, continuait-il, une ins-
» titution éminemment nationale et déjà
» fort avancée dans nos mœurs : il n'y
» avait plus que les mères qui s'en affli-
» geassent encore ; et le temps serait
» venu où une fille n'eût pas voulu d'un
» garçon qui n'aurait pas acquitté sa
» dette envers la patrie. Et c'est dans
» cet état seulement, ajoutait-il, que la
» conscription aurait acquis la dernière
» mesure de ses avantages : quand elle
» ne se présente plus comme un supplice
» ou comme une corvée ; mais qu'elle
» est devenue un point d'honneur de

chacun demeure jaloux, alors seulement la nation est grande, glorieuse, forte; c'est alors que son existence peut défier les revers, les invasions, les siècles.

« Du reste, continuait-il, il est vrai de dire encore qu'il n'est rien qu'on n'obtienne des Français par l'appât du danger; il semble leur donner de l'esprit; c'est leur héritage gaulois.... La vaillance, l'amour de la gloire, sont chez les Français un instinct, une espèce de sixième sens. Combien de fois, dans la chaleur des batailles, je me suis arrêté à contempler mes jeunes conscrits se jetant dans la mêlée pour la première fois : *l'honneur et le courage leur sortaient par tous les pores!* »

De là, l'Empereur sachant que le gouverneur Wilks était très-fort sur la chimie, l'a attaqué sur cet objet. Il lui a parlé des immenses progrès que cette science avait fait faire à toutes nos manufactures. Il lui a dit que l'Angleterre et la France avaient sans doute également de grands chimistes; mais que la chimie était bien plus généralement répandue en France, et surtout beaucoup plus dirigée vers des résultats utiles ; qu'en Angleterre elle demeurait une science; qu'en France elle commençait à n'être plus qu'une pratique. Le gouverneur convenait de la vérité littérale de ces assertions, et ajoutait, avec grâce de son côté, que c'était à lui, Empereur, que ces avantages étaient dus, et que toutes les fois que la science serait conduite par la main du pouvoir, elle aurait de grands et d'heureux résultats pour le bien-être de la société. L'Empereur disait que dans les derniers temps la France avait conquis le sucre de betterave, de même qualité et de même prix que le sucre de canne. Le gouverneur en a été fort étonné ; il ne le soupçonnait pas. L'Empereur lui a affirmé que c'était un fait des plus avérés, bien qu'en opposition directe aux préjugés encore existans de l'Europe, et même de la France. Il a ajouté de plus qu'il en était de même du pastel, substitut de l'indigo, et ainsi de presque tous les objets coloniaux, à l'exception du bois de teinture. Ce qui le portait à conclure que si la découverte de la boussole avait produit une révolution dans le commerce, les progrès de la chimie étaient appelés à en produire la contre-révolution.

On a parlé ensuite des émigrations nombreuses actuelles des ouvriers de France et d'Angleterre en Amérique. L'Empereur observait que ce pays privilégié s'enrichissait de nos folies. Le gouverneur a souri, disant que celles de l'Angleterre se trouvaient en tête du catalogue, par les nombreuses fautes ministérielles qui avaient amené la révolte de ces colonies et leur émancipation. A cela, l'Empereur observait qu'elle avait dû être inévitable; que quand les enfans sont devenus plus grands que leurs pères, il est difficile qu'ils obéissent long-temps.

Alors la conversation a conduit naturellement aux Indes; le gouverneur y a demeuré nombre d'années, il y occupait de hauts emplois, il y a fait de grandes recherches, il a pu répondre à une foule de questions de l'Empereur sur les lois, les mœurs, les usages des Indous, l'administration des Anglais, la nature et la confection des lois actuelles, etc., etc.

Les Anglais, aux Indes, sont régis par les lois d'Angleterre; les indigènes, par les lois locales faites par les divers conseils, agens de la compagnie, qui ont pour règle fondamentale de se rapprocher le plus possible des lois mêmes de ces peuples.

Hyder Aly était un homme de génie; Tippoo, son fils, n'était qu'un présomptueux, fort ignorant et très-inconsidéré. Hyder Aly avait jusqu'au-delà de cent mille hommes; Tippoo n'en avait guère jamais eu que cinquante mille. Ces peuples ne manquent pas de courage; mais ils n'ont pas nos forces physiques; ils sont sans discipline et sans tactique. Dix-sept mille hommes de troupes anglaises, dont quatre mille Européens seulement, avaient suffi pour détruire cet empire de Misoor. Cependant il était à croire que tôt ou tard l'esprit national affranchirait ces contrées du joug européen : le mélange du sang européen avec celui des indigènes, créait une race mixte, dont le nombre et la nature préparaient certainement de loin une grande révolution. Toutefois aujourd'hui ces peuples étaient certainement plus heureux qu'avant la domination anglaise; l'administration d'une exacte justice et la douceur du gouvernement étaient quant à présent, les plus fortes garanties de la métropole. On avait cru devoir y joindre aussi la défense aux Anglais et aux Européens d'y acheter des terres ou d'y former des établissemens héréditaires, etc., etc., etc. Voilà ce que j'ai recueilli de plus marquant dans l'intéressante conversation de M. Wilks.

Delphine de Mme de Staël occupait en ce moment nos soirées. L'Empereur l'analysait : peu de choses trouvaient grâce devant lui. Le désordre d'esprit et d'imagination qui y règne animait sa critique : c'était toujours, disait-il, les mêmes défauts qui l'avaient jadis éloigné de son auteur, en dépit des avances les plus vives et des cajoleries les plus actives de celle-ci.

Dès que la victoire eut consacré le jeune général de l'armée d'Italie, Mme de Staël, sans le connaître, et par la seule sympathie de la gloire, professa dès cet instant pour lui des sentimens d'enthousiasme dignes de sa Corine ; elle lui écrivait, disait Napoléon, de longues et nombreuses épîtres pleines d'esprit, de feu, de métaphysique : c'était une erreur des institutions humaines, lui mandait-elle, qui avait pu lui donner pour femme la douce et tranquille Mme Bonaparte, c'était une âme de feu, comme la sienne, que la nature avait sans doute destinée à celle d'un héros tel que lui, etc.

Je renvoie aux campagnes d'Italie pour faire voir que l'ardeur de Mme de Staël ne s'était pas ralentie pour n'avoir pas été partagée. Opiniâtre à ne pas décourager, elle était parvenue plus tard à lier connaissance, même à se faire admettre; et elle usait de ce privilége, disait l'Empereur, jusqu'à l'importunité. Il est très-vrai, ainsi qu'on l'a dit dans le monde, que le général voulant le lui faire sentir, s'excusait un jour d'être peine vêtu, et qu'elle avait répondu avec sentiment et vivacité, que ce importait peu, que le génie n'avait point de sexe.

Mme de Staël nous a transportés naturellement à son père, M. Necker. L'Empereur racontait qu'en allant à Marengo, il avait reçu sa visite à Genève; que là il avait assez lourdement montré le désir de rentrer au ministère, désir du reste que M. de Calonne, son rival, vint aussi témoigner plus tard à Paris, avec une inconcevable légèreté. M. Necker avait ensuite écrit un ouvrage dangereux sur la politique de la France, pays qu'il essayait de prouver ne pouvoir plus être ni monarchie ni république, et dans lequel il appelait le Premier Consul l'*homme nécessaire*.

Le Premier Consul proscrivit l'ouvrage, qui dans ce moment pouvait lui être fort nuisible; il en livra la réfutation au consul Lebrun, qui, avec sa belle prose, disait l'Empereur, en fit pleine et prompte justice. La cotterie Necker s'en aigrit, Mme de Staël intrigua, et reçut l'ordre de sortir de France; depuis elle demeura toujours une ardente et fort active ennemie. Toutefois, au retour de l'île d'Elbe, Mme de Staël écrivit ou fit dire à l'Empereur, lui exprimant, à sa manière, tout l'enthousiasme que venait de lui causer ce merveilleux événement; qu'elle était vaincue, que ce dernier acte n'était pas d'un homme, qu'il plaçait dès cet instant son auteur dans le Ciel. Puis, en se résumant, elle finissait par insinuer que, si l'Empereur daignait laisser payer les deux millions déjà ordonnancés par le Roi en sa faveur, elle lui consacrerait à jamais sa plume et ses principes. L'Empereur lui fit répondre que rien ne le

flatterait plus que son suffrage ; ca[r]
appréciait tout son talent ; mais qu[e]
vérité, il n'était pas assez riche pou[r]
payer tout ce prix.

Dimanche 21.
Mon nouveau logement, etc. — Descript[ion]
— Visite matinale, etc.

J'étais enfin venu dans le logeme[nt]
qu'on avait bâti pour me tirer de m[on]
étuve. Sur un terrain constamment h[u]-
mide on avait posé un plancher de d[ix]-
huit pieds de long sur onze de larg[e]
on l'avait environné d'un mur d'un p[ied]
d'épaisseur, formé d'une espèce de p[isé]
ou de torchis qu'on eût pu abattre d[']un
coup de pied ; à la hauteur de sept pi[eds]
on l'avait abrité d'une toiture en pla[n]-
ches recouvertes de papier goudronn[é] ;
tel était l'ensemble et le contour de m[on]
nouveau palais, partagé en deux pièc[es]
dont l'une renfermait juste deux lits,
parés par une commode, et ne pouv[ait]
admettre qu'un seul siége ; l'autre, [était]
à la fois mon salon et mon cabinet, av[ec]
une seule fenêtre scellée à demeure[, à]
cause de la violence des vents et de [la]
pluie ; à droite et à gauche d'elle de[ux]
tables à écrire pour moi et mon fils,

canapé en face et deux siéges; voilà tout l'emménagement et le mobilier. Qu'on ajoute que l'exposition des deux fenêtres était tournée vers un vent constamment de la même direction, et la plupart du temps au degré de tempête et vers des pluies très-communes et fort souvent battantes, qui pénétraient déjà par les ouvertures, ou filtraient par le toit et les murs avant que nous fussions venus nous y établir, et l'on aura la description complète de ma demeure.

Je venais de passer ma première nuit dans ce lieu nouveau; je ne me portais pas bien, et le changement de lit m'avait privé de tout sommeil; on vint me prévenir, sur les sept heures, que l'Empereur allait monter à cheval; je répondis que, me sentant incommodé, j'allais essayer de reposer; mais peu de minutes s'étaient écoulées que quelqu'un entrant brusquement dans ma chambre, vint ouvrir mes rideaux avec autorité, trouva mauvais que je fusse aussi paresseux, décida qu'on devait secouer ses incommodités; puis, frappé de l'odeur de la peinture, de l'extrême petitesse du lieu, du voisinage des deux lits, prononça qu'il ne pouvait être toléré de dormir

ainsi l'un sur l'autre, que cela de[vait]
être trop malsain, que je devais retourne[r]
au lit du cabinet topographique, qu'un[e]
fausse délicatesse ne devait pas me [le]
faire abandonner, que si j'y gênais, [on]
saurait bien me le dire. Ce quelqu'un,
on l'a deviné, c'était l'Empereur.

Je fus bientôt, comme on le juge,
bas de mon lit, réveillé, guéri et vêt[u.]
Toutefois il était déjà bien loin, e[t il]
me fallut le chercher dans la campag[ne.]
Après l'avoir rejoint, la conversati[on]
tomba sur la longue audience accord[ée]
la veille au gouverneur Wilks. Il s'arr[êta]
avec beaucoup de gaîté sur la gran[de]
importance que mon ouvrage sembl[ait]
m'avoir donnée à ses yeux; l'extrêm[e]
bienveillance qu'il semblait lui avoir in[s-]
pirée. « Du reste, continuait l'Empereu[r,]
» à charge de revanche sans doute; te[n-]
» dresse et fraternité usuelle d'auteu[rs]
» tant qu'ils ne se critiquent pas. Et sa[vez-]
» il votre parenté avec le vénérable L[as]
» Cases? » J'ai répondu que je n'en sa[vais]
rien; mais le général Gourgaud, qui [se]
trouvait à l'autre côté de l'Empereu[r,]
lui a dit que oui. « Et comment le sav[ez-]
» vous vous-même? me dit alors l'Emp[e-]
» reur. Ne nous faites-vous pas une h[is-]

toire? — Sire, voici mes preuves : il y avait plus de deux cents ans que nous étions déjà en France, quand Barthélemi de Las Casas fleurissait en Espagne; mais les historiens espagnols le disent tous de la ville dont nous sortons nous-mêmes, de Séville; tous se réunissent à lui donner une ancienne naissance d'origine française, et font venir les siens en Espagne, précisément au moment où nous y avons été nous-mêmes. — Quoi donc, vous n'êtes pas Espagnol? Vous et lui vous étiez Français? — Oui, Sire. — Racontez-nous donc cela; allons, M. le donjonnier, M. le détrousseur, M. le paladin; allons, rendez-vous heureux, déroulez-nous vos vieux parchemins; jouissez un peu. — Sire, un des miens suivait Henri, comte de Bourgogne, qui, à la tête de quelques croisés, alla faire la conquête du Portugal, vers l'an 1190... Il en était porte-guidon à la fameuse bataille d'*Ourique*, qui fonda la monarchie portugaise. Depuis, nous sommes revenus en France avec la reine Blanche, lorsqu'elle vint épouser le père de Saint Louis. Sire, voilà tout, etc., etc.

Lundi 22 au Vendredi 26.

Lettres de l'Empereur. — Mᵐᵉ de Sévigné. — Charles XII. — Paul et Virginie. — Vert[ot]. — Rollin. — Velly. — Garnier.

Tous ces jours ont été gâtés par d[e] pluies presque continuelles. L'Empereu[r] n'a pu monter à cheval qu'une fois [le] matin dans le parc, et tenter une seu[le] fois après midi de franchir notre val[lée] accoutumée, que le temps avait rend[ue] presque impraticable. Il n'a pas été p[lus] possible de faire usage de la calèche; [il] a donc fallu se réduire à quelques tou[rs] de jardin, et partager la tristesse d[u] temps. Nous en avons travaillé dava[n]tage; l'Empereur a pris régulièreme[nt] d'excellentes et fortes leçons d'angla[is.] Il passe de coutume toute la matiné[e à] lire; il lit de suite des ouvrages enti[ers] fort considérables, sans s'en trou[ver] nullement fatigué; il m'en lisait to[u]jours quelque peu avant que de se me[t]tre à l'anglais.

C'étaient les *Lettres de Mᵐᵉ de Sévig[né]* dont le style est si coulant, et peint bien les mœurs du moment. Lisa[nt la] mort de Turenne et le procès de Fou[c]quet, il observait, pour celui-ci, qu[e] l'intérêt de Mme de Sévigné était bien chaud, bien vif, bien tendre pour de la simple amitié.

C'était *Charles XII*, dont il lisait la défense contre les Turcs, dans sa maison de Bender; il ne pouvait s'empêcher de rire et de répéter avec eux : *Tête de fer! Tête de fer!* Il me demandait si on était bien d'accord sur la nature de sa mort. Je lui disais tenir de la propre bouche de Gustave III, qu'il avait été assassiné par les siens : Gustave l'avait visité dans son caveau; la balle était d'un pistolet, elle avait été tirée de près et par derrière, etc., etc. Au commencement de la révolution, j'avais connu beaucoup Gustave III aux eaux d'Aix-la-Chapelle, et quoi que je fusse bien jeune alors, j'avais eu plus d'une fois l'honneur de sa conversation; il m'avait même promis de me placer dans sa marine, si nos affaires de France tournaient mal.

Un autre jour, c'était *Paul et Virginie* que lisait l'Empereur; il en faisait ressortir les endroits touchans, ceux-là étaient toujours simples et naturels; ceux où abondaient le pathos, les idées abstraites et fausses, tant à la mode lorsque l'ouvrage fut publié, étaient tous

froids, mauvais, manqués. L'Empereur
disait avoir été fort engoué de cet ouvrage dans sa jeunesse; mais il ne pardonnait pas à son auteur d'avoir mystifié
sa générosité. « A mon retour de l'armée
» d'Italie, disait-il, Bernardin de Saint-
» Pierre vint me trouver et me parla
» presque aussitôt de ses misères; moi
» qui, dans mes premières années, n'a-
» vais rêvé que Paul et Virginie, flatté
» d'ailleurs d'une confiance que je croyais
» exclusive et que j'attribuais à ma grande
» célébrité, je m'empressai de lui rendre
» sa visite, et laissai sur un coin de
» cheminée, sans qu'on eût pu s'en aper-
» cevoir, un petit rouleau de vingt-cinq
» louis. Mais quelle fut ma honte, quand
» je vis chacun rire de la tournure déli-
» cate que j'avais cru nécessaire d'em-
» ployer. Je lui en ai toujours conservé
» un peu de rancune. Il n'en avait pas
» été de même de ma famille; Joseph
» lui faisait une forte pension, et Louis
» lui donnait sans cesse. »

Mais si l'Empereur aimait Paul et
Virginie, il riait de pitié, disait-il, des
Études de la Nature, du même auteur.
Bernardin, observait-il, bon littérateur,
était à peine géomètre; ce dernier ou-

vrage était si mauvais, que les gens de l'art dédaignaient d'y répondre; Bernardin en jetait les hauts cris. Le célèbre mathématicien Lagrange répondait toujours à ce sujet, en parlant à l'Institut: « Si Bernardin était de notre classe, s'il »parlait notre langue, nous le rappelle- »rions à l'ordre; mais il est de l'Acadé- »mie, et son style n'est pas de notre »ressort. » Bernardin se plaignant un jour, comme de coutume, au Premier Consul, du silence des savans à son égard, celui-ci lui dit: « Savez-vous le »calcul différentiel, M. Bernardin? — »Non. — Eh bien, allez l'apprendre, et »vous vous répondrez à vous-même. » Plus tard, étant Empereur, toutes les fois qu'il l'apercevait, il avait coutume de lui dire: « M. Bernardin, quand nous »donnerez-vous des Paul et Virginie ou »des Chaumière Indienne? Vous devriez »nous en fournir tous les six mois. »

En lisant les *Révolutions romaines de Vertot*, que l'Empereur estimait fort d'ailleurs, il en trouvait les harangues délayées. C'est la plainte constante de l'Empereur contre tous les ouvrages qu'il rencontre; cela avait été aussi, disait-il, son défaut à lui-même dans sa jeunesse;

assurément il s'en est bien corrigé depuis. L'Empereur s'est amusé à rayer au crayon les phrases parasites qu'il condamnait dans Vertot : il est sûr qu'avec ces suppressions, l'ouvrage présente en effet bien autrement de la force, de l'énergie et de la chaleur. « Ce serait un
» travail bien précieux et bien goûté sans
» doute, disait-il, que de se dévouer à
» réduire ainsi, avec goût et discerne-
» ment, les principaux ouvrages de notre
» langue. Je ne connais guère que Mon-
» tesquieu, observait-il, qui pût échapper
» à ces réductions. » Il parcourait souvent Rollin, et le trouvait diffus et trop bonhomme. *Crévier*, son continuateur, lui semblait détestable. Il se plaignait de nos matériaux classiques et du temps que de si mauvais livres faisaient perdre à la jeunesse. C'est qu'ils étaient composés par des rhéteurs, de simples professeurs, et que ces sujets immortels, base de nos connaissances dans la vie, eussent dû être, disait-il, présentés écrits et rédigés par des hommes d'État et des hommes du monde. L'Empereur avait, à ce sujet, des idées très-heureuses; le temps seul lui avait manqué pour les faire exécuter.

L'Empereur était encore moins satisfait de nos histoires de France; il n'en pouvait lire aucune : *Velly* était plein de mots, et vide de choses; ses continuateurs étaient encore pire. « Notre » histoire, disait-il, devait être en quatre » ou cinq volumes ou en cent. » Il avait connu *Garnier*, le continuateur de Velly et de Villaret; il demeurait tout près de la Malmaison. C'était un bon vieillard octogénaire qui occupait un entresol sur le chemin, avec une petite galerie. Frappé de l'empressement affectueux que témoignait ce bon vieillard toutes les fois que passait le Premier Consul, celui-ci s'informa qui ce pouvait être. Apprenant que c'était Garnier, il expliqua son empressement. « Il pensait, sans » doute, disait gaîment l'Empereur, qu'à » titre d'historien, le Premier Consul » était de son domaine; seulement il » devait s'étonner de retrouver des » Consuls où il était habitué à voir des » Rois. » Et c'est ce que lui dit en riant le Premier Consul, qui le fit appeler un jour, et lui donna une forte pension. « Le bonhomme, disait l'Empereur, dans » sa reconnaissance, eût écrit depuis cet

» instant volontiers et du fond de s[on]
» cœur tout ce qu'on eût voulu. »

Samedi 27.

Difficulté vaincue. — Dangers personnels [de]
l'Empereur à Eylau, à Iéna, etc. — Trou[pes]
russes, autrichiennes, prussiennes. — Jeu[ne]
Guibert. — Corbineau. — Maréchal Lann[es.]
— Bessières. — Duroc.

Sur les cinq heures, l'Empereur [est]
sorti en calèche; la soirée était fo[rt]
belle, nous allions fort vite, et l'espa[ce]
à parcourir est fort court. L'Empereu[r a]
fait ralentir dans l'intention de l'alonge[r.]
Comme nous rentrions, jetant les ye[ux]
sur le camp, dont nous n'étions sépar[és]
que par le ravin, il a demandé pourq[uoi]
on ne franchissait pas cet espace, [qui]
doublerait notre promenade. On a ré[]-
pondu que c'était impossible, et no[us]
continuions de rentrer; mais com[me]
réveillé tout à coup par ce mot *impo[s]-*
sible, qu'il a si souvent dit n'être p[as]
français, il a ordonné d'aller reconnaî[tre]
le terrain; nous avons tous mis pied [à]
terre; la calèche seule a continué v[ers]
le point difficile; nous l'avons vu franch[ir]
les obstacles, et nous sommes rent[rés]
triomphans, comme si nous venions [de]
doubler nos possessions.

Pendant le dîner et après, on a parlé de divers faits d'armes. Le Grand-Maréchal disait que ce qui l'avait le plus frappé dans la vie de l'Empereur, était le moment, à Eylau, où, seul avec quelques officiers de son Etat-Major, il se trouva presque heurté par une colonne de quatre à cinq mille Russes : l'Empereur était à pied, le prince de Neufchâtel fit aussitôt avancer les chevaux; l'Empereur lui lance un regard de reproche, donne l'ordre de faire avancer un bataillon de sa garde, qui était assez loin en arrière, et demeure immobile, répétant plusieurs fois, à mesure que les Russes approchaient : « Quelle audace! Quelle audace! » A la vue des grenadiers de la garde, les Russes s'arrêtèrent net. « Il était plus que temps, disait Bertrand; l'Empereur n'avait pas bougé; tout ce qui l'entourait avait frémi. »

L'Empereur avait écouté ce récit sans aucune observation; mais il a ensuite ajouté qu'une des plus belles manœuvres qu'il se rappelait, était celle qu'il avait exécutée à Eckmulh. Malheureusement il n'en a point dit davantage; et n'a rien détaillé. « Le succès à la guerre,

» a-t-il continué, tient tellement au co[up]
» d'œil et au moment, que la bata[ille]
» d'Austerlitz, gagnée si complètem[ent,]
» eût été perdue si j'eusse attaqué [deux]
» heures plus tôt. Les Russes s'y mo[n-]
» trèrent des troupes excellentes qu[e l'on]
» n'a jamais retrouvées depuis : l'arm[ée]
» russe d'Austerlitz n'aurait pas perd[u la]
» bataille de la Moscowa.

» Marengo, continuait l'Empere[ur,]
» était la bataille où les Autrichi[ens]
» s'étaient le mieux battus ; leurs troup[es]
» s'y étaient montrées admirables ; m[ais]
» leur valeur s'y enterra : on ne le[s a]
» plus retrouvés depuis.

» Les Prussiens n'ont pas fait à Ié[na]
» la résistance qu'on attendait de l[eur]
» réputation. Du reste les multitudes [de]
» 1814 et de 1815 n'étaient que de [la]
» canaille auprès des vrais soldats [de]
» Marengo, d'Austerlitz et d'Iéna.

La veille d'Iéna, l'Empereur d[it]
avoir couru le plus grand danger ; il [a]
pu disparaître pour ainsi dire sans q[u'on]
connût bien sa destinée : il s'était app[ro-]
ché, durant l'obscurité, des bivou[acs]
ennemis pour les reconnaître ; il n'[avait]
avec lui que quelques officiers. L['idée]
qu'on se faisait de l'armée prussien[ne]

tenait tout le monde en alerte ; on croyait les Prussiens disposés surtout aux attaques de nuit. L'Empereur en revenant, reçut le coup de fusil de la première sentinelle de son camp ; ce fut un signal pour toute la ligne ; il n'eut d'autre ressource que de se jeter à plat ventre, jusqu'à ce que la méprise fut reconnue ; encore toute sa crainte était-elle que la ligne prussienne, dont il était fort près, n'en fît alors autant.

A Marengo, les soldats autrichiens avaient bien conservé le souvenir du vainqueur de Castiglione, d'Arcole et de Rivoli ; son nom était bien quelque chose sur leur esprit ; mais ils étaient loin de le croire présent ; ils le croyaient mort ; on avait pris soin de leur persuader qu'il avait péri en Egypte ; que ce Premier Consul dont on leur parlait, n'était que son frère. Ce bruit s'était tellement accrédité partout, que Napoléon fut dans l'obligation de se montrer publiquement à Milan pour le détruire.

L'Empereur, passant ensuite à un grand nombre d'officiers et de ses aides-de-camp, leur distribuait couramment le blâme et la louange ; il les connaissait tous à fond. Deux des circonstances,

disait-il, qui l'avaient le plus affecté s[ur]
les champs de bataille, avaient été [la]
mort du jeune *Guibert* et celle du géné[-]
ral *Corbineau* : un boulet, à Abouki[r]
avait percé la poitrine du premier [de]
part en part, sans l'achever; l'Empere[ur,]
après lui avoir adressé quelques parol[es,]
s'était vu contraint, par la force de s[es]
propres sensations, de s'éloigner. L'au[-]
tre avait été enlevé, roulé, réduit à ri[en]
par un boulet, à Eylau, sous les ye[ux]
de l'Empereur, comme il achevait [de]
lui donner des ordres, etc., etc.

L'Empereur citait aussi les dernie[rs]
momens du maréchal *Lannes*, ce val[eu-]
reux duc de Montébello, si justeme[nt]
appelé le *Roland de l'armée*, qui, vis[ité]
par l'Empereur, sur son lit de mo[rt,]
semblait oublier sa situation pour [ne]
s'occuper que de celui qu'il aimait p[ar-]
dessus tout. L'Empereur en faisait [le]
plus grand cas. « Il n'avait été long-tem[ps]
» qu'un sabreur, disait-il; mais il é[tait]
» devenu du premier talent. » Quelqu['un]
a dit alors qu'il serait curieux de co[n-]
naître quelle conduite il eût tenue [en]
ces derniers temps. « Nous avons app[ris]
» à ne jurer de rien, disait l'Empere[ur.]
» Toutefois je ne pense pas qu'il eû[t]

»possible de le voir manquer à l'hon-
»neur et au devoir. D'ailleurs il est à
»croire qu'il n'aurait pas existé ; brave
»comme il l'était, il est indubitable qu'il
»se fût fait tuer dans les derniers temps,
»ou du moins qu'il eût été assez blessé
»pour se trouver à l'écart, hors du
»centre et de l'influence des affaires.
»Enfin, s'il eût été disponible, il était
»de ces hommes à changer la face des
»affaires par son propre poids et sa
»propre influence. »

L'Empereur vint ensuite à *Duroc*, sur
le caractère et la vie privée duquel il
s'arrêta long-temps. « Duroc, concluait-
»il, avait des passions vives, tendres et
»secrètes qui répondaient peu à sa froi-
»deur extérieure. J'ai été long-temps
»avant de le savoir, tant son service
»était exact et régulier ; ce n'était que
»quand ma journée était entièrement
»close et finie, quand je reposais déjà,
»que la sienne commençait. Le hasard
»seul ou quelque accident ont pu me
»le faire connaître. Duroc était pur et
»moral, tout à fait désintéressé pour
»recevoir, extrêmement généreux pour
»donner. »

L'Empereur disait qu'en ouvrant la

9*

campagne de Dresde, il avait perdu deux hommes bien précieux, et cela, observait-il, le plus bêtement du monde, c'étaient *Bessières* et *Duroc*. Il affectait en ce moment d'en parler avec un stoïcisme qu'on s'apercevait bien n'être pas naturel. Quand il alla voir Duroc, après son coup mortel, il essaya de lui donner quelques espérances ; mais Duroc, qui ne s'abusait pas, ne lui répondit qu'en le suppliant de lui faire donner de l'opium. L'Empereur, trop affecté, ne put prendre sur lui de rester long-temps, et se déroba à ce déchirant spectacle. Alors l'un de nous lui a rappelé que revenu d'auprès de Duroc, il se mit à se promener seul devant sa tente ; personne n'osait l'aborder. Cependant on avait des mesures essentielles à prendre pour le lendemain ; on se hasarda donc à venir lui demander où il fallait placer la batterie de la garde. *A demain tout*, fut la réponse de l'Empereur. A ce ressouvenir l'Empereur avec affectation a parlé brusquement d'autre chose.

Duroc fut une de ces personnes dont on ne connaît le prix qu'après l'avoir perdue : telle a été, après sa mort, la phrase de la cour et de la ville, le sentiment unanime partout.

Duroc était natif de Nancy, département de la Meurthe. On doit avoir lu plus haut l'origine de sa fortune : Napoléon l'avait trouvé au siége de Toulon, et s'y intéressa tout d'abord. Depuis il s'y était attaché chaque jour davantage, et l'on pourrait même dire qu'ils ne s'étaient plus quittés. J'ai dit ailleurs avoir entendu de l'Empereur que, dans toute sa carrière, Duroc seul avait possédé sa confiance aveugle et reçu tous ses épanchemens. Duroc n'était pas brillant; mais il avait un excellent jugement, et rendait des services essentiels que sa modestie et leur nature laissaient peu connaître.

Duroc aimait l'Empereur pour lui-même; c'était à l'homme privé surtout qu'il portait son dévouement, bien plus qu'au monarque. En recevant et accueillant les sensations intimes du prince, il avait acquis le secret, peut-être le droit de les adoucir et de les diriger : combien de fois n'a-t-il pas dit à l'oreille de gens consternés par la colère de l'Empereur! « Laissez-le aller : il dit ce qu'il sent, non ce qu'il pense, ni ce

» qu'il fera demain. » Quel serviteu[r] quel ami! quel trésor que celui-là! Q[ue] d'éclats il a arrêtés! que d'ordres re[çus] dans le premier mouvement, qu'il n[′a] pas exécutés, sachant qu'on lui en s[au]rait gré le lendemain! L'Empereur s'é[tait] fait à cette espèce d'arrangement tacit[e,] et ne s'en abandonnait que davant[age] à cette explosion qu'arrache parfois [la] nature, et qui soulage par son épa[n]chement.

Duroc périt de la manière la p[lus] malheureuse, dans un moment b[ien] critique, et sa mort fut encore une d[es] fatalités de la carrière de Napoléon.

Le lendemain de la bataille de W[urts]chen, sur le soir, le léger combat [de] Reichenbach venait de finir; tous [les] coups avaient cessé. Duroc, du h[aut] d'une éminence, et causant avec [le] général Kirchner, observait à l'écar[t la] retraite des derniers rangs ennemis. [Une] pièce fut ajustée sur ce groupe, do[nt] et le fatal boulet fit périr les deux gé[né]raux *.

---

* Le général Kirchner était officier du gé[nie,] très-distingué, beau-frère du maréchal La[nnes] qui l'avait choisi sur son courage et sa cap[acité]

Duroc influait plus qu'on ne pense sur les déterminations de l'Empereur; sa mort a peut-être été, sous ce rapport, une calamité nationale. On a des raisons de croire que s'il eût vécu, l'armistice de Dresde, qui nous a perdu, n'aurait pas eu lieu; on eût poussé jusqu'à l'Oder et au-delà, alors les ennemis eussent accédé dès cet instant à la paix, et nous eussions échappé à leurs machinations, à leurs intrigues et surtout à la longue, basse et atroce perfidie du cabinet autrichien qui nous a perdus.

Plus tard, Duroc eût encore influé sur d'autres grands événemens, et fait prendre sans doute une autre face aux affaires. Enfin, plus tard encore, lors de la chute de Napoléon, Duroc n'eût certainement pas séparé ses destinées de celles de l'Empereur. Duroc se fût trouvé avec nous à Sainte-Hélène; et ce seul secours eût suffi peut-être pour contrebalancer en Napoléon tous les horribles tourmens dont on prétendît l'abreuver.

Bessières, du département du Lot, fut jeté par la révolution dans la carrière des armes : il débuta par être simple soldat dans la garde constitutionnelle de Louis XVI. Devenu plus tard officier de chasseurs, des actes d'une bravoure personnelle, extraordinaire, attirèrent l'attention du général en chef de l'armée d'Italie, qui, lorsqu'il créa ses Guides, choisit Bessières pour les commander. Voilà les commencemens de Bessières et l'origine de sa fortune. A compter de cet instant, on le retrouve toujours à la tête de la garde du Consul ou de la garde impériale, dans des charges de réserve décidant la victoire ou recueillant ses fruits. Son nom se rattache noblement à toutes nos belles batailles.

Bessières grandit avec l'homme qui l'avait distingué, et reçut une part abondante des faveurs que répandit l'Empereur : il fut fait Maréchal d'Empire, duc d'Istrie, colonel de la cavalerie de la garde, etc., etc., etc.

Ses qualités se développant avec les circonstances, le montrèrent toujours à la hauteur de sa fortune : on vit Bessières constamment bon, humain, généreux, d'une loyauté, d'une droiture antiques; soldat, homme de bien et citoyen honnête homme. Il employa souvent sa haute faveur à des services et à des obligeances spéciales, même en dépit

(Janv. 1816) DE SAINTE-HÉLÈNE. 215
d'opinions contraires. Je connais des gens qui, s'ils veulent être reconnaissans, le répéteront avec moi, et pourront certifier en lui des sentimens bien noblement hauts.

Bessières était adoré de la garde, au milieu de laquelle il passait sa vie. A la bataille de Wagram, un boulet le renversa de son cheval, sans lui causer d'autre dommage. Ce fut un cri de douleur dans toute la garde; aussi Napoléon lui dit-il en le retrouvant : « Bessières, le boulet qui vous a frappé a fait pleurer toute ma garde; remerciez-le, il doit vous être bien cher. »

Moins heureux à l'ouverture de la campagne de Saxe, la veille même de la bataille de Lutzen, dans une circonstance assez insignifiante, s'étant porté en avant au milieu des tirailleurs, il y fut frappé dans la poitrine d'un boulet qui le renversa mort. Il avait vécu comme Bayard, il mourut comme Turenne.

J'avais conversé avec lui bien peu de temps avant ce funeste événement. Le hasard nous avait réunis tête à tête en loge particulière au théâtre, où, après avoir causé des affaires qui l'affectaient fort, car il idôlatrait la patrie; son der-

nier mot, en me quittant, fut q[ue]
partait pour l'armée dans la nuit[,]
qu'il désirait que nous pussions n[ous]
revoir. « Car, ajoutait-il, dans la c[irconstance]
» des circonstances, et avec nos jeu[nes]
» soldats, c'est à nous autres chefs à [ne]
» pas nous épargner. » Hélas! il ne de[vait]
plus revenir!

Bessières aimait sincèrement l'Emp[e]-
reur, et lui portait une espèce de cul[te;]
il n'eût certainement pas, plus q[ue]
Duroc, abandonné ni sa personne [ni]
ses destinées. Et il semble que le so[rt]
si décidément prononcé contre Na[po]-
léon, dans ses derniers momens, [en]
lui enlevant deux amis aussi vrais, [ne]
soit plu à lui ôter la plus douce jo[uis]-
sance, et à priver deux de ses p[lus]
fidèles serviteurs de leur plus beau ti[tre]
de gloire : celui de la reconnaissan[ce]
envers le malheur.

L'Empereur avait fait transporter [aux]
Invalides, à Paris, les restes de [s]
hommes qu'il aimait et dont il se s[avait]
tant aimé. Il leur réservait des honne[urs]
extraordinaires; les événemens qui [ont]
suivi les en ont privés; mais l'histo[ire,]
dont les pages sont plus impérissa[bles]
encore que le marbre et le bronze,

a consacrés à jamais, et les sauve pour toujours de l'oubli des hommes. *

Dimanche 28.

Étude de l'anglais, etc. — Détails. — Réflexions, etc. — Promenade à cheval. — Cheval embourbé, autres traits caractéristiques.

Nos jours se passaient, comme chacun le soupçonne, dans une grande et insipide monotonie. L'ennui, les souvenirs, la mélancolie, étaient nos dangereux ennemis; le travail notre grand, notre

---

* Voici ce que l'on trouve dans *la Campagne de Saxe de* 1813, par le baron d'Odeleben, témoin oculaire, sous la date du dix août, au moment de la reprise d'armes, deux ou trois mois après la mort de Duroc.

« Pendant la marche de Reichenbach à Gorlitz, Napoléon s'arrêta à Makersdorf, et montra au Roi de Naples l'endroit où Duroc était tombé; il manda le propriétaire de la petite ferme où le Grand-Maréchal était mort, et lui assigna la somme de vingt mille francs, dont quatre mille francs pour un monument en l'honneur de Duroc, et seize mille francs pour les propriétaires de la maison, mari et femme. La donation fut accomplie dans la soirée, en présence du curé et du juge de Makersdorf, l'argent fut compté devant eux, et ils furent chargé de faire ériger ce monument. »

unique refuge. L'Empereur suivait tr[ès]
régulièrement ses occupations, l'ang[lais]
était devenu pour lui une affaire imp[or]-
tante. Il y avait près de quinze jo[urs]
qu'il avait pris sa première leçon, e[t à]
compter de cet instant, quelques heu[res]
tous les jours, depuis midi, avaient [été]
employées à cette étude, tantôt a[vec]
une ardeur vraiment admirable, ta[ntôt]
avec un dégoût visible, alternative [qui]
m'entretenait moi-même dans une v[éri]-
table anxiété. J'attachais le plus gr[and]
prix au succès, et je craignais cha[que]
jour de voir abandonner les efforts [de]
la veille; d'en être pour l'ennui mo[rtel]
que j'aurais causé, sans le résultat p[ré]-
cieux que je m'étais promis. D'un a[utre]
côté, chaque jour aussi j'étais aiguillo[nné]
davantage, en me voyant approcher [du]
but auquel je tendais. L'acquisition [de]
l'anglais pour l'Empereur était une v[éri]-
table et sérieuse conquête. Jadis il
en coûtait, disait-il, annuellement p[our]
de simples traductions, cent mille éc[us;]
et encore, observait-il, les avait-il [eus]
à point nommé? étaient-elles fidè[les?]
Aujourd'hui nous nous trouvions [em]-
prisonnés au milieu de cette langu[e,]
entourés de ses productions; tous

grands changemens, toutes les grandes questions que l'Empereur avait créés sur le continent, avaient été traités par les Anglais en sens opposé ; c'étaient autant de faces nouvelles pour l'Empereur, auquel elles étaient jusque-là demeurées étrangères.

Qu'on ajoute que les livres français étaient rares parmi nous, que l'Empereur les connaissait tous et les avait relus jusqu'à satiété, tandis que nous pouvions nous en procurer une foule d'anglais tout à fait neufs pour lui. Enfin l'acquisition de la langue d'un étranger devient un titre à ses yeux, c'est un agrément pour soi, un véritable avantage, c'est une facilité de pourparler, et en quelque sorte un commencement de liaison pour tous deux. Quoi qu'il en soit, j'apercevais déjà le terme de nos difficultés ; j'entrevoyais le moment où l'Empereur aurait traversé tous les dégoûts inévitables du commencement. Mais qu'on se figure si l'on peut tout ce que devait être pour lui l'étude scolastique des conjugaisons, des déclinaisons, des articles, etc. On ne pouvait y être parvenu qu'avec un grand courage de la part de l'écolier, un véritable artifice de la part du maître.

Il me demandait souvent s'il ne méri[tait]
pas des férules, il devinait leur heureu[se]
influence dans les écoles; il eût avan[cé]
davantage, disait-il gaîment, s'il eû[t eu]
à les craindre. Il se plaignait de n'a[voir]
pas fait de progrès, et ils auraient é[té]
immenses pour qui que ce fût.

Plus l'esprit est grand, rapide, étend[u,]
moins il peut s'arrêter sur des dét[ails]
réguliers et minutieux. L'Empere[ur,]
qui saisissait avec une merveilleuse f[aci-]
lité tout ce qui regardait le raisonne[ment]
de la langue, en avait fort peu dès q[u'il]
s'agissait de son mécanisme maté[riel.]
C'étaient une vive intelligence et [une]
fort mauvaise mémoire ; cette derni[ère]
circonstance surtout le désolait; il tr[ou-]
vait qu'il n'avançait pas. Dès que [je]
pouvais soumettre les objets en q[ues-]
tions à quelque loi ou analogie réguli[ère,]
c'était classé, saisi à l'instant; l'éco[lier]
devançait même alors le maître dans [les]
applications et les conséquences ; [s'il]
fallait-il retenir par cœur et répéter [des]
élémens bruts, c'était une grande affa[ire;]
on prenait sans cesse les uns pour [les]
autres, et il serait devenu trop fastid[ieux]
d'exiger d'abord une trop scrupule[use]
régularité. Une autre difficulté, c[...]

qu'avec les mêmes lettres, les mêmes voyelles, ces mots nous demandaient une tout autre prononciation; l'écolier ne voulait reconnaître que la nôtre; et le maître eût décuplé les difficultés et l'ennui, s'il eût voulu exiger mieux. Enfin l'écolier, même dans sa propre langue, avait la manie d'estropier les noms propres; les mots étrangers, il les prononçait tout à fait à son gré; et une fois sortis de sa bouche, quoi qu'on fît, ils demeuraient toujours les mêmes, parce qu'il les avait, une fois pour toutes, logés de la sorte dans sa tête. C'est ce qui ne manqua pas d'arriver pour la plupart de nos mots anglais, et le maître dut avoir la sagesse et l'indulgence de s'en contenter, laissant au temps à rectifier peu à peu, s'il était jamais possible, toutes ces incorrections. De ce concours de circonstances, il naquit véritablement une nouvelle langue qui n'était entendue que de moi, il est vrai; mais elle procurait à l'Empereur la lecture de l'anglais, et il eût pu, à toute rigueur, se faire entendre, par écrit : c'était déjà beaucoup, c'était tout.

Cependant l'Empereur continuait régulièrement ses campagnes d'Egypte avec le Grand-Maréchal. Ma campa[gne] d'Italie était finie depuis long-temps[;] nous la touchions et retouchions s[ans] cesse, quant à sa forme typographiqu[e,] à la contexture des chapitres et à [la] coupe des paragraphes, etc. On [ ] verra, dans le courant de cet ouvra[ge,] le peu qui m'en est resté dans les mai[ns.]

De temps à autre il dictait de fan[tai]sie des objets séparés à MM. Gourg[aud] et Montholon. A tout ce travail [il] joignait fort peu d'exercice : quelqu[es] promenades à pied, parfois la calèc[he,] presque plus de cheval.

Le trente, il voulut cependant reve[nir] à notre vallée du Silence, abandon[née] depuis long-temps. Nous étions vers [le] milieu ; le passage était bouché par [des] broussailles mortes et une espèce [de] barrière faite pour arrêter le bétail[. Le] chasseur (le fidèle Aly) descend[it,] comme de coutume, pour nous ou[vrir] la route. Nous passâmes, mais le che[val] du chasseur, pendant son opéra[tion,] s'était éloigné de lui ; quand il vou[lut] le reprendre, il s'enfuit. Il avait b[eau]coup plu, il alla s'embourber dans [un] marécage pareil à celui où l'Emper[eur,] peu de jours après notre arrivée à L[ong] wood, s'était vu enfoncer de manière à craindre d'y demeurer. Le chasseur courut après nous, pour nous dire qu'il demeurait pour débarrasser son cheval. Nous étions dans un chemin très-difficile, fort étroit, à la file les uns des autres ; ce ne fut que quelque temps après que l'Empereur nous entendit redire entre nous l'accident du chasseur. Il gronda de ce que nous n'avions point attendu, et voulut que le Grand-Maréchal et le général Gourgaud retournassent vers lui. L'Empereur mit pied à terre pour les attendre, et marcha vers une petite élévation d'où il paraissait comme sur un piédestal, au milieu des ruines. Il avait la bride de son cheval passée autour de son bras, et s'est mis à siffler un air ; il avait pour écho une nature muette, et pour tout entourage la nudité du désert. « Et pourtant, me suis-je dit involontairement, naguère encore que de sceptres dans ses mains ! Que de couronnes sur sa tête ! Que de Rois à ses pieds !... Il est vrai, continuai-je à part moi, qu'aux yeux de tous ceux qui l'approchent, le voyent, l'entendent chaque jour, il demeure plus grand qu'il ne le fut jamais ! C'est le

» sentiment, l'opinion de tout ce qu[e]
» l'entoure. Nous le servons avec auta[nt]
» d'ardeur; nous l'aimons avec plus d[e]
» tendresse !.... »

Sur ces entrefaites arrivèrent le Gran[d] Maréchal et Gourgaud : ils aidère[nt] l'Empereur à remonter à cheval, et no[us] continuâmes. Ces Messieurs avouaie[nt] du reste que sans leur secours, le ch[e]val n'eût jamais pu s'en retirer; les effo[rts] réunis de tous les trois avaient à pe[ine] suffi. Assez long-temps après, au tour[-]nant d'un coude, l'Empereur obser[va] que le chasseur n'avait pas suivi, et [qu']qu'il eût fallu attendre de le savoir [en] état de continuer; ces messieurs pe[n]saient qu'il était demeuré pour netto[yer] tant soit peu son cheval. Dans le cou[rs] de notre promenade, à plusieurs aut[res] tournans, l'Empereur répéta la mê[me] observation. Nous entrâmes chez [le] Grand-Maréchal, où nous nous rep[o]sâmes quelques instans; l'Empereu[r] en sortant, demanda si le chasseur ét[ait] passé, on ne l'avait pas vu. Enfin, a[rri]vant à Longwood, sa première par[ole] fut encore de demander si le chasse[ur] était arrivé; il l'était depuis long-tem[ps] étant revenu par une route différent[e]

Je viens d'appuyer peut-être beaucoup sur cette minutieuse circonstance; mais c'est qu'elle m'a paru tout à fait caractéristique. Dans cette sollicitude domestique, le Lecteur aura de la peine à retrouver le monstre insensible, dur, méchant, cruel, en un mot le tyran dont on l'a si souvent, si long-temps entretenu.

La lecture d'O'Méara, depuis la première publication du Mémorial, m'a fait connaître deux autres circonstances qui coïncident si bien avec mon observation ci-dessus, et confirment si complétement l'idée que je m'étais faite du cœur et de la sensibilité réelle de Napoléon, que je ne puis résister à les transcrire ici.

O'Méara se trouvait chez l'Empereur en conversation tête à tête avec lui : «Tandis que Napoléon parlait, dit-il, » ma vue s'est obscurcie; tous les objets » m'ont paru tourner autour de moi, et » je suis tombé sans connaissance sur le » plancher. Revenu à moi, non, je n'ou» blierai jamais la sensation que m'a fait » éprouver le premier objet offert à ma » vue : Napoléon, la figure penchée sur » mon visage, me considérant avec l'ex» pression du plus grand intérêt, de la

» plus vive anxiété; d'une main il ou[vrait]
» mon col de chemise et de l'autre [me]
» faisait respirer du vinaigre des Qua[tre]
» Voleurs. — Lorsque vous êtes tom[bé,]
» m'a-t-il dit, j'ai d'abord cru que vo[tre]
» pied avait glissé; mais vous vo[yant]
» demeuré sans mouvemens, j'ai c[ru]
» que ce ne fût une attaque d'apople[xie.]
» Marchand est entré en ce momen[t;]
» Napoléon lui a commandé de m'app[or-]
» ter de l'eau de fleur d'orange, u[n de]
» ses remèdes favoris. En me vo[yant]
» tomber, son empressement avait [été]
» tel, qu'il avait arraché le cordo[n de]
» sa sonnette. Il me dit m'avoir rele[vé,]
» placé sur une chaise, arraché ma [cra-]
» vate, inondé d'eau de Cologne, e[t me]
» demandait si c'était bien cela qu'il [avait]
» dû faire; et quand je l'ai quitté [il a]
» dit à Marchand, et tout bas pour [que]
» je n'entendisse pas, de me sui[vre]
» dans la crainte d'un nouvel acci[dent]
» en regagnant ma demeure.

» Cypriani, le maître d'hôtel de L[ong-]
» wood, dit ailleurs M. O' Méara, [tou-]
» chait à son dernier moment; Napol[éon,]
» qui l'aimait comme son compatri[ote,]
» comme lui étant entièrement dé[voué,]
» se montrait fort inquiet, et dema[ndait]

» souvent de ses nouvelles. On ne déses-
» pérait pas tout à fait; mais il était d'une
» faiblesse extrême. La veille de sa mort,
» Napoléon m'envoya chercher à minuit;
» et comme je lui peignais l'état d'immo-
» bilité du malade : Mais, me dit-il, si
» j'allais me montrer au pauvre Cypriani,
» ma présence ne pourrait-elle pas sti-
» muler en lui la nature qui dort, et
» l'aider à vaincre la maladie. Et il tâcha
» de rendre son opinion plausible en
» décrivant les effets électriques qu'il
» avait plus d'une fois produits de la
» sorte. Je répondis que Cypriani avait
» encore sa connaissance, et que j'étais
» persuadé que l'amour et la vénération
» qu'il avait pour son maître le porterait,
» en le voyant, à faire un effort pour se
» lever sur son séant, et qu'il était à
» craindre qu'il ne passât dans ce mou-
» vement.—Alors, conclut-il après quel-
» ques observations encore, j'y dois
» renoncer : c'est aux gens de l'art à
» prononcer là-dessus. »

FRAGMENS
DE LA CAMPAGNE D'ITALIE

J'ai dit plus haut quelque part dans le recueil, que je donnerais les fragmens de la campagne d'Italie, demeurés en mes mains. Me voilà à la fin d'un mois, j'en vais placer quelques chapitres.

A mon retour en France, par la funeste circonstance qui m'a rendu à moi-même, les motifs de garder pour moi seul les fragmens de la campagne d'Italie, que je possédais du consentement de l'Empereur, n'existant plus, et la privation de mes papiers par le ministère anglais ne me laissant pas l'occasion de rien publier sur Sainte-Hélène, je distribuai quelques-uns de ces fragmens, ne mettant d'autre condition à leur publicité, que de bien spécifier qu'ils étaient de simples brouillons, de premières dictées qui auront reçu sans doute, par la suite, de grandes altérations. Aujourd'hui que la restitution de mes papiers m'a mis à même de publier le Mémorial de Sainte-Hélène, j'ai eu la pensée d'y réunir tous ces fragmens de la campagne d'Italie, imaginant qu'ils ne seront pas sans inté-

rêt pour ceux qui aimeront à comparer
ce premier jet avec les idées arrêtées :
d'autant plus que tenant des dépositaires
mêmes du manuscrit de ces campagnes,
que la volonté de l'Empereur a été que
le tout fût publié avec luxe, cartes,
plans, etc., et dédié à son fils, j'ai tout
lieu de croire qu'on sera long-temps
encore avant de jouir de cette publication *. J'insérerai donc le peu que je

---

* Les chapitres de la Campagne d'Italie étaient particulièrement ce que je me proposais de supprimer dans cette réimpression, pensant d'abord que, puisqu'en ce moment on les publiait dans toute leur étendue, mes fragmens isolés devenaient dès-lors inutiles. Toutefois, j'ai été conduit à changer de détermination par le sentiment que j'ai éprouvé moi-même en comparant les deux versions; sentiment, ai-je pensé, que beaucoup d'autres pourront partager avec moi. Des pages entières restent littéralement les mêmes, il est vrai; mais, tout-à-coup, des mots se trouvent changés, des épithètes altérées, des phrases ou même des paragraphes entiers supprimés, non pour la seule amélioration du style, mais pour la modification évidente du sens. Or, il n'est pas sans un grand intérêt, pour un grand nombre, de pouvoir connaître les motifs intérieurs qui ont amené ces variantes; suivre la disposition d'esprit qui a dû les dicter; assister, pour ainsi dire, au

possède, sept chapitres sur vingt-de[ux]
soit à la fin des mois, soit dans le co[urs]
même du Journal quand il viendr[a à]
languir.

Voici, pour le présent, les prem[iers]
de ces fragmens: Vendémiaire, la Ba[taille]
de Montenotte, et Partie du Chapitr[e]
sur la topographie d'Italie.

---

développement de la pensée du momen[t]
saisir tout entière dans ses rapports ave[c]
conséquences qu'elle a pour objet de cons[acrer.]

Dans le chapitre actuel, par exemple[,]
variantes montrent une légère suppression
Pichegru, quelques additions lors du ch[oix]
général pour la journée de Vendémiaire;
surtout la suppression entière du monolo[gue]
d'ailleurs si remarquable; et pourquoi [cette]
dernière détermination; car ce mono[logue]
avait déjà assez arrêté l'attention du narr[ateur]
pour avoir reçu des corrections de sa p[ropre]
main, ainsi que le démontre la versio[n du]
Mémorial; mais en voilà assez, je pense,
me justifier d'avoir tout conservé.

TREIZE VENDÉMIAIRE.

N. B. Tous les mots en caractère italique sont des corrections faites au manuscrit original, de la main de Napoléon même.

I. *Constitution de l'an III.* — La chute de la Municipalité du 31 mai et du parti de Danton, de Robespierre, amena la chute des jacobins et la fin du Gouvernement révolutionnaire. *Depuis*, la Convention fut successivement gouvernée par des factions qui ne surent acquérir aucune prépondérance : ses principes variaient chaque mois. Une épouvantable réaction *affligea* l'intérieur de la république; les domaines cessèrent de se vendre, et le discrédit des assignats croissant chaque jour, les armées se trouvaient sans solde, les réquisitions et le maximum y avaient seuls maintenu l'abondance; les magasins se vidèrent; le pain même du soldat ne fut plus assuré. Le recrutement, dont les lois avaient été exécutées avec la plus grande rigueur, sous le Gouvernement révolutionnaire, cessa. Les armées continuèrent d'obtenir de grands succès, parce que jamais elles

n'avaient été plus nombreuses ; ma[is]
les armées éprouvaient des pertes jou[r]-
nalières, il n'y *avait* plus de moye[n]
pour les réparer.

Le parti de l'étranger, qui s'éta[yait]
du prétexte du rétablissement des Bo[ur]-
bons, acquérait chaque jour de nouve[lles]
forces. Les salons étaient ouverts, o[n]
discourait sans crainte ; les communi[ca]-
tions étaient devenues plus faciles a[vec]
l'extérieur ; la perte de la République
tramait publiquement.

La révolution était vieille, elle a[vait]
froissé bien des intérêts : une main [de]
fer avait pesé sur les individus. Bien [des]
crimes avaient été commis : ils fure[nt]
tous relevés avec acharnement, et cha[que]
jour davantage on excita l'animadver[sion]
publique contre tous ceux qui ava[ient]
gouverné, administré, ou participé d'u[ne]
manière quelconque, aux succès de [la]
révolution.

Pichegru avait été gagné : c'étai[t le]
premier général de la République ; [fils]
d'un laboureur de Franche-Comté,
frère minime, dans sa jeunesse, au [col]-
lége de Brienne ; il se vendit au p[arti]
royal, et lui livra le succès des opérati[ons]
de son armée.

Les prosélytes des ennemis de la République ne furent pas nombreux dans l'armée; elle resta fidèle aux principes de la révolution pour lesquels elle avait versé tant de sang, et remporté tant de victoires.

Tous les partis étaient fatigués de la Convention : elle l'était d'elle-même. Sa mission avait été l'établissement d'une constitution; elle vit enfin que le salut de la patrie, le sien propre, exigeaient que, sans délai, *elle remplît sa principale mission.* Elle adopta, le 21 juin 1795, la constitution connue sous le titre de constitution de l'an III. Le Gouvernement était confié à cinq personnes, sous le nom de Directoire; la Législature à deux Conseils, dits des Cinq Cents et des Anciens. Cette constitution fut soumise à l'acceptation du peuple, réuni en assemblée primaire.

II. *Lois additionnelles à la constitution.* — L'opinion était généralement répandue, qu'il fallait attribuer la chute de la constitution de 91 à la loi de la Constituante, *qui excluait ses membres de la législature.* La Convention ne *tomba pas dans* la même faute; elle joignit à la constitution deux lois additionnelles,

par lesquelles elle prescrivit que les d[eux]
tiers de la législature nouvelle sera[ient]
composés des membres de la Conv[en-]
tion, et que les assemblées électo[rales]
de départemens n'auraient à nom[mer]
pour cette fois, qu'un tiers seulement [aux]
deux Conseils. La Convention presc[rivit]
de plus que ces deux lois additionn[elles]
seraient soumises à l'acceptation [du]
peuple, comme parties inséparable[s de]
la constitution.

Le mécontentement fut, dès-l[ors]
général. Le parti de l'étranger s[e]
voyait tous ses projets déjoués par [ces]
dispositions. Il s'était flatté que les d[eux]
conseils auraient été entièrement c[om-]
posés d'hommes neufs et étranger[s à la]
révolution, ou même en partie de c[eux]
qui en avaient été victimes; et dès-lo[rs il]
espérait d'arriver à la contre-révol[ution]
par l'influence même de la législa[ture.]

Ce parti ne manquait pas de [s]
bonnes raisons pour cacher les véri[tables]
motifs de son mécontentement; i[l allé-]
guait que les droits du peuple é[taient]
méconnus, puisque la Convention[,]
n'avait eu de mission que pour é[tablir]
une constitution, usurpait les pou[voirs]
d'un corps électoral, en donnant

même à ses membres les pouvoirs d'un Corps Législatif; que la preuve que la Convention savait qu'elle agissait contre l'intention du peuple, c'est qu'elle imposait aux assemblées primaires la condition *arbitraire* de voter à la fois sur l'ensemble de la constitution et ses lois additionnelles. La Convention ne devait vouloir que ce que voulait le peuple. Pourquoi ne laissait-elle pas voter séparément sur la constitution et les lois additionnelles? C'est qu'elle savait que les lois additionnelles seraient unanimement rejetées. Quant à la constitution, en elle-même, elle était préférable sans doute à ce qui existait, et, sur ce point, tous les partis étaient d'accord. Les uns, il est vrai, eussent voulu un président, au lieu de cinq directeurs, les autres auraient désiré un Conseil plus populaire; mais en général on vit cette nouvelle constitution avec plaisir. Quant au parti de l'étranger, qui était dirigé par des comités secrets, il n'attachait aucune importance à des formes de gouvernement qu'il ne voulait pas maintenir; il n'étudiait, dans la constitution, que le moyen d'en profiter, pour opérer la

contre-révolution ; et tout ce qui tendait à ôter l'autorité des mains de la
Convention et des conventionnels lui
était agréable.

III. *Les lois additionnelles sont rejetées
par les sections de Paris.* — Les quarante-
huit sections de Paris se réunirent ; ce
furent quarante-huit tribunes dans lesquelles *accoururent* les orateurs les plus
virulens : Laharpe, Sérizi, Lacretelle
jeune, Vaublanc, Régnault, etc. *Il fallait* peu de talens pour exciter tous les
esprits contre la Convention ; et *plusieurs*
de ces orateurs en montrèrent beaucoup.

La capitale fut ainsi mise en fermentation. *Après le neuf thermidor, on avait
organisé* la garde nationale. On avait eu
en vue d'en éloigner les jacobins ; mais
on était tombé dans l'excès contraire, et
les contre-révolutionnaires s'y trouvaient
en assez grand nombre.

Cette garde nationale était de plus
de quarante mille hommes, armée et
habillée. Elle partagea toute l'exaspération des sectionnaires contre la Convention ; et les lois additionnelles furent
rejetées dans Paris. Les sections se suc-
cédèrent à la barre de la Convention,

y manifestaient hautement leur opinion. La Convention cependant croyait encore que toute cette agitation se calmerait aussitôt que les provinces auraient manifesté leur opinion par l'acceptation de la constitution et des lois additionnelles. Elle croyait pouvoir comparer cette agitation de la capitale à ces commotions si communes à Londres, et dont Rome avait si souvent donné l'exemple au temps des comices. Elle proclama le vingt-trois septembre l'acceptation de la constitution et des lois additionnelles, par la majorité des assemblées primaires; mais dès le lendemain les sections de Paris nommèrent des députés pour former une assemblée centrale d'électeurs qui se réunirent à l'Odéon.

IV. *Résistance armée des sections de Paris.* — Les sections avaient mesuré leurs forces, évalué la faiblesse de la Convention : cette assemblée d'électeurs fut une assemblée d'insurgés.

La *Convention* annula l'assemblée de l'Odéon, la déclara illégale, et ordonna à ses comités de la dissoudre par la force. Le dix vendémiaire, la force armée se porta à l'Odéon, et exécuta cet ordre.

Le peuple rassemblé sur la place de [l'O]-
déon fit entendre quelques murmure[s,]
se permit quelques injures; mais n[e]
posa aucune résistance.

Le décret de la Convention, qui fer-
mait l'Odéon, excita l'indignation [de]
toutes les sections. Celle Lepelletie[r,]
dont le chef-lieu était au couvent [des]
Filles-Saint-Thomas, paraissait êtr[e à]
la tête de ce mouvement. Un décre[t de]
la Convention ordonna que le lieu [de]
ses séances fût fermé, l'assemblée [dis-]
soute et la section désarmée.

Le douze vendémiaire (trois octob[re),]
à sept ou huit heures du soir, le géné[ral]
Menou, accompagné des représent[ants]
du peuple, commissaires près de l'ar[mée]
de l'intérieur, se rendit, avec un co[rps]
nombreux de troupes, au lieu des séa[nces]
de la section Lepelletier, pour y [faire]
exécuter le décret de la Conventi[on.]
Infanterie, cavalerie, artillerie, tou[t fut]
entassé dans la rue Vivienne, à l'ex[tré-]
mité de laquelle est le couvent des Fi[lles-]
Saint-Thomas. Les sectionnaires oc[cu-]
paient *les fenêtres des* maisons de c[ette]
rue; plusieurs de leurs bataillon[s se]
rangèrent en bataille dans la cour

couvent, et la force militaire, que commandait le général Menou, *se trouva compromise*.

Le comité de la section s'était déclaré représentant du peuple souverain, dans l'exercice de ses fonctions; il refusa d'obéir aux ordres de la Convention; et, après une heure d'inutiles pourparlers, le général Menou et les commissaires de la Convention se retirèrent, par une espèce de capitulation, sans avoir désarmé ni dissous ce rassemblement.

V. *Menou est destitué du commandement de l'armée de l'intérieur.* — La section, demeurée victorieuse, se constitua en permanence, envoya des députations à toutes les autres sections, vanta ses succès, et pressa l'organisation qui pouvait assurer sa résistance. *On se prépara à la journée du treize vendémiaire.*

Le général Bonaparte, attaché depuis quelques mois à la direction du mouvement des armées de la république, était dans une loge à Feydeau, lorsque de ses amis le prévinrent de la scène singulière qui se passait. Il fut curieux d'observer les détails d'un si grand spectacle. Voyant les troupes conventionnelles repoussées, il courut aux tribunes de l'assemblée pour y juger l'effet de cette nouvelle, suivre les développemens et la cou[leur] qu'on y donnerait.

La Convention était dans la plus gra[nde] agitation. Les représentans auprès [de] l'armée, pour se disculper, se hâtè[rent] d'accuser Menou. On attribua à la tra[-] hison ce qui n'était dû qu'à la mal[ha-] bileté. Il fut mis en arrestation.

Alors différens représentans se m[on-] trèrent successivement à la tribune; [ils] peignirent l'étendue du danger. L[es] nouvelles qui, à chaque instant, ar[ri-] vaient des sections, ne faisaient voir [que] trop combien il était grand. Chacun [des] membres proposa le général qui a[vait] sa confiance. Ceux qui avaient é[té à] Toulon, à l'armée d'Italie, et les m[em-] bres du Comité de salut public, [qui] avaient des relations journalières [avec] Napoléon, le proposèrent comme [le plus] capable que personne de les tirer d[u] pas dangereux, par la promptitude [de] son coup-d'œil et l'énergie de son c[arac-] tère. On l'envoya chercher dans la v[ille].

Napoléon qui avait tout entendu [et] savait ce dont il était question, déli[béra] près d'une demi-heure avec lui-m[ême] sur ce qu'il avait à faire. « Une gue[rre] mort éclatait entre la Convention et Paris. *Etait-il sage de se déclarer,* de parler au nom de toute la France? Qui oserait descendre seul dans l'arêne pour se faire le champion de la Convention? La victoire même aurait quelque chose d'odieux; tandis que la défaite vouerait pour jamais à l'exécration des races futures.

» Comment se dévouer ainsi à être le bouc émissaire de tant de crimes auxquels on fut étranger? Pourquoi s'exposer bénévolement à aller grossir en peu d'heures le nombre de ces noms qu'on ne prononce qu'avec horreur?

» Mais, d'un autre côté, si la Convention succombe, que deviennent les grandes vérités de notre révolution? Nos nombreuses victoires, notre sang si souvent versé, ne sont plus que des actions honteuses. L'étranger, que nous avons tant vaincu, triomphe et nous accable de son mépris. . . . . un entourage insolent et dénaturé reparaissent triomphans, nous reprochent nos crimes, exercent leurs vengeances, et nous gouvernent en ilotes par la main de l'étranger.

» Ainsi la défaite de la Convention

» ceindrait le front de l'étranger, et s[c]
» lerait la honte et l'esclavage de la pa[trie]
» Ce sentiment, vingt-cinq ans, la c[on-]
» fiance en ses forces, sa destinée !...
Il se décida, et se rendit au com[ité]
auquel il peignit vivement l'impossibi[lité]
de pouvoir diriger une opération a[ussi]
importante avec trois représentans, q[ui]
dans le fait, exerçaient tous les pouvo[irs]
et gênaient toutes les opérations [du]
général; il ajouta qu'il avait été tém[oin]
de l'événement de la rue Vivienne, [où]
les commissaires avaient été les [plus]
coupables, et s'étaient pourtant trou[vés]
au sein de l'assemblée des accusate[urs]
triomphans.

Frappé de ces raisons, mais d[evant]
l'impossibilité de destituer les comm[is-]
saires, sans une longue discussion [à]
l'assemblée, le Comité, pour tout c[on-]
cilier, *car on n'avait pas de temps à pe[rdre]*,
détermina de prendre le général d[e]
l'assemblée même. Dans cette vue [il]
proposa Barras à la Convention com[me]
général en chef, et donna le comm[an-]
dement à Napoléon, qui, par-là [se]
trouvait débarrassé de trois comm[is-]
saires, sans qu'ils eussent à se plain[dre].

Aussitôt que Napoléon se trouva ch[argé]

du commandement des forces qui devaient protéger l'assemblée, il se transporta dans un des cabinets des Tuileries où était Menou, afin d'obtenir de lui les renseignemens nécessaires sur les forces et la position des troupes et celle de l'artillerie. L'armée n'était que de cinq mille hommes de toutes armes, avec quarante pièces de canon, alors aux Sablons, sous la garde de quinze hommes; il était une heure après minuit. Napoléon expédia aussitôt un chef d'escadron du 21ᵉ de chasseurs (Murat), avec trois cents chevaux, pour se rendre, en toute diligence, aux Sablons, et ramener l'artillerie au jardin des Tuileries. Un moment plus tard, il n'était plus temps. Cet officier arrivant à deux heures aux Sablons, s'y trouva avec la tête d'une colonne de la section Lepelletier qui venait saisir le parc; mais il était à cheval; on était en plaine : la section se retira, et à six heures du matin les quarante pièces entrèrent aux Tuileries.

VI. *Dispositions d'attaque et de défense des Tuileries*. — Depuis six heures jusqu'à neuf, Napoléon courut tous les postes, et plaça cet artillerie à la tête du pont de Louis XVI, du pont Royal,

de la rue de Rohan, au cul-de-sac D[...]
phin, dans la rue Saint-Honoré, au Po[...]
Tournant, etc., etc.; il en confia [...]
garde à des officiers sûrs. La mèche [...]
allumée partout, et la petite armée d[...]
tribuée aux différens postes, ou en [...]
serve au jardin et au Carrousel.

La générale battait partout. Paris [...]
les gardes nationales se formaient à [...]
les débouchés, cernant ainsi le p[...]
et les jardins. Leurs tambours porta[...]
l'audace jusqu'à venir battre la g[...]
rale sur le Carrousel et sur la p[...]
Louis XV.

Le danger était imminent, quar[...]
mille gardes nationaux bien arm[...]
organisés depuis long-temps, se p[...]
sentaient animés contre la Convent[...]
les troupes de ligne, chargées d[...]
défendre, étaient peu nombreuses [...]
pouvaient être facilement entraînées [...]
le sentiment de la population qu[...]
environnait. La Convention, pour [...]
croître ses forces, donna des arm[...]
quinze cents individus dits les patr[...]
de 89. C'étaient des hommes qui, [...]
puis le neuf thermidor, avaient pe[...]
leurs emplois, et quittés leurs dép[...]
mens où ils étaient poursuivis par l[...]

nion. On en forma trois bataillons, *que l'on* confia au général Berruyer. Ces hommes se battirent avec la plus grande valeur. Ils entraînèrent la troupe de ligne, et furent pour beaucoup dans le succès de la journée.

Un comité de quarante membres, sous la présidence de Cambacérès et composé du Comité de salut public et de sûreté générale, dirigeait toutes les affaires. On discutait beaucoup, on ne décidait rien, et le danger devenait à chaque instant plus pressant.

Les uns voulaient qu'on posât les armes, et qu'on reçut les sectionnaires comme les sénateurs romains avaient reçu les Gaulois. D'autres voulaient qu'on se retirât sur les hauteurs de Saint-Cloud, au camp de César, pour y être joints par l'armée des côtes de l'Océan. D'autres voulaient qu'on envoyât des députations aux quarante-huit sections *pour leur faire diverses propositions*. Pendant ces vaines discussions, et à deux heures après midi, un nommé Lafond déboucha sur le Pont-Neuf, venant de la section Lepelletier, à la tête de trois ou quatre bataillons, dans le temps qu'une autre colonne de même force venait de

l'Odéon à sa rencontre : *ils se réuni[rent]*
sur la place Dauphine.

Le général Cartaux, qui avai[t été]
placé au Pont-Neuf avec quatre c[ents]
hommes et quatre pièces de ca[non,]
ayant l'ordre de défendre les côté[s du]
pont, quitta son poste, et se replia [sur]
les guichets. En même-temps un ba[tail]-
lon de gardes nationaux venait occ[uper]
le jardin de l'Infante : il se disait a[ffec]-
tionné à la Convention, et pourtan[t sai]-
sissait ce poste sans ordre. D'un [autre]
côté, Saint-Roch, le théâtre Franç[ais,]
l'hôtel de Noailles étaient occup[és de]
force par la garde nationale. Les p[ostes]
opposés n'étaient séparés que de dou[ze ou]
quinze pas. Les sectionnaires envoy[aient]
des femmes à chaque instant, ou se [pré]-
sentaient eux-mêmes, sans armes [les]
chapeaux en l'air, pour fraterniser [avec]
la ligne.

VII. *Combat du 13 vendémia[ire.]*
A chaque instant les affaires empi[raient.]
A trois heures, Danican, général de[s sec]-
tions, envoya un parlementaire so[mmer]
la Convention d'éloigner les troup[es qui]
menaçaient le peuple, et de dés[armer]
les terroristes. Ce parlementaire t[raversa]
les postes les yeux bandés, avec [un]

les formes de la guerre. Il fut introduit ainsi au milieu *du comité* des quarante, qu'il émut beaucoup par ses menaces : on le renvoya vers les quatre heures. La nuit approchait, et il n'était pas douteux qu'elle ne dût être favorable aux sectionnaires, vu le grand nombre. *Ils pouvaient* se faufiler de maison en maison, dans toutes les avenues des Tuileries, déjà étroitement bloquées. A peu près à la même heure, on apporta, dans la salle de la Convention, sept cents fusils, des gibernes *et des cartouches* pour armer les Conventionnels eux-mêmes comme corps de réserve ; ce qui en alarma plusieurs, qui ne comprirent qu'alors la grandeur du danger où ils étaient.

Enfin, à quatre heures un quart, des coups de fusil furent tirés de l'hôtel de Noailles, où s'étaient introduits les sectionnaires ; les balles arrivaient jusqu'au perron des Tuileries. Au même moment la colonne Lafond déboucha par le quai Voltaire, marchant sur le pont Royal. Alors on donna l'ordre aux batteries de tirer. Une pièce de huit, au cul-de-sac Dauphin, commença le feu, et servit de signal pour tous les postes. Après plusieurs décharges, Saint-Roch fut enlevé.

La colonne Lafond, prise en tête e[t]
écharpe par l'artillerie placée sur le q[uai]
à la hauteur du guichet du Louvre, [et à]
la tête du pont Royal, fut mise en
route. La rue Saint-Honoré, la rue S[aint-]
Florentin et les lieux adjacens fu[rent]
balayés. Une centaine d'hommes ess[ayè-]
rent de résister, au théâtre de la R[épu-]
blique; quelques obus les déloge[èrent]
en un instant: à six heures tout étai[t fini.]

Si l'on entendait *dans la nuit*, de [loin]
en loin, quelques coups de canon, c[e fut]
pour empêcher les barricades que [quel-]
ques *habitans* avaient cherché à é[lever]
avec des tonneaux.

Il y eut environ deux cents tu[és et]
blessés du côté des sectionnaire[s, et]
presque autant du côté des conven[tion-]
nels; la plus grande partie *de ceu[x-ci*]
aux portes de Saint-Roch.

Trois représentans, Fréron, L[...]
et Syeyes montrèrent *de la résolu[tion.*]

La-section des Quinze-Vingts, [fau-]
bourg Saint-Antoine, est la seul[e qui]
ait fourni deux cent cinquante ho[mmes]
à la Convention; tant ses dernières [vio-]
lations politiques lui avaient in[disposé]
toutes les classes; toutefois, si l[es fau-]
bourgs ne se levèrent point en sa f[aveur,]

du moins ils *n'agirent* pas non plus contre elle. Il est faux qu'on ait fait tirer à poudre au commencement de l'action; cela n'eût servi qu'à enhardir les sectionnaires et à compromettre les troupes; mais il est vrai que le combat une fois engagé, le succès n'étant plus douteux, alors on ne tira plus qu'à poudre.

VIII. *Le quatorze vendémiaire.* — Il existait encore des rassemblemens dans la section Lepelletier.

Le quatorze, au matin, des colonnes débouchèrent contre eux, par les boulevards, la rue de Richelieu et le Palais-Royal. Des canons avaient été placés aux principales avenues. Les sectionnaires furent promptement délogés, et le reste de la journée fut employé à parcourir la ville, à visiter les chefs-lieux des sections, à ramasser les armes et à lire des proclamations. Le soir, tout était rentré dans l'ordre, et Paris se trouvait parfaitement tranquille.

Lorsque, après ce grand événement, les officiers de l'armée de l'intérieur furent présentés en corps à la Convention, celle-ci, par acclamation, nomma Napoléon général en chef de cette armée, Barras ne pouvant cumuler plus long-

temps le titre de représentant avec [...]
fonctions militaires.

Le général Menou fut traduit à un [con]-
seil de guerre; on voulait sa mort[; le]
général en chef le sauva en disant [aux]
juges que si Menou méritait la mort, [les]
trois représentans, qui avaient dirig[é les]
opérations et parlementé avec les [sec]-
tionnaires, la méritaient aussi; q[ue la]
Convention n'avait qu'à mettre en j[uge]-
ment les trois membres, et qu'alo[rs on]
jugerait Menou. L'esprit de corps [fut]
plus puissant que la voix des enn[emis]
de Menou.

La même commission condamn[a plu]-
sieurs individus *à mort* par contum[ace,]
entr'autres *Vaublanc*. Le nommé L[...]
fut le seul exécuté. Ce jeune ho[mme]
avait montré beaucoup de courage [dans]
l'action; la tête de sa colonne, [au]
pont Royal, se reforma trois fois [sous]
la mitraille avant de se disperser [tout à]
fait. C'était un émigré; il n'y e[ut pas]
moyen de le sauver, quelque dési[r que]
l'on eût: l'imprudence de ses rép[onses]
déjoua constamment les bonnes in[ten]-
tions de ses juges.

IX. *Napoléon commande en ch[ef l'ar]-
mée de l'intérieur.* — Après le treiz[e]

démiaire, Napoléon eut à organiser la garde nationale, qui était un objet de la plus haute importance, comptant alors jusqu'à cent quatre bataillons.

Il forma en même-temps la garde du Directoire, et *réorganisa* celle du Corps-Législatif. Ces mêmes élémens se trouvèrent précisément dans la suite une des causes de son succès à la fameuse journée du dix-huit brumaire. Il avait laissé de tels souvenirs parmi ces corps, qu'à son retour d'Egypte, bien que le Directoire eût recommandé à ses soldats de ne point lui rendre d'honneurs militaires qu'il ne fût en grand uniforme, rien ne put les empêcher de battre au champ, de quelque manière qu'il parût.

Le peu de mois que Napoléon commanda l'armée de l'intérieur se trouvèrent remplis de difficultés et d'embarras. Ce furent, l'installation d'un gouvernement nouveau, dont les membres étaient divisés entre eux et souvent en opposition avec les conseils; une fermentation sourde parmi les anciens sectionnaires qui composaient la majorité de Paris; la turbulence active des jacobins, qui se reformaient sous le nom de Société du Panthéon; les agens des étrangers et

ceux du royalisme, *qui* formaient [un]
parti puissant ; le discrédit des finan[ces]
et du papier-monnaie, qui mécon[ten]-
tait les troupes à l'extrême ; mais, p[lus]
que tout cela encore, l'horrible fam[ine]
qui, à cette époque, désola la capit[ale.]

Dix ou douze fois les subsistan[ces]
manquèrent, et les faibles distribut[ions]
journalières que le gouvernement a[vait]
été contraint d'établir, furent inter[rom]-
pues. Il fallait une activité, une dext[érité]
peu communes, pour surmonter [tant]
d'obstacles, et maintenir le calme [dans]
la capitale, en dépit de circonstan[ces si]
fâcheuses et si graves.

La Société du Panthéon donnait c[ha-]
que jour plus d'inquiétudes au Di[rec-]
toire. La police n'osait aborder c[ette]
société de front. *Le général en ch[ef]*
mettre le scellé sur le lieu de ses asse[m-]
blées, et les membres ne bougèrent [plus]
tant qu'il demeura présent. Ce ne [fut]
qu'après son départ qu'ils parurent [de]
nouveau, sous l'influence de Babe[uf,]
Antonelle et autres ; et éclatèrent [au]
camp de Grenelle.

Il eut souvent à haranguer à la h[alle,]
dans les rues, aux sections et dan[s les]
faubourgs ; et une remarque singu[lière]

à ce sujet, c'est que, de toutes les parties de la capitale, le faubourg Saint-Antoine est celui qu'il a toujours trouvé le plus facile à entendre raison, et à recevoir des impulsions généreuses.

Ce fut pendant le commandement de Paris, que Napoléon fit la connaissance de Mme de Beauharnais.

On avait exécuté le désarmement général des sections. Il se présenta *à l'État-Major* un jeune homme de dix à douze ans, qui vint supplier le général en chef de lui faire rendre l'épée de son père, qui avait été général de la République. Ce jeune homme était Eugène de Beauharnais, depuis Vice-Roi d'Italie. Napoléon, touché de la nature de sa demande, et des grâces de son âge, lui accorda ce qu'il demandait : Eugène se mit à pleurer en voyant l'épée de son père. Le général en fut touché, et lui témoigna tant de bienveillance, que Mme de Beauharnais se crut obligée de venir le lendemain lui en faire des remercîmens : Napoléon s'empressa de lui rendre sa visite.

Chacun connaît la grâce extrême de l'impératrice Joséphine, ses manières douces et attrayantes. La connaissance

devint bientôt intime et tendre, [et]
ne tardèrent pas à se marier.

X. *Napoléon est nommé général en [chef]
de l'armée d'Italie.* — On reproch[ait à]
Scherer, commandant de l'armée d'[Ita]-
lie, de ne pas avoir su profiter d[e la]
bataille de Loano ; depuis on était [peu]
satisfait de sa conduite. On voyait [au]
quartier-général de Nice beaucoup [plus]
d'employés que de militaires. Ce g[éné]-
ral demandait de l'argent pour so[lder]
ses troupes, et réorganiser les diff[érents]
services ; il demandait des chevaux [pour]
remplacer les siens qu'on avait [laissé]
périr faute de subsistance : le Gou[ver]-
nement ne pouvait donner ni l'u[n ni]
l'autre ; on lui fit des réponses dilato[ires,]
on l'amusa par de vaines promesse[s. Il]
fit connaître alors que si l'on [tardait]
davantage, il serait obligé d'évacu[er la]
rivière de Gênes, de revenir sur la Ro[ya,]
et peut-être même de repasser le [Var.]
Le Directoire résolut de le rempl[acer.]

Un jeune général de vingt-cin[q ans]
ne pouvait rester plus long-temps [à la]
tête de l'armée de l'intérieur. Le [senti]-
ment de ses talens et la confiance [que]
l'armée d'Italie avait en lui, *le désig[naient]*

comme seul capable de la tirer de la fâcheuse situation où elle se trouvait. Les conférences qu'il eut avec le Directoire à ce sujet, et les projets qu'il lui présenta, ne laissèrent plus aucun doute. Il partit pour Nice, et le général Hatri, âgé de soixante ans, vint de l'armée de Sambre-et-Meuse le remplacer à l'armée de l'intérieur, laquelle avait perdu son importance, depuis que la crise des subsistances était passée, et que le Gouvernement se trouvait assis.

BATAILLE DE MONTENOTTE.

Depuis l'arrivée du général en chef, à Nice, le 28 mars 1796, jusqu'à l'armistice de Chérasque, le 28 avril suivant : espace d'un mois.

I. *Plan de campagne pour entrer en Italie en tournant les Alpes.* — Le Roi de Sardaigne, que sa position géographique et militaire a fait appeler le portier des Alpes, avait en 1796 des forteresses à l'issue de toutes les gorges qui conduisent en Piémont. Si l'on eût voulu pénétrer en Italie, en forçant les Alpes,

il eût fallu s'emparer de ces forteres[ses;]
or les routes ne permettaient pa[s le]
transport de l'artillerie de siége : d['ail-]
leurs les montagnes sont couvertes [de]
neige les trois quarts de l'année ; ce[la]
ne laisse que très-peu de temps pou[r le]
siége de ces places. On conçut l'idée [de]
tourner toutes les Alpes, et d'entre[r en]
Italie précisément au point où ces[sent]
ces hautes montagnes, et où les A[pen-]
nins commencent. Le Saint-Gothard [est]
le col le plus élevé des Alpes. A pa[rtir]
de ce col, les autres vont toujou[rs en]
baissant. Ainsi le Saint-Gothard est [plus]
haut que le Brenner; celui-ci, que [les]
montagnes de Cadore; les monta[gnes]
de Cadore, que le col de Tarvis, e[t les]
montagnes de la Carniole. De l'a[utre]
côté, le Saint-Gothard est plus h[aut que]
le Simplon; le Simplon plus haut q[ue le]
Saint-Bernard; le Saint-Bernard [plus]
haut que le Mont-Cénis; le Mont-C[énis]
plus haut que le col de Tende. D[epuis]
celui-ci, les Alpes continuent de ba[isser]
toujours, et finissent enfin aux mo[nta-]
gnes Saint-Jacques, près Savone, [où]
commencent les Apennins. Alo[rs la]
chaîne de l'Apennin se relève; e[t va]
toujours en augmentant par un mo[u-]

ment inverse; de sorte que la Bochetta, les cols voisins, ceux qui séparent la Ligurie des Etats de Parme, la Toscane du Modenais, du Bolonais, vont toujours en s'élevant. La vallée de la Madone de Savone, et les mamelons de Saint-Jacques et de Montenotte sont donc tout à la fois les points les plus abaissés des Alpes et des Apennins; celui où finissent les uns, et où les autres commencent.

Savone, port de mer et place forte, se trouvait placée pour servir tout à la fois de magasin et de point d'appui. De cette ville à la Madone, le chemin est une chaussée ferrée de trois milles, et de la Madone à la Carcari il y a quatre ou cinq autres milles. Ce dernier intervalle pourrait être rendu praticable à l'artillerie en peu de jours. A Carcari l'on trouve des chemins de voiture qui conduisent dans l'intérieur du Piémont et du Montferrat.

Ce point était le seul par où l'on pût entrer en Italie sans trouver de montagnes; les élévations du terrain y sont si peu de chose, qu'on a conçu plus tard, sous l'Empire, le projet d'un canal qui aurait joint l'Adriatique à la Méditerra-

11*

née, à l'aide du Pô et d'une branche de la Bormida, dont la source part des hauteurs qui avoisinent Savone.

En pénétrant en Italie par les sources de la Bormida, on pouvait se flatter de séparer et de désunir les armées sardes et autrichiennes, puisque de là on menaçait également la Lombardie et le Piémont. On pouvait marcher sur Milan comme sur Turin. Les Piémontais avaient intérêt à couvrir Turin, et les Autrichiens à couvrir Milan.

II. *Etat des deux armées.* — L'armée ennemie était commandée par le général Beaulieu, officier distingué, qui avait acquis de la réputation dans les campagnes du Nord. Cette armée se trouvait munie de tout ce qui pouvait la rendre redoutable. L'armée française, au contraire, manquait de tout, et son gouvernement ne pouvait rien lui donner. L'armée des alliés se composait d'Autrichiens, de Sardes, de Napolitains; ils se trouvaient déjà triples de l'armée française, et devaient s'accroître encore successivement des forces du Pape, de Naples, de celles de Modène et de Parme.

Cette armée se divisait en deux grands corps: l'armée active autrichienne, composée de quatre divisions, d'une forte artillerie et d'une nombreuse cavalerie, accrue d'une division napolitaine, formant un total de soixante mille hommes sous les armes. L'armée active de Sardaigne, composée de trois divisions piémontaises, d'une division autrichienne ayant quatre mille chevaux, était commandée par le général autrichien Colli, qui lui-même était aux ordres du général Beaulieu. Le reste des forces sardes tenait garnison dans les places, ou défendait les cols opposés à l'armée française des Alpes : elles étaient commandées par le duc d'Aoste. L'armée française était composée de quatre divisions actives, sous les généraux Masséna, Augereau, Laharpe et Serrurier : chacune de ces divisions pouvait, l'une portant l'autre, présenter six à sept mille hommes sous les armes *. La cavalerie, de trois mille

---

* On trouve dans le chapitre correspondant à celui-ci, dans les Campagnes d'Italie, qui viennent d'être publiées, l'addition curieuse suivante. « Le total présentait trente mille hommes sous les armes ; il est vrai que l'effectif de l'armée se montait, sur les états du ministère, à cent six mille hommes ; mais trente-six mille étaient prisonniers, morts ou désertés ;

chevaux, était dans le plus mauvais é[tat,]
quoique elle eût été long-temps su[r le]
Rhône pour se refaire; mais elle y a[vait]
manqué de subsistances. L'arsenal d[’An-]
tibes et celui de Nice étaient bien p[our-]
vus; mais on manquait de moyens [de]
transports: tous les chevaux de [l’ar-]
mée avaient péri de misère. La pénurie [des]
finances était telle en France, [que,]
malgré tous les efforts du gouve[rne-]
ment, on ne put donner que deux [mille]
louis en espèces au trésor de l'ar[mée]
pour l'ouverture de la campagne; [il n’y]
avait donc rien à espérer de la Fra[nce.]
Toutes les ressources désormais ne p[ou-]
vaient s'attendre que de la victoire[, qui]
n'était que dans les plaines d'Italie[....]

depuis long-temps on attendait à pa[sser la]
revue régulière pour les effacer des [con-]
situation; vingt mille étaient dans la hu[itième]
division militaire à Toulon, à Marseille, [à Avi-]
gnon; ils ne pouvaient être employés q[u’à la]
défense de la Provence : sur les cinq[uante]
mille hommes effectifs, restans sur la [rive]
gauche du Var, cinq mille étaient aux [hôpi-]
taux; sept mille formaient les dépôts; [trois]
mille étaient employés aux garnisons de [Nice,]
Villa-Franca, Monaco, Saorgio, etc.; [restait]
trente mille hommes prêts à entrer en [cam-]
pagne. »

l'on pouvait organiser les transports, atteler l'artillerie, habiller les soldats, monter la cavalerie. On conquérait tout cela, si l'on forçait l'entrée de l'Italie. L'armée française n'avait guère à la vérité que trente mille hommes, et on lui en présentait plus de quatre-vingt dix mille. Si ces deux armées eussent eu à lutter dans une bataille générale, sans doute l'infériorité du nombre de l'armée française, et son infériorité en artillerie et cavalerie, ne lui eussent pas permis de résister; mais ici on pouvait suppléer au nombre, par la rapidité des marches; à l'artillerie, par la nature des manœuvres; au manque de cavalerie, par la nature des positions; et le moral de nos troupes était excellent : tous les soldats avaient fait les autres campagnes d'Italie ou celles des Pyrénées.

III. *Napoléon arrive à Nice.* — Napoléon arriva à Nice du vingt-six au vingt-neuf mars. Le tableau de l'armée, qui lui fut présenté par Scherer, se trouva pire encore que tout ce qu'il avait pu s'imaginer. Le pain était mal assuré, depuis long-temps il ne se faisait plus de distributions de viande; il ne fallait compter que sur deux cents mulets pou[r] les transports, et l'on ne devait pas so[n]ger à conduire plus de douze pièces [de] canon : chaque jour la position empir[ait.] Il ne fallait pas perdre un instant, l'a[r]mée ne pouvait plus vivre où elle ét[ait]; il fallait avancer ou reculer.

Le général français donna des or[dres] pour que son armée se mît en mou[ve]ment. Il voulait surprendre l'ennem[i a]u début de la campagne, et l'éto[urdir] par des succès éclatans et décisifs.

Le quartier-général n'avait ja[mais] quitté Nice depuis le commencemen[t de] la guerre : il reçut l'ordre de se ren[dre] à Albenga. Depuis long-temps toute[s les] administrations se regardaient co[mme] à poste fixe, et s'occupaient bien p[lus] des commodités de la vie que des b[esoins] de l'armée. Le général français pas[sa la] revue des troupes et leur dit : « Sold[ats,] » vous êtes nus, mal nourris ; on n[ous] » doit beaucoup, on ne peut rien n[ous] » donner. Votre patience, le cou[rage] » que vous montrez au milieu de [ces] » rochers, sont admirables; mais il[s ne] » vous procurent aucune gloire. Je v[eux] » vous conduire dans les plus fer[tiles] » plaines du monde. De riches provi[nces,]

« de grandes villes, seront en notre pouvoir, et là, vous aurez richesses, honneurs et gloire. Soldats d'Italie, manqueriez-vous de courage ! »

Ces discours, un jeune général de vingt-cinq ans, en qui la confiance était déjà grande par les opérations brillantes de Toulon, de Saorgio, de Savone, dirigées par lui les années précédentes, étaient accueillies par de vives acclamations.

En voulant tourner toutes les Alpes et entrer en Italie par le col de Cadibonne, il fallait que toute l'armée se assemblât sur son extrême droite : opération dangereuse, si les neiges n'eussent pas alors couvert les débouchés des Alpes. Le passage de l'ordre défensif à l'ordre offensif, est une des opérations les plus délicates. Serrurier fut placé à Garezzio, avec sa division, pour observer les camps que Colli avait sur Ceva. Masséna et Augereau furent placés en réserve à Loano, Finale et jusqu'à Savone. Labarpe marcha pour menacer Gênes ; son avant-garde, commandée par Cervoni, occupa Voltri. Au même moment, le général en chef fit demander au sénat de Gênes le passage

de la Bochetta et les clefs de Gavi, [an]-
nonçant ainsi qu'il voulait pénétrer [en]
Lombardie, et appuyer ses opéra[tions]
sur la ville de Gênes. La rumeu[r fut]
extrême à Gênes; les conseils se m[irent]
en permanence.

IV. *Bataille de Montenotte, onze* [avril.]
—Beaulieu, alarmé, court en toute [hâte]
de Milan au secours de Gênes. Il p[ose]
son quartier-général à Novi, partage [son]
armée en trois corps: la droite, sous [les]
ordres de Colli, composée de Piém[on-]
tais, eut son quartier-général à C[eva;]
elle fut chargée de la défense de la S[tura]
et du Tanaro. Le centre, sous les or[dres]
de d'Argenteau, marche sur Mo[nte-]
notte, pour couper l'armée françai[se, en]
tombant sur son flanc gauche, et [pour]
intercepter, à Savone, la route [de la]
Corniche. De sa personne, Beau[lieu,]
avec sa gauche, couvre Gênes et [mar-]
che sur Voltri. Au premier aspect, [ces]
dispositions paraissaient bien en[ten-]
dues; mais en étudiant mieux les [cir-]
constances du pays, on découvr[e que]
Beaulieu divisait ses forces, pu[isque]
toute communication directe était [im-]
praticable entre son centre et sa ga[uche]
autrement que par derrière les [mon-]

tagnes; tandis que l'armée française, au contraire, était placée de manière à se réunir en peu d'heures, et tomber en masse sur l'un ou l'autre des corps ennemis; et l'un d'eux fortement battu, l'autre était dans l'absolue nécessité de se retirer.

Le général d'Argenteau, commandant le centre de l'armée ennemie, vint camper à Montenotte-Inférieur, le neuf avril. Le dix il marcha sur Monte-Legino, pour déboucher par la Madone. Le colonel Rampon, qui avait été chargé de la garde des trois redoutes de Monte-Legino, ayant eu avis de la marche de l'ennemi, poussa une forte reconnaissance à sa rencontre. Sa reconnaissance fut ramenée depuis midi jusqu'à deux heures, qu'elle rentra dans les redoutes. D'Argenteau essaya de les enlever d'emblée; il fut repoussé dans trois attaques consécutives : il y renonça. Comme ses troupes étaient fatiguées, il prit position, et remit au lendemain à tourner ces redoutes pour les faire tomber. Beaulieu, de son côté, déboucha le neuf sur Gênes. Toute la journée du dix, Laharpe se trouva engagé avec ses avant-gardes en avant de Voltri, pour

lui disputer les gorges et le con[...]
Mais le dix au soir, il se repli[a à]
Savone, et le onze à la pointe du [jour,]
il se trouvait, avec toute sa divi[sion]
derrière Rampon et les redout[es de]
Monte-Legino. Dans cette même [nuit]
du dix au onze, le général en [chef]
marcha avec les divisions Massé[na et]
Augereau, par le col de Cadibon[e, et]
déboucha derrière Montenotte[, à la]
pointe du jour, d'Argenteau, enve[loppé]
de tous côtés, fut attaqué en tê[te par]
Rampon et Laharpe, en queue [et en]
flanc par le général en chef. La d[éfaite]
fut complète; tout le corps de d'[Argen]-
teau fut écrasé, dans le même [temps]
que Beaulieu se présentait à Volt[ri, où]
il ne trouvait plus personne. Ce [ne fut]
que dans la journée du douze [que le]
général apprit le désastre de [Monte]-
notte, et l'entrée des Français [en]
Piémont. Il lui fallut alors repl[ier en]
toute hâte ses troupes sur elles-m[êmes]
et repasser les mauvais chemin[s où les]
dispositions de son plan l'avaien[t forcé]
de se jeter. Il s'ensuivit que, tro[is jours]
après, à la bataille de Millésim[o, une]
partie seule de ses troupes pu[t arriver]
à temps.

V. *Bataille de Millésimo, quatorze avril.* — Le douze, le quartier-général de l'armée française était à Carcari; l'armée battue s'était retirée : les Piémontais sur Millésimo, et les Autrichiens sur Dégo.

Ces deux positions étaient liées par une division piémontaise qui devait occuper les hauteurs de Biestro.

A Millésimo, les Piémontais se trouvaient à cheval sur le chemin qui couvre le Piémont : ils furent rejoints par Colli avec tout ce qu'il put tirer de la droite.

A Dégo, les Autrichiens occupaient la position qui défend le chemin d'Aqui, route directe du Milanais; ils furent successivement rejoints par tout ce que Beaulieu put ramener de Voltri : ils se trouvaient là en position de recevoir tous les renforts que pourrait leur fournir la Lombardie. Ainsi les deux grands débouchés, du Piémont et du Milanais, étaient couverts : l'ennemi se flattait d'avoir le temps de s'y établir et de s'y retrancher.

Quelque avantageuse que nous ait été la bataille de Montenotte, l'ennemi avait trouvé, dans la supériorité du nombre,

de quoi réparer ses pertes; mais le
lendemain quatorze, la bataille de [Mil]-
lésimo nous ouvrit les deux route[s de]
Turin et de Milan.

Augereau, formant la gauche de [l'ar]-
mée française, marcha sur Millés[imo;]
Masséna, avec le centre, se port[a sur]
Dégo, et Laharpe, command[ant la]
droite, cheminait sur les hauteu[rs de]
Cairo. L'ennemi avait appuyé sa d[roite]
en faisant occuper le mamelon de [Cos-]
seria qui domine les deux branch[es de]
la Bormida; mais dès le treize, le [géné-]
ral Augereau, qui n'avait pas donn[é à la]
bataille de Montenotte, poussa la [tête]
de l'ennemi avec tant d'impétu[osité]
qu'il lui enleva les gorges de Mill[ésimo]
et cerna le mamelon de Cosseria[. Pro-]
vera, avec son arrière-garde, fo[rte de]
deux mille hommes, fut coupé[. Dans]
une position aussi désespérée, i[l usa]
d'audace; ce général se réfugia da[ns un]
vieux castel ruiné et s'y barrica[da. De]
cette hauteur il voyait la droite de [l'ar-]
mée sarde qui faisait des dispo[sitions]
pour la bataille du lendemain[, et il]
espérait être dégagé. Toutes les tr[oupes]
de Colli, du camp de Ceva, de[vaient]
être arrivées dans la nuit. On s[e]

donc l'importance de s'emparer, dans la journée, du château de Cosseria; mais ce poste était très-fort; on y échoua. Le lendemain les deux armées en vinrent aux mains. Masséna et Laharpe enlevèrent Dégo après un combat opiniâtre. Ménars et Joubert, les hauteurs de Biestro. Toutes les attaques de Colli, pour dégager Cosseria, furent vaines; il fut battu et poursuivi l'épée dans les reins : alors Provera dut poser les armes. L'ennemi, vivement poursuivi dans les gorges de Spigno, y laissa une partie de son artillerie, beaucoup de *drapeaux et de prisonniers*. La séparation des deux armées, autrichienne et sarde, fut dès-lors bien marquée. Beaulieu porta son quartier-général à Acqui, *route du Milanais*, et Colli se porta à Ceva, pour s'opposer à la jonction de Serrurier, et couvrir Turin.

VI. *Combat de Dégo, quinze août.* Cependant une division de grenadiers autrichiens, qui avait été dirigée de Voltri par Sassello, arriva à trois heures du matin à Dégo. La position n'était plus occupée que par des avant-gardes. Ces grenadiers enlevèrent donc facilement le village, et l'alarme fut grande

au quartier-général français, o[ù]
avait peine à comprendre comm[ent]
ennemis pouvaient être à Dégo, lo[rs]
nous avions des avant-postes sur la [route]
d'Acqui. Après deux heures d'un [com-]
bat très-chaud, Dégo fut repris,[la]
division ennemie presque entièr[e]
prisonnière.

Nous perdîmes dans ces affai[res le]
général Bonel à Millésimo, et le g[énéral]
Causse à Dégo. Ces deux officiers [étaient]
de la bravoure la plus brillant[e, et]
venaient tous les deux de l'armé[e des]
Pyrénées-Orientales, et il était à [remar-]
quer que les officiers qui arrivai[ent de]
cette armée montraient une impé[tuosité]
et un courage des plus distingu[és.]
dans le village de Dégo que Na[poléon]
distingua, pour la première fo[is, un]
chef de bataillon qu'il fit colonel [c'était]
Lannes qui, depuis, fut maréch[al de]
l'Empire, duc de Montébello, et [d'un]
les plus grands talens. On le ve[rra no-]
tamment dans la suite prendre [une]
grande part à tous les événeme[nts mili-]
taires.

Le général français dirigea al[ors ses]
opérations sur Colli et le Roi [de Sar-]
daigne, et se contenta de tenir

trichiens en échec. Laharpe fut placé en observation près de Dégo, pour garantir nos derrières et tenir en respect Beaulieu, qui, très-affaibli, ne s'occupait plus qu'à rallier et réorganiser les débris de son armée. La division Laharpe, obligée de demeurer plusieurs jours dans cette position, s'y trouva vivement tourmentée par le défaut de subsistances, vu le manque de transports, et l'épuisement du pays où avaient séjourné tant de troupes; ce qui donna lieu à quelques désordres.

Serrurier, instruit à Garessio des batailles de Montenotte et de Millésimo, se mit en mouvement, s'empara de la hauteur de Saint-Jean, et entra dans Céva le même jour qu'Augereau arrivait sur les hauteurs de Montezemoto. Le dix-sept, après quelques légères affaires, Colli évacua le camp retranché de Céva, les hauteurs de Montezemoto, et se retira derrière la Cursaglia. Le même jour le général en chef porta son quartier-général à Céva. L'ennemi y avait laissé toute son artillerie qu'il n'avait pas eu le temps d'emmener, et s'était contenté de laisser garnison dans le château.

Ce fut un spectacle sublime que l'ar-

rivée de l'armée sur les hauteu[rs]
Montezemoto ; de là se découvraie[nt]
immenses et fertiles plaines du Piém[ont.]
Le Pô, le Tanaro et une foule d'a[utres]
rivières serpentaient au loin ; une c[ein-]
ture blanche de neige et de glace, [d'une]
prodigieuse élévation, cernait à l'ho[rizon]
ce riche bassin de la terre promise[,]
gigantesques barrières, qui para[issaient]
les limites d'un autre monde, q[ue la]
nature s'était plu à rendre si formida[bles,]
auxquelles l'art n'avait rien épar[gné,]
venaient de tomber comme par enc[han-]
tement. « Annibal a forcé les Alpe[s, a dit]
» le général français en fixant ses re[gards]
» sur ces montagnes ; nous, nou[s les]
» aurons tournées. » Phrase heureu[se qui]
exprimait en deux mots la pensée [et le]
résultat de la campagne.

L'armée passa le Tanaro. Po[ur la]
première fois, nous nous trouvion[s ab-]
solument en plaine, et la cavaler[ie devait]
alors nous être de quelque secou[rs. Le]
général Stengel, qui la comma[ndait,]
passa la Cursaglia à Lezegno, e[t dans]
la plaine. Le quartier-général fu[t établi]
au château de Lezegno, sur la dr[oite de]
la Cursaglia, près de l'endroit où [elle se]
jette dans le Tanaro.

VII. *Combat de Saint-Michel, Bataille de Mondovi, vingt et vingt-deux avril.* — Le général Serrurier réunit ses forces à Saint-Michel. Le vingt, il passa le pont de Saint-Michel en même-temps que Masséna passait le Tanaro, pour attaquer les Piémontais. Mais Colli, jugeant le danger de sa position, abandonna le confluent des deux rivières, marcha lui-même pour prendre position à Mondovi. Il se trouva, par une circonstance fortuite, avec ses forces, précisément devant Saint-Michel ; comme le général Serrurier débouchait du pont. Il fit halte, lui opposa des forces supérieures et le força de se replier. Serrurier se fut pourtant maintenu dans Saint-Michel, si un de ses régimens d'infanterie légère ne se fût livré au pillage. Le général français déboucha, le vingt-deux, par le pont de Torre, et se porta sur Mondovi. Colli y avait déjà élevé quelques redoutes, et s'y est trouvé en position ; sa droite à Notre-Dame de Vico, et son centre à la Bicoque. Dans la journée même, Serrurier enleva la redoute de la Bicoque, et décida de la bataille, qui a pris le nom de Mondovi. Cette ville

et tous ses magasins tombèrent au[...]
voir du vainqueur.

Le général Stengel, qui s'était [...]
éloigné en plaine avec un millie[r de]
chevaux, fut attaqué par les Piémo[ntais]
doubles en force. Il fit toutes les d[ispo-]
sitions qu'on devait attendre d'un g[énéral]
consommé, et opérait sa retraite s[ur ses]
renforts, lorsque, dans une char[ge, il]
tomba blessé à mort d'un coup de p[istolet.]
Le général Murat, à la tête de la ca[vale-]
rie, repoussa les Piémontais, [et les]
poursuivit à son tour pendant qu[elques]
heures. Le général Stengel, Als[acien,]
était un excellent officier de hus[sards;]
il avait servi sous Dumouriez au[x cam-]
pagnes du Nord, était adroit, intell[igent,]
alerte; il réunissait les qualités [de la]
jeunesse à celles de l'âge avancé; [c'était]
un vrai général d'avant-postes. D[epuis]
trois jours avant sa mort, il éta[it entré]
le premier dans Lezegno. L[e général]
français y arriva quelques heures [après,]
et, quelque chose dont il eût [besoin,]
tout était prêt. Les défilés, l[es bois]
avaient été reconnus; des guides [étaient]
assurés; le curé, le maître [de poste]
avaient été interrogés; des intel[ligences]

étaient déjà liées avec les habitans; des espions étaient envoyés dans plusieurs directions; les lettres de la poste saisies, et celles qui pouvaient donner des renseignemens militaires, traduites et analysées; toutes les mesures étaient prises pour former des magasins de subsistances, pour rafraîchir la troupe. Malheureusement Stengel avait la vue basse, défaut essentiel dans sa profession, qui lui devint funeste, et contribua à sa mort.

Après la bataille de Mondovi, le général en chef marcha sur Cherasque; Serrurier se porta sur Fossano, et Augereau sur Alba.

VIII. *Prise de Cherasque, vingt-cinq avril.* — Ces trois colonnes entrèrent à la fois, le vingt-cinq avril, dans Cherasque, Fossano et Alba. Le quartier-général de Colli était à Fossano, le jour même que Serrurier l'en délogea. Cherasque, à l'embouchure de la Stura et du Tanaro, était forte, mais mal armée et point approvisionnée, parce qu'elle n'était pas frontière. Le général français attachait une grande importance à sa possession. Il y trouva du canon, et fit travailler à force à la mettre en état de défense. L'avant-garde passa la Stura, se porta au-delà de la petite ville de B...

Cependant la jonction de Serr... nous avait permis de communiquer a... Nice, par Pontedi-Nava ; nous en eûmes des renforts d'artillerie, et to... ce que l'on avait pu préparer. On a... pris, dans tous les différens comb... beaucoup d'artillerie et de chevaux... en leva de tous côtés dans la plai... Mondovi. Peu de jours après l'entr... Cherasque, l'armée eut soixante bou... à feu approvisionnées ; la cavalerie fi... remontes de chevaux. Les soldats,... avaient été sans distributions dura... huit ou dix jours de cette campagne,... mencèrent à en recevoir de régul... Le pillage et le désordre, suite ordi... de la rapidité des mouvemens, c... rent ; on rétablit la discipline, et cha... jour l'armée changea de face, au m... de l'abondance et des ressources q... fraient ce beau pays. Les pertes se r... rèrent. La rapidité des mouve... l'impétuosité des troupes, et su... l'art de les opposer toujours à l'en... au moins en nombre égal, et so... en nombre supérieur, joint aux su... constans qu'on avait obtenus, a...

épargné bien des hommes ; d'ailleurs les soldats arrivaient par tous les débouchés, de tous les dépôts, de tous les hôpitaux, au seul bruit de la victoire et de l'abondance qui régnait dans l'armée. On trouva en Piémont de tous les vins : ceux du Mont-Ferrat ressemblaient aux vins de France. La misère avait été telle, jusque là, dans l'armée française, qu'on oserait à peine la décrire. Les officiers, depuis plusieurs années, ne recevait que huit francs par mois; et l'état-major était entièrement à pied. Le maréchal Berthier a conservé dans ses papiers un ordre du jour d'Albenga, qui accordait une gratification de trois louis à chaque général.

IX. *Armistice de Cherasque, le vingt-huit avril.* — L'armée n'était plus éloignée que de dix lieues de Turin.

La Cour de Sardaigne ne savait plus à quoi se résoudre ; son armée était découragée et en partie détruite. L'armée autrichienne, réduite à plus de moitié, semblait n'avoir d'autre pensée que de couvrir Milan. Les esprits étaient fort agités dans tout le Piémont, et la Cour ne jouissait nullement de la confiance publique. Elle se mit à la discrétion du général français, et sollicita un armi[stice]; celui-ci y accéda. Bien des per[sonnes] eussent préféré que l'arm[ée] eût marché et se fût emparée de Tur[in]. Mais Turin est une place forte; si [l'on] voulait en fermer les portes, on a[vait] besoin d'un train d'artillerie qu'on n['a]vait pas pour les faire ouvrir. Le [roi] avait encore un grand nombre de fo[r]teresses, et, malgré les victoires qu['on] venait de remporter, le moindre éch[ec,] le plus léger caprice de la fortune po[u]vait tout renverser. Les deux arm[ées] ennemies, malgré leurs nombreux [re]vers, étaient encore égales à l'arm[ée] française : elles avaient une artill[erie] considérable, et surtout une cava[lerie] qui n'avait pas souffert. Dans l'ar[mée] française, malgré ses victoires, il y a[vait] de l'étonnement : on demeurait f[rappé] de la grandeur de l'entreprise; l'on do[u]tait de la possibilité du succès; q[uand] on considérait la faiblesse des moy[ens.] Le moindre événement douteux eût rencontré beaucoup d'esprits dispo[sés à] l'exagération. Des officiers, même [des] généraux, ne concevaient pas qu'on [pût] songer à la conquête de l'Italie a[vec] aussi peu d'artillerie, sans presq[ue] cavalerie et avec une armée aussi faible, que les maladies et l'éloignement de la patrie, allaient affaiblir chaque jour. On trouve des traces de ces sentimens de l'armée, dans la proclamation suivante du général en chef, qu'il adressa à ses soldats à Cherasque.

« Soldats! vous avez, en quinze jours, remporté six victoires, pris vingt et un drapeaux, cinquante-cinq pièces de canons, plusieurs places fortes, et conquis la partie la plus riche du Piémont. Vous avez fait quinze mille prisonniers, tué ou blessé plus de dix mille hommes. »

» Vous vous étiez jusqu'ici battus pour des rochers stériles, illustrés par votre courage, mais inutiles à la patrie. Vous égalez aujourd'hui, par vos services, l'armée conquérante de la Hollande et du Rhin. Dénués de tout, vous avez suppléé à tout. Vous avez gagné des batailles sans canon, passé des rivières sans ponts, fait des marches forcées sans souliers, bivouaqué sans eau-de-vie et souvent sans pain. Les phalanges républicaines, les soldats de la liberté étaient seuls capables de souffrir ce que vous avez souffert! Grâces vous

» en soient rendues, soldats ! la [...]
» reconnaissante vous devra en par[...]
» prospérité; et si, vainqueurs de [...]
» lon, vous présageâtes l'immortelle [...]
» pagne de 1793, vos victoires ac[...]
» en présagent une plus belle enco[...]

» Les deux armées, qui naguère[...]
» attaquaient avec audace, fuient [...]
» vantées devant vous. Les ho[...]
» pervers qui riaient de votre m[...]
» se réjouissaient, dans leurs pe[...]
» des triomphes de nos ennemis[...]
» confondus et tremblans. Mais, so[...]
» il ne faut pas vous le dissimuler[...]
» n'avez rien fait, puisqu'il vous [...]
» encore à faire. Ni Turin, ni Mi[...]
» sont à vous ! Les cendres des [...]
» queurs de Tarquin, sont encor[...]
» lées par les assassins de Bas[...]
» Vous étiez dénués de tout au co[...]
» cement de la campagne; vo[...]
» aujourd'hui abondamment po[...]
» Les magasins pris à vos ennem[...]
» nombreux, l'artillerie de siége [...]
» campagne est arrivée. Solda[...]
» patrie a droit d'attendre de vo[...]
» grandes choses ! Justifierez-vo[...]
» attente? Les plus grands obsta[...]
» franchis sans doute; mais vo[...]

» encore des combats à livrer, des villes
» à prendre, des rivières à passer. *En
» est-il entre nous dont le courage s'amol-
» lisse? En est-il qui préféreraient retour-
» ner sur les sommets de l'Apennin et des
» Alpes, essuyer patiemment les injures
» de cette soldatesque esclave?* Non, il
» n'en est pas parmi les vainqueurs de
» Montenotte, de Millésimo, de Dégo,
» de Mondovi. Tous brûlent de porter
» au loin la gloire du peuple Français.
» Tous veulent humilier ces Rois orgueil-
» leux, qui osaient méditer de nous don-
» ner des fers. Tous veulent dicter une
» paix glorieuse, et qui indemnise la
» patrie des sacrifices immenses qu'elle
» a faits. Amis, je vous la promets cette
» conquête; mais il est une condition
» qu'il faut que vous juriez de remplir,
» c'est de respecter les peuples que vous
» délivrez. C'est de réprimer les pillages
» horribles auxquels se portent des scé-
» lérats suscités par vos ennemis. Sans
» cela vous ne seriez point les libérateurs
» des peuples, vous en seriez les fléaux.
» Vous ne seriez pas l'honneur du peuple
» français, il vous désavouerait. Vos vic-
» toires, votre courage, vos succès, le
» sang de nos frères morts aux combats,

12 *

» tout serait perdu, même l'honne[ur et]
» la gloire. Quant à moi et aux gén[éraux]
» qui ont votre confiance, nous [rougi]-
» rions de commander à une arm[ée sans]
» discipline, sans frein; qui ne co[nnaî]-
» trait de loi que la force. Mais [fort]
» de l'autorité nationale; fort de [la jus]-
» tice et par la loi, je saurai faire re[spec]-
» ter à ce petit nombre d'homme[s sans]
» courage, sans cœur, les lois de [l'hu]-
» manité et de l'honneur, qu'ils fo[ulent]
» aux pieds. Je ne souffrirai pas q[ue des]
» brigands souillent vos lauriers; [je ferai]
» exécuter à la rigueur le régleme[nt que]
» j'ai fait mettre à l'ordre. Les p[illards]
» seront impitoyablement fusillé[s;]
» plusieurs l'ont été. J'ai eu lieu de [remar]-
» quer avec plaisir l'empresseme[nt avec]
» lequel les bons soldats de l'a[rmée]
» sont portés à faire exécuter les [ordres.]

» Peuples d'Italie! l'armée f[rançaise]
» vient pour rompre vos chaî[nes; le]
» peuple français est l'ami de [tous les]
» peuples; venez avec confianc[e au de]-
» vant d'elle. Vos propriétés, vo[tre reli]-
» gion et vos usages seront re[spectés.]
» Nous ferons la guerre en enn[emis gé]-
» néreux; et nous n'en voulons [qu'aux]
» tyrans qui vous asservissent. »

Les conférences pour la suspension d'armes, eurent lieu au quartier-général, chez Salmatoris, alors maître-d'hôtel du Roi, et qui depuis a été préfet du palais de l'Empereur. Le général piémontais Latour, et le colonel Lacoste, chargés des pouvoirs du Roi, se rendirent à Cherasque. Le comte de Latour, était un vieux soldat, lieutenant-général au service de Sardaigne, très-opposé à toutes les nouvelles idées, de peu d'instruction et d'une capacité médiocre. Le colonel Lacoste, natif de Savoie, était dans la force de l'âge; il s'exprimait avec facilité, avait beaucoup d'esprit, et se montrait sous des rapports avantageux. Les conditions furent : que le Roi quitterait la coalition et enverrait un plénipotentiaire à Paris, pour y traiter de la paix définitive; que jusque-là il y aurait armistice; que jusqu'à la paix ou à la rupture des négociations, Ceva, Coni, Tortone, ou à son défaut Alexandrie, seraient remises sur-le-champ à l'armée française, avec toute l'artillerie et les magasins; qu'elle continuerait d'occuper tout le terrain qui se trouvait en ce moment dans sa possession; que les routes militaires, dans toutes les directions,

permettraient la libre communication de
l'armée avec la France, et de la France
avec l'armée; que Valence serait imme-
diatement évacuée par les Napolitains,
et remise au général français, jusqu'à
ce qu'il eût effectué le passage du Pô.
Enfin, que les milices du pays seraient
licenciées, et que les troupes régulières
seraient disséminées dans les garnisons
de manière à ne pouvoir donner aucun
ombrage à l'armée française. Désormais
les Autrichiens, isolés, pouvaient être
poursuivis jusque dans l'intérieur de la
Lombardie. Toutes les troupes de l'armée des Alpes et du voisinage de Lyon,
devenues disponibles, allaient rejoindre.
Notre ligne de communication avec Paris
serait raccourcie de moitié; enfin, on
avait des points d'appui et de grands
dépôts d'artillerie pour former des équi-
pages de siége, et pour assiéger Turin
même, si le Directoire ne concluait pas
la paix.

X. *Le colonel-aide-de-camp Murat
traverse le Piémont, et porte à Paris la
nouvelle des victoires de l'armée.* — Le
général Murat, premier aide-de-camp
du général en chef, fut expédié pour
Paris avec vingt et un drapeau et la copie

de l'armistice. Napoléon avait pris cet officier au treize vendémiaire; il était alors chef d'escadron du 21ᵉ de chasseurs. Il a été marié depuis à la sœur de l'Empereur, est devenu Maréchal d'Empire, Grand-Amiral, Grand-Duc de Berg et Roi de Naples. Il a eu une grande part dans toutes les opérations militaires du temps; il a toujours déployé un grand courage, et surtout une singulière hardiesse dans les mouvemens de la cavalerie.

La province d'Alba, que les Français traversèrent, était de tout le Piémont le pays le plus opposé à l'autorité royale, celui qui contenait le plus de germes révolutionnaires : il y avait déjà éclaté des troubles : plus tard encore il en éclata de nouveaux. Si, au lieu de négocier, Napoléon eût voulu continuer la guerre avec le Roi de Sardaigne, c'est là qu'il eût trouvé le plus de secours et le plus de disposition à l'insurrection. Ainsi au bout de quinze jours, le premier point du plan de campagne était atteint, les plus grands résultats obtenus; les forteresses piémontaises, des Alpes étaient en notre pouvoir; la coalition se trouvait affaiblie d'une puissance

qui avait cinquante mille homm[es]
pied, et qui était plus imposante e[t]
par sa position. La législature na[t]
avait décrété cinq fois que l[a]
d'Italie avait bien mérité de la p[atrie]
dans les séances des vingt et un,
deux, vingt-quatre, vingt-cinq et
six avril.

En conformité aux conditions d[e]
mistice de Cherasque, le Roi d[e]
daigne envoya à Paris le comte de
pour traiter de la paix définitiv[e]
y fut conclue et signée le quinz[e]
Par ce traité la place d'Alexandri[e]
à demeure aux armées françaises[.]
Labrunette, Exil furent démoli[s]
Alpes se trouvèrent ouvertes, et
demeura à la disposition de la
blique, n'ayant plus d'autre po[int for]
tifié que Turin et le fort de Bar[d].

N. B. de l'Éditeur. Nous aver[tissons]
ici, une fois pour toutes, qu'il s[e trou]
vera des différences inévitables e[ntre les]
rapports officiels et les chapitr[es qui]
sont fondées sur la précipita[tion des]
rapports, le désir du général
de déguiser alors ses plans, l[e soin]
de tromper l'ennemi sur ses v[éritables]
forces, etc., etc. Par exempl[e]

dit, au rapport, que Beaulieu attaqua en personne Montenotte. On le crut alors ainsi. Plus loin il est dit que l'attaque sur Voltri ne fut faite que par dix mille Autrichiens; mais ils avaient en arrière deux colonnes de même force, qui devaient donner le lendemain, Beaulieu ayant jugé qu'il aurait à faire sur ce point à toute l'armée française. L'on dit aussi que Montenotte ne fut attaquée que par quinze mille hommes, parce que dix mille hommes de ce corps étaient demeurés en arrière, et formaient les communications avec la droite à Ceva. Ce fut sur ces troupes que Masséna, débouchant au point du jour par Cadibonne, tira le premier coup de canon.

S'il n'y est point question des projets du général en chef, ni de ses négociations avec Gênes, c'est que le rapport publié n'est qu'un extrait de la correspondance officielle; et que, d'ailleurs, comme nous l'avons déjà observé, il entrait dans les vues du général en chef de dérober à l'ennemi la connaissance de ses plans et de sa manière de faire.

En voilà assez pour expliquer désormais les différences qu'on pourra remarquer. Nous répétons que notre observation actuelle doit être entendue une fois pour toutes.

FRAGMENS DU CHAPITRE III.

1º *Raisons pour rester sur la ligne du Tésin.* — L'armistice conclu, et les places de Coni, Tortone et Ceva en notre pouvoir, on se demanda s'il était convenable de passer le Tésin. On conçoit que l'armistice, qui avait mis des places fortes en notre pouvoir, et séparé l'armée piémontaise de l'armée autrichienne, était utile; mais on se demandait s'il ne serait pas désormais plus avantageux de profiter des moyens acquis, pour révolutionner entièrement le Piémont et Gênes, avant d'aller plus loin. Le Directoire avait le droit de refuser les négociations proposées, et de déclarer sa volonté par un ultimatum. Ne serait-il pas impolitique, disait-on, de s'éloigner de France, de passer le Tésin sans être certain de ses derrières. Les rois de Sardaigne, qui nous ont été si utiles tant qu'ils ont combattu pour nous, ont le plus contribué à nos revers dès qu'ils ont changé de politique. Aujourd'hui la disposition des esprits ne saurait nous permettre la moindre illusion : les nobles et les prêtres dominent cette Cour, et se trouvent les ennemis irréconciliables de la République. Si l'on éprouvait une défaite en avançant, que n'aurait-on pas à redouter de leur haine et de leur vengeance! Gênes même nous doit donner de grandes inquiétudes. Le système de l'oligarchie y domine toujours, et quelque nombreux que puissent s'y trouver nos partisans, ils demeurent sans influence dans les décisions politiques. Les bourgeois de Gênes peuvent bien déclamer; mais là se borne tout leur pouvoir. Les oligarques gouvernent, ils commandent aux troupes, et disposent de huit à dix mille paysans des vallées de Fontana-Bona et autres, qu'ils appellent à leur défense dans les momens de crise. Enfin, demandait-on, où doit-on s'arrêter? Doit-on passer le Tésin, l'Adda, l'Oglio, le Mincio, l'Adige, la Brenta, la Piave, le Tagliamento, pour se porter sur le Lisonzo? Est-il sage de laisser derrière soi de si nombreuses populations si mal disposées? Le moyen

d'aller vite n'est-il pas d'aller sage[ment,]
de se faire des appuis de tous le[s lieux]
où l'on passe, en changeant le go[uver-]
nement, et confiant l'administra[tion]
des personnes de mêmes princip[es,]
de mêmes intérêts que nous? Si [l'on se]
porte dans le pays de Venise, [n'obli-]
gera-t-on pas cette république, [qui peut]
disposer de cinquante mille ho[mmes,]
à prendre parti pour nos ennemi[s?]

II. *Raisons pour prendre la li*[*gne de*]
l'Adige. — On répondait à cela : [L'armée]
française doit profiter de sa v[ictoire.]
Nous ne devons nous arrêter [qu'à la]
meilleure ligne de défense co[ntre les]
armées qui ne tarderont pas à m[archer]
contre nous : cette ligne, c'est [l'Adige.]
Elle couvre toutes les vallées du [Pô,]
intercepte la moyenne et la bass[e Italie,]
elle couvre le blocus et le s[iége de]
Mantoue, et probablement cett[e place]
sera prise avant que la lutte pu[isse]
commencer. En se portant sur [l'Adige,]
on a le moyen de pourvoir à to[utes les]
dépenses de l'armée, parce q[u'on]
fait partager le poids à une plu[s grande]
population ; à celle du Piémont[, de la]
Lombardie et des Légations. O[n craint]
de voir Venise se déclarer contr[e nous;]

Le meilleur moyen d'y remédier, c'est de porter, en peu de jours, la guerre au milieu de ses États : elle n'est point préparée à un pareil événement ; elle n'a point eu le temps de faire des levées et de prendre des résolutions ; il faut empêcher le Sénat de délibérer. Au lieu que si nous restons sur le Tésin, les Autrichiens peuvent les forcer de faire cause commune avec eux, ou eux-mêmes y être portés par un esprit de parti. Le Roi de Sardaigne n'est plus à craindre ; ses milices sont congédiées, les Anglais vont cesser leurs subsides ; les affaires intérieures y sont dans le plus mauvais état. Quelque parti que prenne la Cour, les mécontens s'accroîtront : après la fièvre vient la faiblesse. Douze à quinze mille hommes sont toutes les forces qui restent à cette puissance, disséminés dans un grand nombre de villes ; ils suffiront à peine à maintenir la tranquillité intérieure. D'un autre côté, la haine de l'Autriche contre le roi de Sardaigne ira toujours croissant ; elle se plaindra qu'à la première bataille perdue, elle a été abandonnée. Elle lui alléguera l'exemple de ses ancêtres, qui demeurèrent des alliés fidèles lors même

...ique la France était maîtresse de...
tandis qu'ici, on a déserté la caus[e]...
mune, sans la perte même d'une [for]...
resse. La Cour de Sardaigne a...
désormais beaucoup à redoute[r des]
Autrichiens. Les oligarques de [Gênes]
ne sont pas à craindre : notre m[eilleure]
garantie contre eux, ce sont les [sommes]
immenses qu'ils recueillent [de leur]
neutralité. En propageant les p[rincipes]
de la liberté en Piémont, et a[près y]
en y allumant la guerre civile, [par le]
peuple qu'on soulève contre les [nobles]
et les prêtres ; on devient resp[onsable]
des excès qui accompagnent to[ujours]
une pareille lutte. Arrivés au c[entre]
sur l'Adige, nous serons maîtres [de tous]
les États de la maison d'Aut[riche en]
Italie, et de ceux du Pape en[deçà de]
l'Apennin ; en position de procla[mer les]
principes de la liberté et d'e[xciter le]
patriotisme italien contre la do[mination]
étrangère ; l'irritation du pe[uple de]
Bologne et de Ferrare contre [le gou]
vernement du Pape. On n'a[ura qu'à]
besoin d'exciter la division des [trois]
classes de citoyens : nobles, bo[urgeois,]
paysans, tout sera appelé pa[r un besoin]
cher d'accord pour les rétabl[ir]

de la patrie Italienne. Le mot *Italiam!* *Italiam!* proclamé de Milan à Bologne, produira un effet magique ; proclamé sur le Tésin, les Italiens diraient : pourquoi n'avancez-vous pas.

III. *Topographie de l'Italie.* — Les grandes plaines de l'Italie septentrionale, comprises entre les Alpes qui les séparent de la France, de la Suisse et de l'Allemagne, entre les Apennins qui les séparent de Gênes et de la Toscane, et entre l'Adriatique, composent : la vallée du Pô, les vallées qui se jettent dans l'Adriatique au nord du Pô, et les vallées qui se jettent dans l'Adriatique au midi du Pô. Toutes ces vallées ne sont séparées par aucune colline ; de sorte que toutes les eaux pourraient se communiquer facilement si c'était nécessaire. Elles forment une des plaines les plus fertiles, les plus grandes, les plus riches du monde, couverte de villes opulentes et d'une population de huit à dix millions d'individus. Cette immense plaine comprend le Piémont, la Lombardie, Parme, Plaisance, Modène, Bologne, Ferrare, la Romagne et les pays vénitiens.

IV. *Vallée du Pô.* Le Pô prend sa source au mont Viso, et reçoit successi-

N. B. Ici finit la partie de ce chap[itre.] Je regrette d'autant plus de ne [le] pas dans son entier, qu'il s'y [trouve] l'énumération méthodique de to[us les] moyens de défense de l'Italie co[ntre] l'Autriche, morceau que l'Empere[ur] même n'hésitait pas à dire être [très] beau et devoir demeurer classique [dans] le métier, tant que la forme et le[s dé]tails physiques de la Péninsule, di[sait-il,] ne seront point bouleversés. Du re[ste, on] le trouvera infailliblement dans l'o[uvrage] complet des campagnes d'Italie.

Jeudi 1er Février.

Éloge de Sainte-Hélène par l'Empe[reur.] — Petites ressources de l'île.

— La philosophie la plus heureu[se, la] plus sage, est celle qui nous fa[it voir] parfois le côté le moins défavora[ble des] circonstances les plus fâcheuses[, disait] l'Empereur; dans ce sentiment sans d[oute] nous disait aujourd'hui, en se p[rome]nant au fond du jardin, qu'aprè[s tout,] exil pour exil, Sainte-Hélène [était] peut-être encore la meilleure [des îles]. Dans les latitudes élevées, nous a[urions] eu beaucoup à souffrir des rigue[urs] froid; et nous aurions expiré misérablement sous l'ardeur brûlante de toute autre île du tropique. « Le rocher de Sainte-Hélène, continuait-il, était stérile, sauvage sans doute, le climat y était monotone, insalubre; mais la température, il fallait en convenir, était douce. »

La conversation l'a mené à me demander ce qui eût été préférable, de l'Amérique ou de l'Angleterre, dans le cas où nous eussions été libres de nos mouvemens. Je répondais que, si l'Empereur avait voulu vivre en philosophe, en sage, dans le repos et loin désormais de l'agitation du monde, il aurait fallu choisir l'Amérique; mais pour peu qu'il eût conservé le sentiment ou l'arrière pensée des affaires, il eût fallu préférer l'Angleterre. Et ne voulant pas rester en arrière sur la peinture flatteuse que l'Empereur venait de tracer de notre misérable rocher, j'osai même dire qu'il pourrait être telles chances qui fissent que Sainte-Hélène ne se serait pas trouvée le pire des asiles : nous y demeurions à l'écart, quand la tempête rugissait pour les autres; nous nous y trouvions hors de l'atmosphère des pas-

MÉMORIAL (Fév.

sions, circonstance favorable aux chan[ces]
possibles d'un meilleur avenir : c['était]
assurément un grand désir de voi[r le]
beau ; je reculais l'horizon de [toute]
l'étendue de l'imagination.

En attendant, pour se faire une [idée]
idée de l'état de notre exil et de se[s res-]
sources, il nous a été dit, dans la [jour-]
née, que nous devions mettre de [l'éco-]
nomie dans plusieurs de nos co[nsom-]
mations, peut-être même nous att[endre]
à en faire le sacrifice momenta[né ; on]
nous a dit que le café devenait e[xtrê-]
mement rare et qu'il pourrait ma[nquer]
bientôt ; depuis long-temps nous n['avons]
plus de sucre blanc ; il n'en reste [que]
aujourd'hui que fort peu et très-[mau-]
vais, réservé exclusivement pour [l'em-]
pereur, et nous sommes menacés [de le]
voir bientôt finir ; il en est de mê[me de]
plusieurs autres productions essent[ielles.]
Notre île est un vaisseau qui tient l[a mer;]
il manque bientôt si la traversée se [pro-]
longe ou si on le surcharge de bo[uches]
outre mesure. Nous avons suffi[t à]
affamer Sainte-Hélène, d'autan[t plus]
que les bâtimens de commerce n[e peu-]
vent désormais en approcher : on [dit]
que ce lieu est devenu pour e[ux]

écueil maudit et redouté, si l'on ne savait que la croisière anglaise donne ses soins à les tenir éloignés. Mais ce qui, dans les privations dont nous sommes menacés, nous a surpris davantage et nous affecterait le plus, c'est le manque de papier à écrire. On nous a dit que depuis trois mois que nous étions ici, nous avions épuisé les magasins de la colonie; ce qui prouverait qu'ils sont d'ordinaire légèrement fournis, ou bien que nous en faisions une furieuse consommation : notre seule réunion à Longwood, en emploirait donc, à elle seule, six ou huit fois plus que tout le reste de la colonie ensemble. Qu'on joigne à ces détails matériels, nos privations physiques et morales; qu'on se dise que nous ne jouissons pas même des ressources de l'île, dont l'arbitraire et le caprice nous privent en partie : on nous y refuse l'herbe et le feuillage, qui se trouvent dans d'autres sites de l'île. L'amiral avait promis à l'Empereur qu'il pourrait circuler par toute l'île, parce qu'il pourvoirait à une surveillance que le captif soupçonnerait à peine; on a vu qu'à la seconde épreuve l'amiral avait rompu cette espèce d'engagement; un officier,

par ses ordres, a prétendu se mêler[...]
nous; l'Empereur a renoncé dès [lors à]
toute excursion, et nous deme[urons]
séquestrés réellement du commerce [des]
hommes.

Notre vie animale est des plus m[isé-]
rables: soit impossibilité d'être m[ieux,]
soit mauvaise administration à cet [égard,]
toutefois est-il certain qu'à peine [avons-nous]
rien de mangeable: le vin est dé[testable, le pain]
mauvais; on ne saurait employer [...]
je viens de dire que le café, le [sucre, etc.,]
manquent, et que nous affamon[s...]
On sait bien qu'on peut se pass[er de]
tout, qu'on pourrait ne pas mo[urir avec]
beaucoup moins; mais quand o[n pré-]
tend nous traiter avec magnifice[nce, et]
nous persuader que nous somme[s très-]
bien, on nous amène à nous réc[rier sur]
ce que nous sommes très-mal, [et que]
nous manquons de tout. Si l'on s[e permet]
de supposer, sur notre silence, q[ue nous]
sommes heureux, qu'on appren[ne du]
moins que la seule force de notr[e âme]
peut nous faire résister à des ma[ux que]
les expressions ne sauraient ren[dre.]

Vendredi 2.

Première saignée de mon fils. — L'Empereur me donne un cheval.

Mon fils depuis long-temps souffrait de la poitrine, il avait de fortes palpitations ; j'ai réuni trois chirurgiens, ils l'ont condamné à la saignée. C'est du reste en ce moment, chez les Anglais, le remède en faveur, la panacée universelle ; ils l'emploient pour tout et pour rien. Ils rient de notre étonnement, nous pour qui ce système est nouveau.

Vers le milieu du jour nous avons fait un tour en calèche. Au retour de la promenade, l'Empereur s'est fait amener un cheval qu'on venait d'acheter ; il était fort beau et d'une jolie tournure ; il l'a fait essayer, l'a trouvé fort bien, et me l'a donné à l'instant même, avec une bonté toute particulière. Je n'ai pu en faire usage, il s'est trouvé vicieux, et a passé alors au général Gourgaud, meilleur écuyer que moi.

Samedi 3 au Mardi 6.

Progrès de l'Empereur dans l'anglais.

Le trois a été affreux, la pluie a été constante ; impossible de sortir. Le mau-

vais temps a duré plusieurs jours [de la]
sorte ; jamais je n'aurais soupçonné [que]
nous pussions être aussi long-temps [sans]
la possibilité de nous hasarder deho[rs.]

L'humidité nous enveloppait de to[utes]
parts, la pluie gagnait au travers de [la]
toiture. Nos heures intérieures se [res-]
sentent de ce mauvais temps du de[hors ;]
j'en étais triste apparemment :

« Qu'avez-vous, me disait l'Emp[ereur]
» un de ces matins ; depuis quelques [jours]
» vous changez, serait-ce le moral [? en]
» feriez-vous des *Dragons* à la m[anière]
» de Mme de Sévigné ? — Je répon[dis :]
» Sire, c'est le physique, l'état d[e mes]
» yeux m'attriste à la mort ; car, [le mo-]
» ral, je sais le tenir en bride ; au [besoin]
» j'aurais le bridon, et Votre Majes[té m'a]
» donné des éperons qui seraie[nt ma]
» dernière et victorieuse ressour[ce. »]

Cependant l'Empereur travailla[it à]
quatre, jusqu'à cinq heures de [suite]
l'anglais ; les progrès devenaient [réelle-]
ment très-grands, il en était [lui-même]
frappé lui-même, et s'en réjoui[ssait en]
enfant. Il disait un de ses jours [...]
et il répète souvent, qu'il me do[it cette]
conquête, et qu'elle est bien g[rande.]
Je n'y aurai pourtant eu d'autre [mérite]

que celui que j'ai employé pour les autres travaux de l'Empereur, d'avoir osé en donner l'idée, d'y être revenu sans cesse; et, une fois entamée, d'avoir mis dans la partie de l'exécution qui dépendait de moi, une promptitude et une régularité journalière qui faisaient tout son encouragement. S'il arrivait qu'on ne fût pas prêt quand il nous demandait, s'il fallait renvoyer au lendemain, le dégoût le saisissait aussitôt, et le travail en demeurait là, jusqu'à ce que quelque chose vînt le remonter. « J'ai besoin d'être poussé, me disait-il confidentiellement dans une de ces interruptions passagères, le plaisir d'avancer peut seul me soutenir; car, mon cher, nous pouvons en convenir entre nous, rien de tout ceci n'est amusant, il n'y a pas le mot pour rire dans toute notre existence. »

Avant dîner, l'Empereur faisait toujours plusieurs parties d'échec. — A nos après-dînées nous reprîmes le reversi, qui avait été long-temps abandonné. Comme on ne se payait pas jadis très-régulièrement, on convint désormais d'en faire une masse commune; on discuta sur sa destination future; l'Empe-

...reur demanda les avis; quelqu'u[n pro]-
posa de l'employer à délivrer la [belle?]
jolie esclave de l'île : cette opini[on en-]
leva tous les suffrages, l'on se m[it au]
jeu avec ardeur, et la première [mise]
produisit deux napoléons et dem[i...]

Mercredi 7. — Jeudi 8.

L'Empereur apprend la mort de M[urat.]

La frégate la Thébaine est arri[vée au]
Cap, et nous a apporté quelques [jour-]
naux; je les traduisais à l'Empe[reur,]
nous promenant dans le jardin. [Un de]
ces papiers renfermait une grande [catas-]
trophe; je lus que Murat ayant [débar-]
qué avec quelques hommes en C[alabre,]
y avait été saisi et fusillé. A ces [nouvelles]
inattendues, l'Empereur me sa[isissant]
le bras, s'est écrié : « Les Calab[rais ont]
» été plus humains, plus généreu[x que]
» ceux qui m'ont envoyé ici. » Ge[ste...]
Après quelques momens de s[ilence,]
comme il ne disait plus rien, je co[ntinuai.]

Murat, sans vrai jugement, sa[ns vues]
solides, sans caractère proport[ionné à]
ces circonstances, venait de pé[rir dans]
une tentative évidemment déses[pérée.]
Il n'est pas impossible que le re[tour de]
l'Empereur de l'île d'Elbe ne l[ui...]

tourné la tête, et qu'il n'espérât peut-être en renouveler le prodige pour son propre compte. Ainsi périt si misérablement celui qui avait été une des causes si actives de nos malheurs! En 1814, son courage, son audace, pouvaient nous tirer de l'abîme; sa trahison nous y précipita; il neutralisa le Vice-Roi sur le Pô; il l'y combattit, lorsque, réunis ensemble, ils eussent pu forcer les gorges du Tyrol, descendre en Allemagne et venir sur Bâle et les rives du Rhin, détruire, saisir les derrières des alliés et leur couper toute retraite de France.

L'Empereur, à l'île d'Elbe, dédaigna toute communication avec le Roi de Naples; mais, partant pour la France, il lui écrivit qu'allant reprendre possession de son trône, il se plaisait à lui déclarer qu'il n'était plus de *passé entre eux*; qu'il lui pardonnait sa conduite dernière, lui rendait sa bienveillance, lui envoyait quelqu'un pour lui signer la garantie de ses Etats, et lui recommandait, sur toute chose, de se maintenir en bonne intelligence avec les Autrichiens, et de se contenter de les contenir, dans le cas où ils voudraient marcher sur la France. Murat, en ce

moment, tout au sentiment de sa [première]
mière jeunesse, ne voulut ni gara[ntie]
ni signature : la parole de l'Emper[eur,]
son amitié, lui suffisaient, s'écria[-t-il;]
il prouverait qu'il avait été plus ma[lheu-]
reux que coupable. Son dévoueme[nt,]
son ardeur, allaient, disait-il, lui o[bte-]
nir l'oubli du passé.

« Mais il était dans la destinée d[e Mu-]
» rat, disait l'Empereur, de nous [faire]
» du mal. Il nous avait perdus en [nous]
» abandonnant, et il nous perdit e[n pre-]
» nant trop chaudement notre pa[rti; il]
» ne garda plus aucune mesure; [atta-]
» qua lui-même les Autrichiens san[s plan]
» raisonnable, sans moyens suffisan[ts, et]
» il succomba sans coup férir. »

Les Autrichiens délivrés de ce[t obs-]
tacle, s'en servirent comme de [preuve]
ou de prétexte pour en augurer de[s vues]
ambitieuses dans Napoléon repar[aissant]
sur la scène. C'est ce qu'ils lui [objec-]
tèrent constamment toutes les fo[is qu'il]
leur protesta de sa modération.

L'Empereur, avant la circons[tance]
malheureuse des hostilités de [Murat,]
avait déjà noué quelques négoc[iations]
avec l'Autriche. D'autres Etats in[utiles]
que je crois inutile de nomm[er]

avaient fait dire qu'il pouvait compter sur leur neutralité. Nul doute que la chute du Roi de Naples n'ait donné aussitôt une autre tournure aux affaires.

On a essayé de faire passer Napoléon pour un homme terrible, implacable; le vrai c'est qu'il était étranger à toute vengeance, et ne savait pas conserver de rancune, quelque mal qu'on lui eût fait. Son courroux, d'ordinaire, s'exhalait par des sorties violentes, et c'était là tout. Ceux qui le connaissaient le savaient bien. Murat l'avait outrageusement trahi; on vient de lire qu'il l'avait perdu deux fois, et cependant c'est à Toulon que Murat accourt chercher un asile. « Je l'eusse amené à Waterloo, » nous disait Napoléon; mais l'armée fran- » çaise était tellement patriotique, si mo- » rale, qu'il est douteux qu'elle eût voulu » supporter le dégout et l'horreur qu'a- » vait inspirés celui qu'elle disait avoir » trahi, perdu la France. Je ne me crus » pas assez puissant pour l'y maintenir, » et pourtant il nous eût valu peut-être » la victoire; car que nous fallait-il dans » certains momens de la journée? enfon- » cer trois ou quatre carrés anglais; or » Murat était admirable pour une telle

» besogne; il était précisément l'ho[mme]
» de la chose; jamais à la tête d'une [ca-]
» valerie on ne vit quelqu'un de plu[s dé-]
» terminé, de plus brave, d'aussi bri[llant.]
   » Quant au parallèle des circons[tances]
» de Napoléon et de Murat, ce[lui de]
» leur débarquement respectif en Fr[ance]
» et sur le territoire de Naples, [il n'en]
» saurait exister aucun, disait l'E[mpe-]
» reur : Murat n'avait d'autre bon [fonde-]
» ment dans sa cause que le succ[ès;]
» il était purement chimérique a[u mo-]
» ment où et de la manière dont [il l'a]
» entrepris. J'étais l'élu d'un pe[uple,]
» j'étais le légitime dans leurs do[ctrines]
» nouvelles; mais Murat n'était [pas]
» Napolitain; les Napolitains n'a[vaient]
» jamais élu Murat; était-il à croi[re qu'il]
» pût exciter parmi eux un bien[-in-]
» térêt; aussi sa proclamation e[st]
» tout-à-fait fausse et vide de [sens.]
» Ferdinand de Naples devait e[t n'a pu]
» ne le présenter que comme un [chef]
» d'insurrection; c'est ce qu'il a [fait, il]
» l'a traité en conséquence. »
   » Quelle différence avec moi! [conti-]
» nuait Napoléon! Avant mon [arrivée,]
» toute la France était déjà plei[ne du]
» même sentiment. Je débarque[...]

» proclamation n'est pleine que de ce
» même sentiment : chacun y lit ce qu'il
» a dans le cœur. La France était mé-
» contente, j'étais sa ressource ; les maux
» et le remède furent aussitôt en harmo-
» nie : voilà toute la clef de ce mouve-
» ment électrique, sans exemple dans
» l'histoire. Il prit sa source uniquement
» dans la nature des choses ; il n'y eut
» point de conspiration, et l'élan fut
» général ; pas une parole ne fut portée,
» et tout le monde s'entendit. Les popu-
» lations entières se précipitaient sur le
» passage du libérateur. Le premier ba-
» taillon que j'enlevai de ma personne,
» me valut aussitôt la totalité de l'armée.
» Je me trouvai porté jusqu'à Paris ; le
» gouvernement existant, tous ses agens
» disparurent sans efforts, comme les
» nuages se dissipent à la vue du soleil.
» Et encore eussé-je succombé, termi-
» nait l'Empereur, encore fussé-je tombé
» dans les mains de mes ennemis ; je
» n'étais pas purement un chef d'insur-
» rection ; j'étais un souverain reconnu
» de toute l'Europe ; j'avais mon titre,
» ma bannière, mes troupes ; je venais
» faire la guerre à mon ennemi. »

Vendredi 9.

Porlier, Ferdinand. — Tableaux de l'A[...]

Dans des gazettes que je tradu[...] l'Empereur, j'ai trouvé l'histoire de [Por]lier : c'était un des chefs les plus r[emar]quables des fameuses Guerillas. Il [ve]nait d'essayer d'en appeler à la [nation] contre la tyrannie de Ferdinand; [mais] il avait échoué, avait été pris et p[endu].

L'Empereur a dit : « Je ne su[is]
» du tout surpris de cette tentati[ve en]
» Espagne; à mon retour de l'île d[...]
» ceux des Espagnols qui s'étaien[t mon]
» trés les plus acharnés contre mo[n inva]
» sion, qui avait acquis le plus de r[enom]
» mée dans la résistance, s'adress[èrent]
» immédiatement à moi : ils m'[ont]
» combattu, disaient-ils, comm[e un]
» tyran; ils venaient m'implorer c[omme]
» un libérateur. Ils ne me deman[daient]
» qu'une légère somme, disaien[t-ils,]
» pour s'affranchir eux-mêmes, [et intro]
» duire dans la péninsule une révo[lution]
» semblable à la mienne. Si j'eusse [vaincu]
» à Waterloo, j'allais les secourir[. Cette]
» circonstance m'explique la ten[tative]
» d'aujourd'hui. Nul doute qu'el[le se]
» renouvelle encore. Ferdinand [...]

» sa fureur, a beau vouloir serrer avec
» rage son sceptre; un de ces beaux
» matins il lui glissera de la main comme
» une anguille. »

Les gazettes finies, l'Empereur, dans son oisiveté, feuilletait mon Atlas; j'ai eu la grande satisfaction de le voir enfin s'arrêter sur les tableaux généalogiques; ce que je désirais depuis bien long-temps, car il les passait toujours. J'ai analysé devant lui, sur le tableau de l'Angleterre, la fameuse guerre de la rose rouge et de la rose blanche, inintelligible pour le grand nombre des lecteurs sans le secours de pareils tableaux. Il a été frappé de leur utilité, et s'est mis alors à en parcourir un grand nombre d'autres; il observait, à celui de Russie, qu'il serait bien difficile, sans un tel secours, de suivre l'ordre irrégulier de succession des derniers souverains; et il a été fort surpris, à celui de France, de la démonstration singulière, qu'en dépit de sept ou huit applications de la loi salique, Louis XVI eût encore régné comme si cette loi salique n'eût point existé.

L'Empereur s'arrêtait beaucoup sur l'encadrement rigoureux et complet de

ces tableaux ; il ne revenait pas [...]
quantité de points de ralliemens q[...]
trouvaient indiqués en un aussi p[...]
pace : l'ordre numérique du souv[...]
son degré de génération, l'ensem[...]
toute sa parenté, etc., etc., et [...]
répétait alors ce qu'il m'avait déjà [...]
à peu-près, que s'il les eût bien c[...]
dans le temps, il m'eût fait venir [...]
obtenir, de moi, un format plus [...]
mode, moins coûteux, et en f[...]
pâture des lycées.

Il ajoutait qu'il eût voulu voir [...]
les histoires réimprimées avec d[...]
documens à l'appui, pour leur i[...]
gence. Je lui disais que j'avais eu la [...]
idée, qu'elle avait déjà été exécut[...]
l'histoire d'Angleterre, par Hum[...]
que, sans nos derniers événemen[...]
allait l'être sur l'histoire d'Allema[...]
Pfeffeld ; sur celle de France de H[...]
et sur une histoire des trois cou[...]
du Nord, etc.

Sur les quatre heures, j'ai pr[...]
l'Empereur le capitaine de la Th[...]
qui partait le lendemain pour l'E[...]
et le colonel Macoy, du régime[...]
Ceylan. Ce brave soldat semblait u[...]
nument mutilé : il avait une ja[...]

moins, un coup de sabre lui traversait le front, d'autres cicatrices couvraient son visage. Il était tombé sur le champ de bataille en Calabre, et demeuré prisonnier du général Parthonaux. L'Empereur lui fit un accueil tout particulier; on pouvait voir qu'il y avait sympathie réciproque. Le colonel Macoy avait été major du régiment Corse que commandait le nouveau gouverneur que nous attendons. Ce colonel disait à quelqu'un, qu'il trouvait un homme tel que l'Empereur bien mal traité ici, et qu'il supposait au général Lowe trop d'élévation pour ne pas penser que sa seule acceptation du gouvernement de l'île, annonçait qu'il y viendrait améliorer notre condition.

L'Empereur est ensuite monté à cheval. Nous avons remonté notre vallée accoutumée, et ne sommes rentrés que vers les sept heures. L'Empereur a continué de se promener dans le jardin; la température était des plus douces, le clair de lune charmant, le beau temps était revenu tout-à-fait.

Samedi 10.

Sur l'Egypte. — Ancien projet sur [le...]

A présent l'Empereur allait co[urageuse]ment dans son anglais; et, à l'ai[de du] dictionnaire, il eût pu, à toute ri[gueur] se passer de moi. Ses progrès d[e le] ravissaient. La leçon s'est passée [aujour]d'hui à lire, dans l'Encyclopédie [britan]nique, l'article du Nil, dont il [a fait] occasionnellement quelques not[es, qu'il a] ses dictées au Grand-Maréchal. [Il a] trouvé une citation dont jadis j'a[vais en]tretenu l'Empereur, qui l'avait [alors] là regardée comme absurde. Le [grand] Albuquerque proposait au roi d[e Por]tugal de détourner le Nil, a[vant son] entrée dans la vallée d'Egypte, [pour le] rejeter dans la mer rouge; ce q[ui eût] rendu l'Egypte un désert impra[ticable] et consacré le Cap de Bonne-Esp[érance] pour la route unique du gran[d com]merce des Indes. Bruce ne cr[oyait pas] cette gigantesque idée entièrem[ent im]possible; elle frappait singuliè[rement] l'Empereur.

Sur les cinq heures, l'Empe[reur est] monté en calèche, la promena[de fut] extrêmement agréable; la pro[menade...]

d'avoir fait abattre quelques arbres, a triplé l'espace primitif, en créant plusieurs circuits naturels. Au retour on a profité de la belle soirée pour se promener long-temps dans le jardin; la conversation a été des plus intéressantes, les sujets étaient grands et profonds : c'était sur les diverses religions; l'esprit qui les avait dictées; les absurdités, les ridicules dont on les avait entremêlées; les excès qui les avaient dégradées; les objections qu'on leur avait opposées : l'Empereur a traité tous ces objets avec sa supériorité ordinaire.

Dimanche 11.

Uniformité. — Ennui. — Solitude de l'Empereur. — Caricatures.

L'Empereur a lu aujourd'hui l'article Égypte, dans l'Encyclopédie, et en a recueilli des notes qui ne laissent pas que de lui être utiles pour sa campagne d'Égypte. Cette circonstance lui est très-agréable; et lui fait répéter, plusieurs fois le jour, combien il se trouve heureux de ses progrès; il est de fait qu'il peut maintenant lire tout seul.

Sur les quatre heures, j'ai suivi l'Empereur dans le jardin; nous y avons mar-

ehé seuls pendant quelque tem[ps]
tôt après on est venu nous rejoi[ndre]
température était fort douce; [l'Empe]
reur a fait observer le calme d[e la]
solitude; c'était dimanche, tou[s les ou]
vriers étaient au loin. Il a ajou[té qu'on]
ne nous accuserait pas du moin[s de dis]
sipation ni d'ardentes poursu[ites de]
plaisirs; en effet il est difficile [d'imagi]
ner plus d'uniformité et plus d'a[bsence]
de toute diversion.

L'Empereur soutient cette [situation]
d'une manière admirable; il n[ous sur]
passe tous de beaucoup par l'é[galité de]
son caractère et la sérénité de s[on hu]
meur. Il était difficile d'être p[lus gai]
et plus tranquille que lui, rem[arquait]
il : il se couchait à dix heures [et se]
levait, ou plutôt ne paraissait q[u'à cinq]
ou six heures; sa vie extérieur[e ne dif]
donc guère, disait-il, de plus d[e quelques]
heures; c'était celle du prisonn[ier qui]
tire chaque jour de son cacho[t pour]
laisser respirer un peu. Mais [que de]
pensées dans son long intérieu[r! que]
de travaux même! et au sujet d[e lui,]
l'Empereur disait qu'il se trou[vait aussi]
fort qu'il l'avait jamais été ; qu['il ne se]
sentait ni flétri ni usé en quo[i]

fut; qu'il s'étonnait lui-même du peu d'effet sur lui de tous les grands événemens dont il avait été dernièrement l'objet; c'était du plomb, disait-il, qui avait glissé sur le marbre; le poids avait pu comprimer le ressort, mais n'avait pu le briser; il s'était relevé avec toute son élasticité. L'Empereur ajoutait n'imaginer personne au monde qui eût mieux plié que lui sous la nécessité sans remède; et c'était là, disait-il, le véritable empire de la raison, le vrai triomphe de l'âme.

L'heure de la calèche est arrivée. En allant la joindre, l'Empereur a aperçu la petite Hortense, la fille de Mme Bertrand, qui lui plaît beaucoup; il l'a fait venir, l'a embrassée tendrement deux ou trois fois, et a voulu la prendre en voiture avec le petit Tristan de Montholon. Durant la course, le Grand-Maréchal, qui venait de parcourir les papiers, racontait diverses bons mots et caricatures qu'il y avait trouvés; il nous en citait une assez piquante : deux actions composaient le tableau; l'une était Napoléon donnant à la princesse d'Hasfeld, pour la jeter au feu, la lettre dont la disparition sauvait son mari; au bas était :

acte tyrannique d'un usurpateur. Le [...] dant était de toute autre nature.

Cela nous a conduits à racon[ter] l'Empereur la foule de caricatures [dont] nous avions été inondés après la re[stau]ration; il en était beaucoup qui l'o[nt] amusé; une surtout l'a fait sourire [c'é]tait un changement de dynastie.

L'Empereur a observé que si les [cari]catures vengeaient quelquefois le [mal]heur, elles harcelaient sans ce[sse le] pouvoir. Et combien n'en a-t-on p[as fait] sur moi, disait-il! Alors, il nou[s a] demandé quelques-unes. Parmi [toutes] celles que nous avons citées, il [a] applaudi celle-ci, comme fort jo[lie et] d'un fort bon goût : c'était le [roi] George III qui, de sa côte d'Angle[terre] jetait en colère à la tête de Napo[léon,] sur la rive opposée, une énorme [bet]trave en disant : *Va te faire sucre[r.]*

Lundi 12.

Longue course à pied de l'Empere[ur.]

Le temps s'était remis au beau [vers] les quatre heures, l'Empereur s[e pro]menait dans le jardin; la temp[érature] était des plus agréables, chacun d[e nous] se récriait sur ce que c'était une d[e ces] belles soirées d'Europe; nous n'avions encore rien éprouvé de pareil depuis notre arrivée dans l'île. L'Empereur a fait demander la calèche, et, comme par diversion, il a voulu laisser là nos arbres à gomme, pour aller, par le chemin qui conduit chez le Grand-Maréchal, prendre la route qui contourne le bassin supérieur de notre vallée favorite, et gagner, si c'était possible, le site appartenant à une demoiselle Masson, qui est sur le revers opposé en face de Longwood. Arrivé chez M.ᵐᵉ Bertrand, l'Empereur l'a fait monter dans sa calèche, où se trouvait déjà M.ᵐᵉ de Montholon et moi; le reste suivait à cheval; nous étions tous réunis. A quelques pas de chez M.ᵐᵉ Bertrand, au poste militaire même qui s'y trouve établi, le terrain était fort à pic et très-inégal; les chevaux se sont refusés, il a fallu descendre, la barrière s'est trouvée à peine suffisante pour la largeur de la voiture; mais les soldats anglais sont accourus, et de tout cœur l'ont, en un instant, fait franchir à force de bras. Cependant une fois dans le nouveau bassin, la promenade à pied était si agréable que l'Empereur a voulu la continuer. Au bout

de quelque temps, comme le jou[r]
sait, il a voulu que la calèche allâ[t]
reconnaître le chemin jusqu'à l[a]
de Mlle Masson, tandis que nou[s]
nuerions à marcher. La soirée éta[it]
lement des plus agréables : la n[uit]
venue ; mais il faisait le plus be[au]
de lune possible. Notre promena[de]
vait réveiller le souvenir de celles
de nos châteaux en Europe, d[e]
belles soirées d'été.

La calèche revenue, l'Empe[reur]
point voulu y monter encore ; i[l]
voyée attendre chez Mme Bertr[and]
quand il y a été rendu, il a voul[u]
nuer encore à pied jusqu'à Lon[g]
où il est arrivé très-fatigué ; [il a]
marché près de six milles, ce [qui est]
beaucoup pour lui, qui n'a jama[is]
coup marché à aucune époque [de]

Mardi 13 au Vendredi 1[9]
Mauvaise température de Sainte-H[élène.]
Observation importante sur l'es[prit du]
Journal.

J'ai déjà dit qu'il n'y avait p[as de]
saisons à Sainte-Hélène ; ce so[nt seule-]
ment des veines de bon et de [mauvais]
temps, fort irrégulières. Il a p[lu]

tamment chaque jour, nous n'avons pu sortir à peine que quelques instans. Il me serait difficile d'employer quatre mots à exprimer, durant ces quatre jours, aucune déviation quelconque de notre vie accoutumée. Et ici d'ailleurs je saisis l'occasion de prévenir, une fois pour toutes, que s'il se rencontre de temps à autre, dans le cours de mon Journal, plusieurs jours réunis sous un même article, c'est que souvent j'ai élagué une partie de ce que chacun d'eux me présentait; ce à quoi j'ai été conduit, comme on le devinera sans peine, par divers motifs; parfois les objets m'ont paru trop puérils; parfois, au contraire, ils m'ont semblé trop graves et demander un temps plus éloigné; ou bien encore, ne présentaient-ils que des personnalités, et il est dans mon caractère de les écarter soigneusement : que si, malgré cela, on en trouve quelques-unes, c'est que j'y aurai été forcément conduit par l'objet essentiel de mes récits, qui est de faire connaître le caractère de l'Empereur; et même alors ai-je pu me dire encore, pour ma satisfaction intérieure, que ces personnalités ne concernent guère que des caractères

publics, et ne mentionnent q...
choses déjà connues de beauc...
monde.

Du reste, je ne me suis null...
dissimulé que la tâche que j'ai ent...
pouvait me créer de nombreux...
véniens; mais je me suis cru u...
sacré, et je m'efforce de le rem...
mieux qu'il m'est possible ; a...
que pourra !

Samedi 17.

Politique de l'Empereur sur les a...
France.

A six heures du matin, l'Em...
est monté à cheval. Nous avon...
tour du parc, en commençant...
direction de notre vallée, et e...
gagner le chemin qui conduit...
chez le Grand-Maréchal. D...
porte de celui-ci, s'est arrêté e...
ligne, pour nous laisser passer...
de cent cinquante à deux cents...
du Northumberland, qui cha...
portent des planches ou des pie...
le service de Longwood ou d...
l'Empereur a parlé aux officie...
souri avec plaisir à nos anciens...
gnons; ils avaient l'air ravi de le...

J'ai déjà dit que, de temps à autre, nous recevons des journaux de l'Europe qui nous occupent diversement, et amènent toujours à la fin quelques tableaux vifs et animés de la part de l'Empereur. Il trouvait aujourd'hui qu'en résumé, l'état de la France ne s'était point amélioré. « Les Bourbons, répétait-il, n'avaient eu, cette fois, d'autre parti que celui de la sévérité. Quatre mois étaient déjà écoulés, les alliés allaient repartir, on n'avait pris encore que des demi-mesures ; l'affaire demeurait mal embarquée. Un gouvernement, disait-il, ne peut vivre que de son principe ; il est évident que celui-ci est le retour aux vieilles maximes ; il fallait le faire franchement. Les chambres surtout, dans cette circonstance, seront fatales ; elles inspireront au Roi une fausse confiance, et n'auront aucun poids sur la nation. Bientôt le Roi n'aura plus aucun moyen de communication avec elle, ce ne sera plus la même religion ni le même langage ; il ne sera personne qui ait le droit de détromper le peuple sur les absurdités qu'il plaira au premier venu de lui débiter, lorsqu'on voudra lui faire croire

» qu'on veut empoisonner les sou[rces,]
» faire sauter le territoire, etc., etc. [»]
L'Empereur concluait qu'il y [avait]
quelques exécutions juridiques, [un]
extrême désir de réaction : qu'elle [était]
assez forte pour irriter, pas assez [pour]
soumettre, etc., etc. . . . . .

Quant à l'Europe, elle sembl[ait à]
l'Empereur aussi enflammée qu'e[lle a]-
vait jamais été. Elle avait anéan[ti la]
France; mais la résurrection de ce[lle-ci]
pouvait venir un jour de l'explosi[on des]
peuples, que la politique des souv[erains,]
du reste, était des plus propres à a[mener;]
elle pouvait venir encore de la qu[erelle]
prochaine des puissances entre ell[es,]
qui, très-probablement, finira[it par]
avoir lieu.

Quant à notre affaire personne[lle,]
elle ne pourrait s'améliorer qu[e par]
l'entremise de l'Angleterre; et c[elle-ci]
ne pouvait nous devenir favor[able]
par quelque intérêt politique, [un]
changement de ministre, la [mort de]
quelque souverain; ou bien enc[ore par]
le sentiment de la gloire na[tionale]
excité par le torrent de l'opin[ion:]
les intérêts politiques, il était des [com-]
binaisons qui pouvaient les am[ener.]

quant au changement des personnes, il était dans les accidens du temps; enfin, pour le sentiment de la gloire nationale, si facile à comprendre, le ministère actuel l'avait méconnu; mais un autre pouvait ne pas y être insensible.

Dimanche 18.

Peinture du bonheur domestique par l'Empereur. — Deux Demoiselles de l'île.

L'Empereur m'a fait appeler sur les dix heures; il venait de rentrer. On m'avait dit qu'il avait été à la chasse; il m'apprit que non, qu'il avait été à cheval vers les six heures; mais qu'il n'avait pas voulu qu'on troublât le sommeil de *Son Excellence*. Nous avons travaillé à l'anglais; le déjeûner est venu, il était détestable; je n'ai pu m'empêcher de le remarquer. Il m'a plaint d'en faire un aussi mauvais, et m'a dit qu'il était vrai qu'il fallait avoir faim pour pouvoir le manger. Nous avons continué notre leçon jusqu'à une heure, la chaleur alors a commandé le repos.

Sur les cinq heures, l'Empereur a été se promener au jardin. Il s'est mis à peindre le bonheur du particulier honnête et aisé, jouissant paisiblement,

dans le fond de sa province, des ch[amps]
et de la maison qu'il a reçus de ses [pères,]
rien assurément n'était plus philoso[phi-]
que ; nous n'avons pu nous empêch[er de]
sourire à un tableau si paisible, [cela]
l'a fait pincer les oreilles de l[ui à]
nous. « Du reste, a-t-il continu[é, le]
» bonheur ne peut guère aujourd'[hui se]
» connaître en France, que par tra[dition,]
» la révolution a tout bouleversé,
» privé les anciens ; et les nouvea[ux sont]
» encore neufs à cette jouissance; [ce que]
» je viens de peindre n'existe pl[us. »]
il observait alors qu'être privé [de la]
chambre natale, du jardin qu'o[n a]
parcouru dans son enfance ; n'a[voir]
l'habitation paternelle, c'était [être]
point de patrie. Quelqu'un ajout[a que]
perdre la demeure qu'on s'étai[t faite]
après le naufrage, la maison qu'o[n a]
partagée avec sa femme ; celle [où on]
avait donné le jour à ses enfan[s, c'était]
encore perdre sa seconde patr[ie. Peu]
de monde en était là!!! et quell[e]
avait été la nôtre!!!

Nous sommes montés en cal[èche,]
nous avons fait notre promenad[e accou-]
tumée.

Le soir pendant le dîner, o[n]

de deux demoiselles de l'île, dont l'une est grande, fort belle et très-agaçante; l'autre, beaucoup moins jolie, mais douce dans ses manières, d'une grâce et d'une tenue parfaites. Tous les avis se partageaient. L'Empereur, qui ne connaissait que la première, tenait fortement pour elle. Quelqu'un a pris la liberté de lui dire que s'il voyait la seconde, elle ne lui ferait pas changer d'opinion. Cela ne lui a pas suffi, il a voulu que ce quelqu'un exprimât son propre choix: celui-ci a répondu qu'il était de beaucoup pour la seconde; ce qui a paru contradictoire; l'Empereur a voulu l'explication. « C'est, a répondu ce quelqu'un, que, si je voulais acheter une esclave, je me fixerais sur la première; mais que si je trouvais quelque bonheur à le devenir moi-même, je m'adresserais à la seconde. — C'est donc à dire, a repris vivement l'Empereur, que vous me croyez de mauvais goût et de mauvais ton? — Non, Sire; mais je soupçonne à Votre Majesté des dispositions différentes des miennes. » Il a ri et n'a pas contredit.

Lundi 19.

Aujourd'hui, de fort bon matin, l'E[mpereur] pereur est sorti pour monter à chev[al] il était à peine six heures et pour[tant] j'étais tout prêt, j'avais donné or[dre] qu'on m'éveillât; il a été surpris de [me] voir là et de me trouver si diligent. N[ous] avons erré dans le bois à l'aventure. N[ous] étions rentrés vers les neuf heures, [le] soleil commençant déjà à être très-cha[ud].

L'Empereur, sur les quatre heure[s,] a voulu essayer son anglais; mais [il] n'était pas bien; tout dans la jour[née] lui avait paru mauvais, disait-il, r[ien] ne lui avait réussi. La promenade [au] jardin ne l'a point remis; il n'était [pas] bien à dîner; il n'a pu faire ses par[ties] d'échecs accoutumées; il s'est ré[senti] souffrant aussitôt après la prem[ière] partie.

Mardi 20.

Travaux de l'Empereur à l'île d'Elbe. — [Pré]dilection des Barbaresques pour Napoléo[n.]

Le temps a été extrêmement m[au]vais. L'Empereur avait été assez [mal] toute la nuit; au matin il était beauc[oup] mieux: il n'est pas sorti de sa cham[bre.]

avant cinq heures. Vers les six heures, nous avons profité d'une éclaircie pour faire le tour du parc en calèche. Les chevaux, dont on nous a gratifiés sont vicieux, ils se rebutent au premier obstacle et demeurent immobiles; ils se sont arrêtés aujourd'hui plusieurs fois; la pluie qu'il avait fait rendait leur tâche plus pénible; un moment il a fallu réunir tous les efforts pour n'être pas obligés de revenir à pied; le Grand-Maréchal et le général Gourgaud ont été obligés de mettre pied à terre et de pousser à la roue. Enfin, après bien des peines, nous sommes rentrés. La conversation, durant la promenade, était sur l'île d'Elbe : l'Empereur parlait des chemins qu'il y avait faits, des maisons qu'il y avait bâties; les meilleurs artistes d'Italie se disputaient l'honneur d'y travailler, et sollicitaient comme une faveur, de pouvoir les embellir, etc.

Il disait que ses couleurs, que son pavillon, étaient devenus les premiers de la Méditerranée. Son pavillon était sacré, observait-il, pour les Barbaresques, qui d'ordinaire faisaient des présens aux capitaines, leur ajoutant qu'ils acquittaient la dette de Moscow. Le

Grand-Maréchal nous disait que quelques bâtimens réunis, de cette nation, étant venus mouiller à l'île d'Elbe, avaient donné beaucoup d'inquiétude; on avait interrogé ces gens-là sur leurs intentions, et fini par leur demander nettement s'ils avaient des vues hostiles, ils avaient répondu : « Contre le Grand
» Napoléon? Ah! jamais.... nous ne fai-
» sons pas la guerre à Dieu! »

Quand le pavillon de l'île d'Elbe entrait dans un des ports de la Méditerranée, Livourne excepté, il y était reçu avec de vives acclamations; c'était la patrie qui semblait revenir. Quelques bâtimens français, venus de la Bretagne et de la Flandre, qui relâchèrent à l'île d'Elbe, témoignèrent le même sentiment.

« Tout est gradation dans le monde,
» concluait l'Empereur. L'île d'Elbe,
» trouvée si mauvaise il y a un an, est
» un lieu de délices comparée à Sainte-
» Hélène. Quant à Sainte-Hélène, ah!
» elle peut défier tous les regrets à venir! »

Mercredi 21 au Vendredi 23.

Piontkowsky. — Caricature.

L'Empereur a continué de se lever

de bonne heure et de se promener à cheval, bien que ce fût au pas, seulement dans le parc et au milieu des arbres à gomme. Cependant ce léger exercice lui était bon, il le forçait à prendre encore l'air; il revenait avec meilleur appétit, et travaillait avec plus de gaîté. Il déjeûnait dans le jardin, sous quelques arbres qu'on avait entrelacés pour lui procurer un peu d'ombrage. Un de ces matins, en se mettant à table, il aperçut au loin le polonais Piontkowsky, et le fit appeler pour qu'il déjeûnât avec lui. Il s'amuse à le questionner quand il le trouve sous ses pas.

Piontkowsky, dont on ne connaît pas trop l'origine, était venu à l'île d'Elbe et avait obtenu d'y servir comme soldat dans la garde; au retour de l'île d'Elbe, il avait été porté au grade de lieutenant; à notre départ de Paris, il avait reçu la permission de suivre : il fut à Plimouth du nombre de ceux que les instructions anglaises séparèrent de nous. Piontkowsky, avec plus de constance ou plus d'adresse que ses camarades, avait obtenu de nous rejoindre. L'Empereur, du reste, ne l'avait jamais connu, et lui parlait à Sainte-Hélène pour la première fois.

Aucun de nous ne le connaissait davantage; les Anglais furent surpris de notre peu d'empressement à son arrivée. Quelques-uns de ceux qui ne nous aimaient pas, écrivaient que nous l'avions fort mal reçu, ce qui était faux; mais c'en fut assez pour que les papiers ministériels anglais y employassent leur grâce et leur esprit accoutumés: l'Empereur l'avait battu, nous l'avions chassé, et l'on m'a parlé plus tard d'une caricature où l'Empereur le saisissait dans ses griffes; moi, j'avais sauté dessus pour le dévorer, et ce n'était qu'à l'aide d'un bâton mis entre mes dents que le conducteur des bêtes venait à bout de m'arracher de son épaule: voilà les gentillesses élégantes dont on nous rendait l'objet.

Samedi 24.

Retour de l'île d'Elbe. — Détails, etc.

Après dîner, l'Empereur, prenant le café, disait que c'était à-peu-près vers ce temps que, l'année dernière, il avait quitté l'île d'Elbe. Le Grand-Maréchal qui a dit que c'était le vingt-six février, et un dimanche : « à telles enseignes, « Sire, que vous avez fait avancer la « messe, pour avoir plus de temps à « dicter des ordres. »

L'après-midi même ils étaient partis ; le lendemain matin, ils étaient encore en vue, sur les dix heures, à la grande anxiété de ceux qui s'intéressaient à leur succès.

L'Empereur, s'abandonnant à la conversation, a causé plus d'une heure des détails de cet événement unique dans l'histoire par la hardiesse de l'entreprise et les merveilles de l'exécution. Je renvoie plus loin son récit.

Dimanche 26 au Mardi 28.

Campagnes d'Italie et d'Égypte. — Opinion de l'Empereur sur nos grands poëtes. — Tragédies modernes. — Hector. — Les États de Blois. — Talma.

La plupart de nos journées se ressemblaient beaucoup ; si elles nous semblaient longues en détail, elles se perdaient rapidement dans le passé : elles étaient sans caractère, sans couleur, et ne nous laissaient que des souvenirs vagues. L'anglais allait de mieux en mieux; l'Empereur convenait avoir eu un moment de dégoût; il avait un instant, me disait-il, vu passer sa *furia francese;* mais je l'avais ranimé, disait-il, par une méthode qu'il trouvait sûre, infaillible, la meilleure de toutes les méthodes; celle de lire et d'analyser une seule page et de la recommencer jusqu'à ce qu'elle fût sue imperturbablement: les règles grammaticales s'expliquent chemin faisant, de la sorte, il n'y a pas un moment de perdu pour l'étude et la mémoire; les progrès semblent lents d'abord, on croit avancer peu; mais quand on arrive à la cinquantième page, on est tout étonné de savoir la langue. Nous avions donc ajouté une page de Télémaque au reste de notre leçon, et nous nous en trouvions très-bien. Du reste l'Empereur, en ce moment, bien qu'il n'eût encore que vingt ou vingt-cinq leçons complètes, parcourait tous les livres, aurait fait entendre par écrit, ce dont il eût eu besoin. Il ne comprenait pas tout, il est vrai; mais on ne pourrait désormais lui rien cacher, disait-il, et c'était immense, c'était une conquête achevée.

La campagne d'Egypte était complétée avec Bertrand, autant que le manque de matériaux pouvait le permettre. L'Empereur entamait, avec l'un de ces Messieurs, une nouvelle époque bien précieuse, celle du départ de Fontainebleau jusqu'au retour à Paris et sa seconde abdication. Il ne possédait aucune pièce sur ces événemens si rapides; mais c'est cette rapidité qui me faisait le supplier d'employer sa mémoire à consacrer des circonstances que les événemens ou l'esprit de parti pourrait affaiblir ou dénaturer.

L'Empereur revoyait aussi fort souvent avec moi les divers chapitres de la campagne d'Italie; le moment qui précédait le dîner était consacré d'ordinaire à cette révision. Il m'avait chargé de couper chaque chapitre d'une manière régulière, uniforme; d'en indiquer les paragraphes convenables; d'en noter et d'en recueillir les pièces justificatives, etc., etc. C'est ce qu'il appelait la triture ou la charlatannerie de l'éditeur. « Et cela vous regarde, me disait-il un » jour, avec une grâce et une bonté qui » me pénétraient; ce sera désormais » votre bien : la campagne d'Italie por- » tera votre nom, et la campagne

» d'Egypte celui de Bertrand. Je veux
» qu'elle fasse tout-à-la-fois la fortune
» de votre poche et celle de votre mé-
» moire; vous aurez toujours bien là
» cent mille francs, et votre nom durera
» autant que le souvenir de mes batailles. »

Quant à nos après-dînées, le revers
était tombé à plat une seconde fois; la
reprise n'avait pu durer; dès le deuxième
ou troisième tour, les cartes étaient
abandonnées pour la conversation. Nous
avions repris les lectures; nos romans
étant épuisés, les pièces de théâtre nous
occupaient en ce moment, les tragédies
surtout. L'Empereur les aime particulièrement, et se plaît à les analyser; il
y porte une logique singulière et beaucoup de goût. Il sait une foule de vers
dont il se souvient depuis son enfance,
époque, dit-il, où il savait beaucoup
plus qu'aujourd'hui. L'Empereur est raa
de Racine, il y trouve de vraies délices;
il admire éminemment Corneille, et fait
fort peu de cas de Voltaire, plein, dit-
il, de boursoufflure, de clinquant; toujours faux, ne connaissant ni les hommes
ni les choses, ni la vérité, ni la grandeur
des passions.

L'Empereur, à un de ses couchers,

Saint-Cloud, analysait la pièce qui venait de se jouer, c'était *Hector*, par *Luce de Lancival* : cette pièce lui plaisait beaucoup; elle avait de la chaleur, de l'élan, il l'appelait une pièce de *quartier général*, assurant qu'on irait mieux à l'ennemi après l'avoir entendue; qu'il en faudrait beaucoup dans cet esprit, etc.

De là passant aux drames, qu'il appelait les tragédies des femmes de chambre, il les disait capables de supporter au plus la première représentation; ils allaient ensuite toujours en perdant; une bonne tragédie, au contraire, gagnait chaque jour davantage. La haute tragédie, continuait-il, était l'école des grands hommes; c'était le devoir des souverains de l'encourager et de la répandre; et il n'était pas nécessaire, prétendait-il, d'être poëte pour la juger, il suffisait de connaître les hommes et les choses, d'avoir de l'élévation et d'être homme d'État; et s'animant par degré;

« La tragédie, disait-il avec chaleur, » échauffe l'âme, élève le cœur, peut et » doit créer des héros. Sous ce rapport, » peut-être, la France doit à *Corneille* » une partie de ses belles actions ; *aussi,* » *Messieurs, s'il vivait, je le ferais Prince.* »

Une autre fois, pareillement à son coucher, il analysait et condamnait les *États de Blois*, qu'on venait de jouer sur le théâtre de la Cour pour la première fois; et apercevant parmi nous l'architrésorier Lebrun, littérateur fort distingué, il lui demanda son opinion; celui-ci, sans doute dans l'intérêt de l'auteur, se contenta de répondre que le sujet était mauvais. « Mais ce serait la
» première faute de M. *Rénouard*, ré-
» pliqua l'Empereur; il l'a choisi lui-
» même, personne ne le lui a imposé;
» et puis, il n'est pas de sujet si mauvais
» dont le grand talent ne sache tirer quel-
» que parti : et Corneille serait encore
» sans doute Corneille, même dans celui-
» ci. Quant à M. Rénouard, il a manqué
» tout à fait son affaire; il ne montre
» d'autre talent que celui de la versifica-
» tion, tout le reste est mauvais, très-
» mauvais : sa conception, ses détails,
» son résultat, sont manqués; il viole la
» vérité de l'histoire; ses caractères sont
» faux, sa politique est dangereuse, et
» peut être nuisible. Cette circonstance
» me confirme, ce que du reste chacun
» sait très-bien, qu'il est une énorme
» différence entre la lecture et la repré-

sentation d'une pièce. J'avais cru d'abord que celle-ci pouvait passer : ce n'est que ce soir que j'en ai vu les inconvéniens : les éloges prodigués aux Bourbons sont les moindres; les diatribes contre les révolutionnaires sont bien pires encore. M. Rénouard a été faire, du chef des Seize, le capucin Chabot de la Convention. Il y a dans sa pièce pour tous les partis, pour toutes les passions; si je la laissais donner dans Paris, on pourrait venir m'apprendre que cinquante personnes se sont égorgées dans le parterre. De plus, l'auteur a fait de Henri IV un vrai Philinte, et du duc de Guise un Figaro, ce qui est trop choquant en histoire. Le duc de Guise était un des plus grands personnages de son temps, avec des qualités et des talens supérieurs, et auquel il ne manqua que d'oser, pour commencer, dès-lors, la quatrième dynastie; de plus, c'est un parent de l'Impératrice, un prince de la maison d'Autriche avec qui nous sommes en amitié; dont l'ambassadeur était présent ce soir à la représentation. L'auteur a plus d'une fois étrangement méconnu toutes les convenances. » Et l'Empereur disait ensuite se raffermir plus que jamais dans la détermination qu'il avait prise, de ne pas laisser jouer une tragédie nouvelle sur le théâtre public, avant qu'elle n'eût été mise à l'épreuve sur le théâtre de la Cour. Il fit donc interdire la représentation des États de Blois. Mais ce qui est bien digne de remarque, c'est que sous le Roi, cette pièce a reparu solennellement avec toute la faveur que devait lui donner la proscription de l'Empereur, et qu'elle est tombée néanmoins, tant avait été juste le jugement que Napoléon en avait porté.

Talma, le célèbre tragique, parvenait très-souvent jusqu'à l'Empereur, qui faisait grand cas de son talent et le récompensait magnifiquement. Quand le Premier Consul devint Empereur, les bruits de Paris furent qu'il faisait venir Talma pour prendre des leçons d'attitude et de costume. L'Empereur, qui n'ignorait jamais rien de ce qui se disait contre lui, en plaisantait un jour Talma; celui-ci en demeurait déconcerté, confondu. « Vous avez tort, lui disait l'Empereur, je n'aurais sans doute eu rien » de mieux à faire, si toutefois j'en avais » eu le temps. » Et alors c'était lui qui donnait à Talma des leçons sur son art: « Racine, lui disait-il, a mal à propos chargé *Oreste* en niaiseries, et vous le chargez encore davantage; dans la Mort de Pompée, vous ne jouez pas *César* en grand homme; dans Britannicus, vous ne jouez pas *Néron* en tyran, etc. » et tout le monde sait que ce grand acteur a fait en effet depuis de grandes corrections dans ces rôles fameux.

Jeudi 29.

Les faiseurs d'affaires dans la révolution. — Crédit de l'Empereur à son retour. — Sa réputation dans les bureaux comme vérificateur. — Ministres des Finances, du Trésor. — Cadastre.

Après le travail, l'Empereur a été se promener dans le jardin; nous sommes ensuite montés en calèche; il faisait tout à fait nuit, et pleuvait fort quand nous sommes rentrés.

Après le dîner, et pendant le café, que nous avons pris à table dans la salle à manger, la conversation est tombée sur ce qu'on appelle à Paris les *gens d'affaires*, les *grandes fortunes* acquises dans la révolution. Il n'était pas une de ces personnes dont l'Empereur ne connût le nom, la famille, les affaires et le degré de moralité.

À peine Premier Consul, il se trouva aux prises, dit-il, avec la célèbre Madame *Récamier* : son père avait été placé dans les postes ; Napoléon en entrant au Gouvernement, avait été obligé de signer de confiance une foule de listes ; mais il eut bientôt établi une grande surveillance dans toutes les parties ; il trouva qu'une correspondance avec les Chouans se faisait sous le couvert de M. Bernard, père de Mme Récamier : il fut aussitôt destitué, et courait risque d'être jugé, et mis à mort. Sa fille accourut auprès du Premier Consul, et, sur ses sollicitations, le Premier Consul voulut bien faire grâce du procès ; mais il fut inébranlable sur le reste, et Mme Récamier, habituée à tout obtenir, ne prétendait à rien moins qu'à la réintégration de son père : telles étaient les mœurs du temps. Cette sévérité de la part du Premier Consul fit jeter les hauts cris, on n'y était pas accoutumé ; Mme Récamier et ses partisans, qui étaient fort nombreux, ne le lui pardonnèrent jamais.

Les fournisseurs et les faiseurs d'affaires étaient ceux surtout qui tenaient le plus au cœur du nouveau magistrat suprême, qui appelait cette classe le fléau, la lèpre d'une nation. L'Empereur observait que la France entière n'aurait pas suffi alors à ceux de Paris; qu'à son arrivée à la tête des affaires ils composaient une véritable puissance; et qu'ils étaient des plus dangereux pour l'État, dont ils obstruaient et corrompaient les ressorts par leurs intrigues, celles de leurs agens et de leur nombreuse clientelle. Au vrai, ils ne pouvaient, disait-il, jamais présenter que des sources empoisonnées et ruineuses, à la façon des juifs et des usuriers. Ils avaient déconsidéré le Directoire, et ils prétendaient bien diriger aussi le Consulat : on peut dire qu'ils composaient alors la tête de la société, qu'ils y tenaient le premier rang.

« Un des plus grands pas rétrogrades, » disait l'Empereur, « que je fis faire à la » société, vers son état et ses mœurs » passées, fut de faire rentrer tout ce » faux lustre dans la foule; jamais je n'en » voulus élever aucun aux honneurs : de » toutes les aristocraties, celle-là me » semblait la pire. »

L'Empereur rend à Lebrun la justice

de l'avoir affermi spécialement dans ce principe. « Ce parti m'en a toujours
» voulu depuis, disait l'Empereur ; mais
» ce qu'il m'a bien moins pardonné en-
» core, c'est l'inquisition sévère que je
» faisais exercer dans leurs comptes vis-
» à-vis du Gouvernement. »

L'Empereur disait avoir fait à ce sujet un usage admirable de son conseil d'État : il nommait une commission de quatre ou cinq de ses membres, gens intègres et capables ; ils lui faisaient leur rapport, et lui, Premier Consul ou Empereur, n'avait plus, s'il y avait lieu à poursuites, qu'à apposer au bas : *Renvoyé au Grand Juge pour faire exécuter les lois.* Arrivé à ce point, les impliqués venaient d'ordinaire à composition ; ils regorgeaient un, deux, trois, quatre millions, plutôt que de se laisser poursuivre. L'Empereur savait bien que tous ces faits étaient faussement représentés dans les cercles de la capitale, qu'ils lui créaient une foule d'ennemis, lui attiraient les reproches d'arbitraire et de tyrannie ; mais il acquittait un grand devoir vis-à-vis de la société en masse, et elle devait, pensait-il, lui tenir compte de pareilles mesures vis-à-vis ces sangsues publiques.

« Les hommes sont toujours les mêmes, disait Napoléon ; depuis Pharamon, les traitans se sont toujours conduits ainsi, et on en a toujours usé de même à leur égard ; mais à aucune époque de la monarchie, ils n'ont été attaqués avec des formes aussi légales, ni abordés avec autant d'énergie et de franchise que par moi. L'opinion des gens d'affaires eux-mêmes était bien différente de celle des salons ; ceux qui avait de la moralité et de la droiture, trouvaient même une nouvelle garantie dans cette extrême sévérité, et il s'en est vu une preuve bien remarquable au retour de l'île d'Elbe ; des maisons de Londres, d'Amsterdam, m'ont ouvert secrètement un crédit de quatre-vingts à cent millions, au simple taux de sept à huit pour cent. L'argent qu'elles déposaient au trésor à Paris, net de tout, leur était payé par des rentes sur le grand-livre à cinquante ; elles étaient alors pour le public à cinquante-six ou cinquante-sept. »

Cette ressource, si utile pour les affaires, dans la crise où l'on se trouvait, et si satisfaisante, si flatteuse pour celui qui en était l'objet, prouve l'opinion véritable que l'on avait en Europe sur l'Empereur, et la confiance qu'il inspirait dans les affaires. Cette négociation inconnue dans le temps, explique ce qu'on ne comprit pas alors à Paris, les moyens financiers que l'Empereur se trouva posséder tout-à-coup à son retour.

L'Empereur jouissait d'une réputation singulière parmi tous les bureaucrates et les faiseurs de chiffres; c'est qu'il s'y entendait réellement beaucoup lui-même. « Ce qui commença ma réputa» tion, disait-il, fut que vérifiant la » balance d'une année lors du Consulat, » je relevai une erreur de deux millions » qui se trouvaient au désavantage de la » République. M. Dufresne, alors chef » de la trésorerie, au demeurant parfai» tement honnête, n'en voulait d'abord » rien croire; pourtant c'était une affaire » de chiffres, il fallut bien en convenir. » On fut plusieurs mois à la trésorerie à » pouvoir découvrir l'erreur : elle se » trouva enfin dans un compte du four» nisseur Séguin, qui en convint aussi» tôt, sur la présentation des pièces, et » restitua, disant qu'il s'était trompé. »

Une autre fois, Napoléon, visitant la solde de la garnison de Paris, marqua un article de soixante et quelques mille francs, affectés à un détachement qu'il assura n'avoir jamais été dans la capitale. Le ministre nota cet objet, comme par complaisance, intérieurement convaincu que l'Empereur se trompait; c'était pourtant vrai, et la somme dut être rétablie*.

*« La publication du Mémorial m'a fait recevoir de l'autorité la plus compétente (le Ministre même du Trésor), la confirmation la plus positive de l'article ci-dessus : voici les détails qui m'ont été adressés à ce sujet. Je les transcris littéralement.

« Tous les dix jours (décadi) le directeur, ensuite ministre du trésor, apportait au Premier Consul des états de la situation de toutes les parties de la finance; ils formaient un volume de trente-cinq à quarante pages grand in-folio. C'étaient de nombreuses colonnes de chiffres, auxquelles dix commis avaient travaillé pendant plusieurs jours. Le Premier Consul les parcourant, s'arrêtait à divers articles, demandait des explications, en donnait lui-même; c'était une chose merveilleuse que sa promptitude à démêler, dans ces lignes pressées, ce qui était vraiment important. Un jour, dans le cours du travail, son doigt s'arrêta sur un article de soixante mille francs payés à un régiment. Il le fait remarquer au ministre et dit : « La somme a-t-elle été payée à Paris?—Sans doute.—Les pièces bien vérifiées?—Assurément.—Eh bien! c'est une

L'Empereur regardait comme de la plus haute importance la séparation du ministère des finances d'avec celui du trésor: elle amenait la distinction des objets, et créait un contrôle mutuel. Le ministre du trésor était, sous un chef tel que lui, l'homme le plus important de l'Empire, disait-il; non pas comme ministre du trésor, mais comme contrôleur-général: toutes les ordonnances de l'Empire lui passaient sous les yeux; il pouvait donc découvrir les vols et les abus de quelque part qu'ils vinssent, et les faire connaître en secret au souverain; ce qui arrivait en effet journellement.

La *spécialité* était un autre point sur lequel il s'arrêtait avec complaisance, comme ayant été un des ressorts les plus heureux de son administration.

Parlant du *cadastre*, tel qu'il l'avait arrêté, il disait qu'il eût pu être consi-

---

» grande fraude, le détachement est à cent
» lieues d'ici : voyez dès aujourd'hui s'il y a de
» remède. »

« Je me fis rendre compte; c'était une fraude
» hardie, commise à l'aide de formules impri-
» mées, revêtues de signatures parfaitement
» imitées. »

déré à lui seul comme la véritable constitution de l'Empire; c'est-à-dire la véritable garantie des propriétés, et la certitude de l'indépendance de chacun; car une fois établi, et la législature ayant fixé l'impôt, chacun faisait aussitôt son propre compte, et n'avait plus à craindre l'arbitraire de l'autorité ou celle des répartiteurs, qui est le point le plus sensible et le moyen le plus sûr pour forcer à la soumission. L'Empereur, durant cette conversation, a donné son opinion sur les talens et le caractère de MM. *Gaudin, Mollien, Louis,* ainsi que la plupart de ses autres ministres et conseillers d'État, et a terminé le sujet en concluant qu'il était venu à bout de créer une administration la plus pure et la plus énergique sans doute de l'Europe; et qu'il en possédait tellement les détails lui-même, qu'il pensait qu'avec les Moniteurs seuls, il serait en état de tracer d'ici l'histoire de toute l'administration financière de la France durant son règne.

Vendredi 1ᵉʳ Mars.

Aujourd'hui sont arrivés des bâtimens venant du Cap; l'un deux était le Wellesley, de soixante-quatorze canons, qui portait dans sa cale un autre vaisseau démonté. Ils avaient été construits tous les deux dans l'Inde, en bois de teck, à trois quarts meilleur marché qu'en Angleterre. Ce bois est excellent, et le vaisseau de nature à durer beaucoup plus long-temps que ceux d'Europe; mais jusqu'ici on se plaint qu'ils marchent moins bien; toutefois c'est une révolution probable qui se prépare dans les matériaux et la construction de la marine anglaise.

Samedi 2.

La flotte de la Chine est arrivée ce matin; plusieurs vaisseaux sont entrés successivement dans la journée, et beaucoup d'autres sont demeurés en vue: c'est la joie, la fête, la moisson de l'île. L'argent que laissent les passagers pendant leur courte relâche, fait une grande partie des revenus des habitans.

A cinq heures, l'Empereur est sorti dans le jardin, et est descendu à pied jusqu'à l'ouverture d'une gorge d'où l'on découvrait plusieurs vaisseaux faisant route à toutes voiles pour le mouillage. Le dernier bâtiment, venu du Cap, avait apporté un phaéton pour l'Empereur : il a voulu l'essayer ce soir, il y est monté avec le Grand-Maréchal, et a fait un tour dans le parc ; il a trouvé cette espèce de voiture inutile ici et ridicule pour lui. Le soir, après dîner, l'Empereur se sentait fatigué, il se plaignait depuis plusieurs jours ; il s'est retiré de fort bonne heure.

Dimanche 3.

Sur l'invasion en Angleterre.— Détails.

L'Empereur m'a fait venir sur les deux heures ; il faisait sa toilette et m'a dit que je voyais en lui un homme mort, bon à enterrer ; que je devais en savoir quelque chose, qu'il avait dû m'éveiller souvent dans la nuit. Effectivement je l'avais entendu constamment tousser et éternuer ; il avait un rhume de cerveau des plus violens ; il l'avait pris hier au soir, en demeurant trop tard à l'humidité ; il se promettait bien, à l'avenir, d'être toujours rentré à six heures. La toilette faite, il s'est mis à travailler un moment à l'anglais ; cela n'a pas été long, il était réellement accablé, tant il avait la tête prise. Il m'a dit de m'asseoir à côté de lui, et m'a fait bavarder

plus de deux heures sur Londres, durant mon émigration. Un moment il dit : « Ont-ils eu bien peur de mon in-
» vasion en Angleterre? Quelle fut alors
» l'opinion générale à ce sujet? — Sire,
» ai-je répondu, je ne saurais vous le
» dire, j'étais déjà repassé en France.
» Mais dans les salons de Paris, nous
» faisions des gorges chaudes, et les An-
» glais qui s'y trouvaient faisaient comme
» nous : nous racontions que chacun
» jusqu'à Brunet même, s'en moquait,
» et que vous aviez fait mettre ce dernier
» en prison, pour avoir eu l'insolence de
» plaisanter dans ses rôles, avec des co-
» quilles de noix surnageant dans une
» cuvette, ce qu'il appelait travailler aussi
» à sa petite flottille. — Eh bien, a repris
» l'Empereur, vous avez pu en rire à
» Paris, mais Pitt n'en riait pas dans
» Londres; il eut bientôt mesuré toute
» l'étendue du danger; aussi me jeta-t-il
» une coalition sur le dos au moment où
» je levais le bras pour frapper. Jamais
» l'olygarchie anglaise ne courut de plus
» grand péril.

» Je m'étais ménagé la possibilité du
» débarquement; je possédais la meil-
» leure armée qui fut jamais, celle d'Aus-

terlitz, c'est tout dire. Quatre jours
m'eussent suffi pour me trouver dans
Londres ; je n'y serais point entré en
conquérant, mais en libérateur : j'aurais renouvelé Guillaume III, mais avec
plus de générosité et de désintéressement. La discipline de mon armée eût
été parfaite, elle se fût conduite dans
Londres, comme si elle eût été encore
dans Paris : point de sacrifices, pas
même de contributions exigées des
Anglais ; nous ne leur eussions pas présenté des vainqueurs, mais des frères
qui venaient les rendre à la liberté, à
leurs droits. Je leur eusse dit de s'as-
sembler, de travailler eux-mêmes à
leur régénération, qu'ils étaient nos
aînés en fait de législation politique ;
que nous ne voulions y être pour rien,
autrement que pour jouir de leur bonheur et de leur prospérité, et j'eusse
été strictement de bonne foi. Aussi,
quelques mois ne se seraient pas
écoulés, que ces deux nations, si violemment ennemies, n'eussent plus
composé que des peuples identifiés
désormais par leurs principes, leurs
maximes, leurs intérêts ; et je serais
parti de là pour opérer, du Midi au

» Nord, sous les couleurs républicaines
» (j'étais alors Premier Consul), la
» régénération européenne, que plus
» tard j'ai été sur le point d'opérer du
» Nord au Midi, sous les formes monar-
» chiques. Et ces deux systèmes pouvaient
» être également bons, puisqu'ils ten-
» daient tous les deux au même but, et
» se seraient tous deux opérés avec fer-
» meté, modération et bonne foi. Que
» de maux qui nous sont connus, que
» de maux que nous ne connaissons pas
» encore, eussent été épargnés à cette
» pauvre Europe! Jamais projet, plus
» large dans les intérêts de la civilisation,
» ne fut conçu avec des intentions plus
» généreuses, et n'approcha davantage
» de son exécution. Et, chose bien re-
» marquable, les obstacles qui m'ont
» fait échouer ne sont point venus des
» hommes; ils sont tous venus des élé-
» mens: dans le Midi, c'est la mer qui
» m'a perdu; et c'est l'incendie de Mos-
» cow, les glaces de l'hiver, qui m'ont
» perdu dans le Nord; ainsi, l'eau, l'air
» et le feu, toute la nature, et rien que
» la nature; voilà quels ont été les en-
» nemis d'une régénération universelle
» commandée par la nature même!!

« Les problèmes de la Providence sont insolubles !!!... »

Après quelques instans de silence, l'Empereur en est revenu à développer son invasion : « On croyait, a-t-il dit, que mon invasion n'était qu'une vaine menace, parce qu'on ne voyait aucun moyen raisonnable de la tenter ; mais je m'y étais pris de loin, j'opérais sans être aperçu ; j'avais dispersé tous nos vaisseaux, les Anglais étaient obligés de courir après sur les divers points du globe ; les nôtres pourtant n'avaient d'autre but que de revenir, à l'improviste, et tout à la fois, se réunir en masse sur nos côtes. Je devais avoir soixante-dix ou quatre-vingts vaisseaux français ou espagnols dans la Manche ; j'avais calculé que j'en demeurerais maître pendant deux mois ; j'avais trois ou quatre mille petits bâtimens qui n'attendaient que le signal ; mes cent mille hommes faisaient chaque jour la manœuvre de l'embarquement et du débarquement, comme tout autre temps de leur exercice ; ils étaient pleins d'ardeur et de bonne volonté, l'entreprise était très-populaire parmi les Français, et nous étions appelés par les vœux

» d'une grande partie des Anglais. Mon
» débarquement opéré, je ne devais cal-
» culer que sur une seule bataille rangée;
» l'issue n'en pouvait être douteuse, et
» la victoire nous plaçait dans Londres;
» car le local du pays n'admettait point
» de guerre de chicane; ma conduite
» morale eût fait le reste. Le peuple an-
» glais gémissait sous le joug de l'olygar-
» chie; dès qu'il eût vu son orgueil mé-
» nagé, il eût été tout aussitôt à nous;
» nous n'eussions plus été pour lui que
» des alliés venus pour le délivrer. Nous
» nous présentions avec les mots magi-
» ques de liberté et d'égalité, etc. »

Et après être revenu encore à une foule de petits détails d'exécution tous admirables, et avoir fait remarquer combien peu il avait tenu que le tout ne s'exécutât, il s'est interrompu assez brusquement, disant : « Mais sortons, » allons faire un tour. »

Et nous avons été nous promener dans le jardin. Le temps, qui avait été pluvieux depuis trois jours, s'était remis tout à fait au beau. Cependant l'Empereur, se rappelant sa résolution d'être rentré à six heures, a demandé tout de suite la calèche, pour être revenu de bonne heure. Mon fils a suivi à cheval; c'était la première fois qu'il jouissait d'une telle faveur; il s'est fort bien acquitté de son début : l'Empereur l'en a complimenté.

L'Empereur, continuant d'être souffrant, s'est retiré encore de fort bonne heure.

Lundi 4.

Flotte de la Chine.

Aujourd'hui l'Empereur a reçu quelques capitaines de la flotte de la Chine; il a causé fort long-temps avec eux sur la nature de leur commerce, la facilité de leurs relations avec les Chinois, les mœurs de ceux-ci, etc., etc.... Ces bâtimens de la Chine sont de quatorze ou quinze cents tonneaux, à-peu-près égaux aux vaisseaux de soixante-quatre; ils tirent vingt-deux ou vingt-trois pieds; ils sont chargés, presqu'en totalité, de thé; l'un d'eux en avait près de quinze cents tonneaux à bord. Les six bâtimens qui sont entrés hier sont estimés environ soixante millions, et comme ils seront frappés en arrivant d'un droit de cent pour cent ils jetteront dans la circulation de l'Europe une valeur de cent vingt millions.

Les Européens ont très-peu de liberté à Canton : ils ne peuvent guère circuler que dans les faubourgs ; ils sont traités avec le plus grand mépris par les Chinois, qui exercent sur eux une grande supériorité et beaucoup d'arbitraire. Ceux-ci sont très-intelligens et fort perspicaces, industrieux, alertes, voleurs et de mauvaise foi. Toutes les affaires se traitent en langues européennes, qu'ils parlent avec facilité.

L'arrivée des flottes ici, fait le bonheur de l'île et celui des passagers ; les habitans vendent leurs denrées, et achètent leurs provisions ; les passagers respirent l'air de terre, et se rafraîchissent. Ce mouvement dure ordinairement quinze jours ou trois semaines ; mais dans cette circonstance, l'Amiral, au grand chagrin de tous, a réduit la relâche à deux jours seulement pour les deux premiers bâtimens venus, obligeant le reste à demeurer sous voiles au-dehors, pour n'entrer successivement de la sorte que deux à deux. Il faut qu'il ait reçu des ordres bien sévères ou qu'il conçoive de vives inquiétudes, dont nous ne nous doutons pas.

L'Empereur s'est promené pendant quelque temps dans le jardin, avant de monter en calèche. Au travers les arbres, dans le voisinage, on voyait roder plusieurs des officiers nouvellement venus, qui cherchaient à apercevoir l'Empereur; ils y attachaient un prix infini.

Mardi 5.

Cour de l'Empereur, étiquette, etc. — Anecdote de Tarare. — Grands officiers. — Chambellans. — Splendeur sans égale de la Cour des Tuileries. — Belle administration du palais. — Intention de l'Empereur à ses levers. — Grand couvert. — De la Cour et de la Ville.

Aujourd'hui, la conversation de l'Empereur est tombée sur sa Cour et sur son étiquette; il s'y est arrêté fort longtemps. Voici ce que j'en ai recueilli :

Au moment de la révolution, disait-il, la Cour d'Espagne, celle de Naples, reposaient encore sur l'importance et la grandeur de Louis XIV, mêlées à la boursoufflure et à l'exagération des Castillans et des Maures. Elles étaient tristes et ridicules; celles de Pétersbourg avait pris la couleur et les formes des salons; à Vienne, elle était devenue bourgeoise; et il ne restait pas de vestiges du bel esprit, des grâces et du bon goût de celle de Versailles.

Napoléon, arrivant à la souveraine puissance, trouva donc, ainsi qu'on le dit vulgairement, *terre rase et maison nette*, et put composer une Cour tout-à-fait à son gré. Il rechercha, dit-il, un milieu raisonnable, voulant accorder la dignité du trône avec nos mœurs nouvelles, et surtout faire servir cette création à l'amélioration des manières des grands, et à l'industrie du peuple. Certes ce n'était pas une petite affaire que de relever un trône sur le terrain même où l'on avait juridiquement exécuté le Monarque régnant, et où chaque année l'on avait juré constitutionnellement la haine des Rois. Ce n'était pas une petite affaire que de rétablir les dignités, les titres, les décorations, au milieu d'un peuple qui combattait et triomphait depuis quinze ans, pour les proscrire. Toutefois Napoléon, qui semblait toujours faire ce qu'il voulait, disait-il, parce qu'il avait l'art de vouloir juste et à propos, enleva de haute lutte ces difficultés. On le fit Empereur, il créa des grands et se composa une Cour. Bientôt la victoire sembla prendre le soin elle-même d'affermir et d'illustrer subitement ce nouvel ordre de choses. Toute l'Europe le reconnut, et il fut même un moment où l'on eût dit que toutes les Cours du continent étaient accourues à Paris pour composer celle des Tûileries, qui devint la plus brillante et la plus nombreuse que l'on eût jamais vue. Elle eut des cercles, des ballets, des spectacles; on y étala une magnificence et une grandeur extraordinaires. La seule personne du souverain conserva toujours une extrême simplicité, qui servait même à le faire reconnaître. C'est que ce luxe, ce faste, qu'il encourageait autour de lui, étaient dans ses combinaisons, disait-il, non dans ses goûts. Ce luxe, ce faste, étaient calculés pour exiter et payer nos manufactures et notre industrie nationale. Les cérémonies et les fêtes du mariage de l'Impératrice, et celles du baptême du Roi de Rome, ont laissé bien loin derrière tout ce qui les a devancées, et ne se renouvelleront probablement jamais.

L'Empereur prit à tâche de rétablir au dehors tout ce qui pouvait le mettre en harmonie avec les autres Cours de l'Europe; mais au dedans, il eut le soin constant d'ajuster les formes anciennes avec nos nouvelles mœurs.

Ainsi, il rétablit les levers et les couchers de nos Rois; mais, au lieu qu'ils étaient réels alors, ils ne furent plus que nominaux. Au lieu de présenter les plus petits détails d'une vraie toilette et les saletés qui pouvaient en être la suite, ces instans, sous l'Empereur, n'étaient réellement consacrés qu'à recevoir le matin, ou congédier le soir ceux de la maison qui avaient des ordres directs à prendre de lui, et dont la prérogative était de pouvoir lui faire leur cour à ces heures privilégiées.

Ainsi l'Empereur rétablit des présentations spéciales auprès de sa personne, des admissions à sa Cour; mais au lieu de ne se décider que sur la naissance, ce ne fut plus que sur la base combinée de la fortune, de l'influence et des services.

Ainsi l'Empereur créa des titres, dont la qualification donnait la main à l'ancienne féodalité; mais sans valeur réelle, et d'un but purement national, sans prérogatives, sans priviléges; ils allaient atteindre toutes les naissances, tous les services, toutes les professions. Il se disait un rapprochement utile avec les mœurs de la vieille Europe au-dehors, et un hochet innocent pour bien des vanités du dedans. « Car, observait-il, « combien d'hommes supérieurs sont en-« fans plus d'une fois dans la journée ! »

Ainsi l'Empereur fit reparaître des décorations, et distribua des croix et des cordons; mais, au lieu de ne les répandre que sur des classes spéciales et privilégiées, il les étendit à toute la société, à tous les genres de services, à tous les genres de talens; et, par un privilége exclusif peut-être en la personne de Napoléon, plus il en accorda, plus ils acquirent de prix. Il estime à vingt-cinq mille peut-être, le nombre des décorations de la Légion d'honneur qu'il a distribuées; et le désir de les obtenir, disait-il, allait toujours croissant: c'était devenu une espèce de fureur. Après la campagne de Wagram, il l'adressa à l'archiduc Charles; et, par un raffinement de galanterie qui n'appartenait qu'à Napoléon, ce fut la croix d'argent, précisément celle du simple soldat, qu'il lui envoya.

C'était, disait l'Empereur, la pratique fidèle et volontaire des maximes qu'on vient de voir, qui faisait de lui le Monarque vraiment national, et qui aurait rendu la quatrième dynastie, la dynastie vraiment constitutionnelle. « Aussi, » observait-il souvent, le peuple du plus » bas étage en avait-il l'instinct secret. » Et à ce sujet il racontait qu'en revenant de son couronnement d'Italie, et dans les environs de Lyon, la population accourant sur les routes, il lui prit fantaisie de monter seul et à pied la montagne de *Tarare*. Il avait défendu que personne ne le suivît; se mêlant à la foule, il accosta une bonne vieille à qui il demanda ce que cela signifiait; elle lui répondit que c'était l'Empereur qui allait passer. Sur quoi, après quelques paroles de politique, il lui dit : « Mais » la bonne, autrefois vous aviez *le tyran* » *Capet*, à présent vous avez *le tyran* » *Napoléon*, que diable avez-vous gagné » à tout cela? » La force de l'argument, disait Napoléon, déconcerta la vieille pour un moment. Mais cependant elle se remit et lui répondit : « Mais pardonnez-moi, Monsieur : après tout, il » y a une grande différence, nous avons » choisi celui-ci, et nous avions l'autre » par hasard.... Et la bonne vieille avait » raison, ajoutait l'Empereur, et elle » découvrait là plus d'instinct et de bon sens que bien des gens d'une grande instruction et de beaucoup d'esprit. »

L'Empereur s'entoura de grands officiers de la couronne; il se composa une nombreuse maison d'honneur en chambellans, écuyers et autres; il les prit, et parmi les personnes nouvelles que la révolution avait élevées, et dans les familles anciennes qu'elle avait dépouillées. Les premiers se regardaient sur un terrain qu'ils avaient acquis, les autres sur un terrain qu'ils croyaient recouvrer. Pour l'Empereur, il ne cherchait dans ce mélange que l'extinction des haines et la fusion des partis. Toutefois il est aisé, dit-il, d'apercevoir des mœurs et des manières bien différentes : les anciens mettaient bien plus d'empressement et de grâce dans leur service; une Mme de Montmorency se serait précipitée pour renouer les souliers de l'Impératrice; une dame nouvelle y eût répugné; celle-ci eût craint d'être prise pour une femme de chambre; Mme de Montmorency n'avait nullement cette crainte. Ces emplois d'honneur étaient pour la plupart sans émolument, ils portaient même à de grandes dépenses; mais ils mettaient chaque jour sous les yeux du maître, d'un maître tout-puissant, source des honneurs et des grâces, et qui avait dit hautement qu'il ne voulait pas qu'un officier de sa maison s'adressât à d'autre qu'à lui.

Au moment du mariage de l'Impératrice, l'Empereur fit une recrue nombreuse de chambellans dans les premiers rangs de l'ancienne aristocratie; tout à la fois pour montrer à l'Europe qu'il n'existait plus qu'un parti en France, et pour entourer l'Impératrice de noms qui eussent pu lui être familiers peut-être. L'Empereur balança même à prendre dans cette classe la dame d'honneur; la crainte que l'Impératrice, dont il ne connaissait pas le caractère, n'arrivât avec des préjugés de naissance qui en fleraient trop l'ancien parti, lui fit faire un autre choix.

Depuis cet instant jusqu'au moment de nos revers, les plus anciennes, de plus illustres familles sollicitaient avec ardeur d'entrer dans la maison de l'Empereur: et comment ne l'eussent-elles pas fait! l'Empereur gouvernait le monde, il avait élevé la France et les Français au-dessus des nations; la puissance, la gloire, la force, étaient son cortége ; on était heureux d'entrer dans l'atmosphère d'un tel lustre ; appartenir directement à sa personne, était, au-dedans et au-dehors, un titre à la considération, aux hommages, aux respects.

Lors de la restauration, un royaliste, qui s'était conservé pur et devant lequel j'avais trouvé grâce, me disait le plus sérieusement du monde (car quelle différence d'idées n'amène point la différence des partis), qu'avec mon nom et la conduite franche que j'avais tenue, je ne devais pas désespérer de pouvoir me placer encore auprès du Roi, ou dans la maison de quelque prince ou princesse. Quel fut le renversement de ses idées quand je lui répondis : « Mon cher, je me le suis rendu impossible : j'ai servi le maître le plus puissant de la terre, je ne saurais désormais prendre rien de pareil auprès de qui que ce soit ici bas. Sachez que quand nous allions porter au loin les ordres de l'Empereur dans les Cours étrangères, en portant sa couleur, nous nous considérions et nous étions considérés partout à l'égal des princes. Il nous a fait voir jusqu'à sept Rois attendant dans ses salons, au milieu de nous et avec

» nous. Lors de son mariage, quatre
» reines portaient le manteau de l'Impé-
» ratrice, dont un de nous pourtant était
» le chevalier d'honneur et un autre l'é-
» cuyer. Croyez donc, mon cher, qu'une
» ambition généreuse se trouve rassasiée
» après de telles grandeurs. »

Du reste, la magnificence et la splendeur qui composaient cette Cour sans
exemple, reposaient sur un ordre et
une régularité d'administration qui ont
fait l'étonnement et l'admiration de ceux
qui sont venus en fouiller les débris.
L'Empereur en inspectait plusieurs fois
lui-même les comptes dans l'année. On
a trouvé tous ses châteaux réparés et
embellis; ils renfermaient près de quarante millions de mobilier et quatre
millions de vaisselle. S'il eût joui de
quelques années de paix, l'imagination
a de la peine à s'arrêter, dit-il, sur ce
qu'il aurait pu faire.

L'Empereur disait avoir eu une idée
heureuse qu'il était bien fâché de n'a-
voir pas exécutée; c'était d'avoir chargé
quelques personnes de rechercher les
pétitions les plus importantes: « Elles
» m'eussent indiqué chaque jour, disait-
» il, trois ou quatre particuliers des pro-

vinces, qui auraient été admis à mon lever, et m'auraient expliqué directement leur affaire; je l'eusse discutée immédiatement avec eux, et je leur eusse rendu prompte justice. »

Je disais à l'Empereur que la commission qu'il avait créée fort anciennement sous le titre de Commission des Pétitions, approchait infiniment de son idée actuelle, et faisait en effet beaucoup de bien. J'en avais été président lors du retour de l'île d'Elbe; et, dans le premier mois, j'avais déjà fait droit à plus de quatre mille pétitions.

« Il est vrai, lui disais-je, que les circonstances d'abord, et l'habitude ensuite, n'avaient jamais permis à cet établissement de jouir de la plus précieuse prérogative dont il avait doté sa création; celle qui aurait produit sans doute le plus d'effet sur l'opinion, savoir, de lui présenter officiellement, à sa grande audience du dimanche, le résultat du travail de toute la semaine. » Mais la nature des choses, les constantes expéditions de l'Empereur, et surtout la jalousie des ministres, tout avait concouru à dépouiller cette commission de ce beau privilége.

2. 16

L'Empereur était fâché aussi, disait-
il, de n'avoir point établi, par l'étiquette
du palais, que toutes les personnes pré-
sentées, les femmes surtout qui pou-
raient prétendre à obtenir de lui une
audience, arriveraient de plein droit [au]
salon de service. L'Empereur, le tra-
versant plusieurs fois dans la journée,
eût pu satisfaire en passant à quelques-
unes de leurs demandes, et se [serait]
épargné de la sorte le refus des
audiences ou la perte du temps qu'elles
lui causaient.

L'Empereur avait balancé quelque
temps, disait-il, à rétablir le grand couvert de nos rois, c'est-à-dire, le dîner
en public, chaque dimanche, de toute
la famille Impériale. Il nous a demandé
notre avis ; nous différions : les uns [l'ap-]
prouvaient, présentaient ce spectacle
de famille comme fort moral pour le
public, et propre à produire le meilleur
effet sur son esprit ; c'était d'ailleurs,
disaient-ils, un moyen pour cha[que]
individu de voir son souverain : d'au[tres]
le combattaient, objectant qu'il y [avait]
dans cette cérémonie quelque chose
d'idole et de féodal, de badauderie [et]
de servilité, qui n'était plus dans

mœurs ni dans leur dignité moderne. On pouvait bien aller voir le souverain à l'église ou au spectacle ; là, on concourait du moins à ces actes religieux où l'on prenait part à ses plaisirs ; mais, aller le voir manger, c'était se donner un ridicule mutuel : la souveraineté, devenue, ainsi que l'avait si bien dit l'Empereur, une magistrature, ne devait se montrer qu'en pleine activité, accordant des grâces, réparant des torts, expédiant des affaires, passant des revues, mais surtout dépouillée des infirmités ou des besoins de l'homme, etc. Son utilité, ses bienfaits, devaient être son nouveau prestige ; l'apparition du souverain devait être de tous les instans et inattendue, comme la Providence : telle était l'école nouvelle, telle avait été la nôtre.

« Eh bien, disait l'Empereur, il est » peut-être vrai que les circonstances » du temps auraient dû borner cette » cérémonie au prince impérial, et seu-» lement au temps de sa jeunesse ; car » c'était l'enfant de toute la nation, il » devait donc appartenir dès-lors à tous » les sentimens, à tous les yeux. »

Au retour de l'île d'Elbe, l'Empereur

disait avoir eu la pensée de dîner chaque dimanche dans la galerie de Diane,
au milieu de quatre ou cinq cents convives; ce qui eût été sans doute, disait-
il, d'un immense effet sur le public,
surtout au moment du Champ de Mai,
lors de la réunion des députés des
départemens à Paris; mais la rapidité
et l'importance des affaires l'en empê-
chèrent : il craignit aussi peut-être
qu'on ne vît dans cette mesure une trop
grande affectation de popularité, et que
les ennemis du dehors ne la transfor-
massent en crainte de sa part.

On est dans l'habitude, disait l'Empereur, de citer l'influence du ton et
des manières de la Cour sur celles d'une
nation : il était loin d'avoir obtenu,
remarquait-il, aucun résultat à ce sujet;
mais c'était le vice des circonstances et
de plusieurs combinaisons inaperçues;
il y avait beaucoup réfléchi, et il pensait qu'il l'eût obtenu avec le temps.

« La Cour, continuait-il, prise col-
» lectivement, n'exerce point cette in-
» fluence; ce n'est que parce que ses
» élémens, ceux qui la composent, vont
» propager, chacun dans sa sphère d'ac-
» tivité, ce qu'ils ont puisé à la source

commune; le ton de la Cour n'arrive donc à toute une nation qu'au travers des sociétés intermédiaires. Or, nous n'avions pas de sociétés, nous ne pouvions point encore en avoir. Les sociétés, ces réunions pleines de charmes, où l'on jouit si bien des avantages de la civilisation, disparaissent subitement devant les révolutions, et ne se rétablissent qu'avec lenteur après la tempête. Les bases indispensables de la société sont l'oisiveté et le luxe; or nous étions encore tous dans l'agitation, et les grandes fortunes n'étaient pas encore bien établies. Un grand nombre de spectacles, une foule d'établissemens publics, présentaient d'ailleurs des plaisirs plus faciles, moins gênans, plus vifs. La génération des femmes du jour était jeune; elles aimaient mieux courir et se montrer en public que de demeurer chez elles et se composer un cercle rétréci. Mais elles auraient vieilli, disait-il, et avec un peu de temps et de repos, toutes les choses eussent repris leur allure naturelle. Et puis encore, observait-il, ce serait peut-être une erreur que de juger d'une Cour moderne par le sou-

» venir des Cours anciennes : les Cours
» anciennes étaient véritablement la puis-
» sance ; on disait la Cour et la Ville.
» Aujourd'hui, si l'on voulait parler
» juste, on était obligé de dire la Ville
» et la Cour. Les seigneurs féodaux,
» depuis qu'ils avaient perdu leur pou-
» voir, cherchaient en dédommagement
» leurs jouissances. Les souverains eux-
» mêmes semblaient désormais soumis
» cette loi : le trône, avec nos idées
» libérales, cessait insensiblement d'être
» une seigneurie, et devenait purement
» une magistrature ; le prince, n'ayant
» plus qu'une représentation morale,
» toujours triste et ennuyeuse à la lon-
» gue, devait chercher à s'y dérober
» pour venir, en simple citoyen, prendre
» sa part des charmes de la société. »

Parmi une grande quantité de mesures nouvelles projetées par l'Empereur
pour un avenir plus tranquille, son idée
favorite avait été, la paix obtenue et le
repos conquis, de ne plus vivre que
pour les épurations administratives et
les améliorations locales ; de se voir en
tournées perpétuelles dans les départemens : il eût visité et non parcouru,
campé et non voyagé ; il eût fait usage

de ses propres chevaux, se fût entouré de l'Impératrice, du Roi de Rome, de toute sa Cour. Toutefois il eût voulu que ce grand attirail n'eût été onéreux à personne, mais plutôt un bienfait pour tous : une tenture des Gobelins et tous les accessoires, traînés à sa suite, eussent meublé, décoré ses stations. Les autres personnes de la Cour, disait-il, eussent été logées à la craie chez les bourgeois, qui eussent regardé leurs hôtes comme un bienfait plutôt qu'un fardeau, parce qu'ils eussent toujours été pour eux la certitude de quelque avantage ou de quelques faveurs. « C'est là, continuait-il, que j'eusse pu, dans chaque lieu, prévenir les fraudes, châtier les dilapidateurs; ordonner des » édifices, des ponts, des chemins; » dessécher des marais, fertiliser des » terres, etc..... Si le Ciel alors, conti-» nuait-il, m'eût accordé quelques an-» nées, assurément j'aurais fait de Paris » la capitale de l'univers, et de toute la » France un véritable roman. » Il répétait souvent ces dernières paroles : que de gens déjà auront dit cela, ou le répéteront avec lui!

Mercredi 6.

Jeu d'échecs venu de la Chine. — Présentation des capitaines de la flotte de la Chine.

L'Empereur est monté à cheval à sept heures; il m'a dit d'appeler mon fils pour nous accompagner; c'était une grande faveur. Durant notre promenade, l'Empereur est descendu cinq ou six fois pour regarder, à l'aide d'une lunette, des vaisseaux qui étaient en vue; il en a reconnu un pour être Hollandais : les trois couleurs sont toujours pour nous un objet de sentiment et de vive émotion. Dans une de ces stations, le cheval le plus fringant de la bande s'est échappé, il a fallu le poursuivre long-temps; mon fils a gagné ses éperons; il l'a ramené triomphant et l'Empereur a observé que, dans un tournois, ce serait une victoire.

Au retour, l'Empereur a déjeûné à l'ombre; il nous a retenus tous.

Avant et après le déjeûner, l'Empereur a causé avec moi seul, à l'écart, d'objets sérieux et que je ne puis confier au papier.

La chaleur était devenue forte, il s'est retiré. Il était quatre heures et demie quand il m'a fait appeler ; sa toilette se finissait. Le docteur lui a apporté un jeu d'échecs qu'il avait été acheter à bord des bâtimens chinois ; l'Empereur en avait désiré un. Celui-ci avait été payé trente napoléons ; il était l'objet de l'admiration du bon docteur, et rien ne semblait plus ridicule à l'Empereur : toutes les pièces, au lieu de ressembler aux nôtres, étaient de grosses et lourdes images de leurs noms ; ainsi, un cavalier y était armé de toutes pièces, et la tour reposait sur un énorme éléphant, etc. L'Empereur n'a pu s'en servir, disant plaisamment qu'il lui faudrait une grue pour faire mouvoir chaque pièce.

Cependant, autour du jardin rôdaient encore beaucoup d'officiers ou des employés des bâtimens de la Chine. Leur curiosité, quelques heures auparavant, les avait portés à pénétrer chez nous ; nous avions été littéralement envahis dans nos chambres. L'un disait que l'orgueil de sa vie serait d'avoir vu Napoléon ; l'autre, qu'il n'oserait pas se présenter devant sa femme, en Angleterre, s'il ne pouvait lui dire qu'il avait été assez heureux pour apercevoir ses traits ; l'autre, qu'il abandonnerait tous les bénéfices de son voyage pour un seul coup d'œil, etc.

L'Empereur les a fait approcher; il serait difficile de rendre leur satisfaction et leur joie : ils n'avaient pas osé autant prétendre ni espérer. L'Empereur leur a fait, suivant son usage, de nombreuses questions sur la Chine, son commerce, ses habitans; leurs rapports, leurs mœurs, les missionnaires, etc. Il les a gardés plus d'une demi-heure avant de les congédier. A leur départ, nous lui peignions l'enthousiasme dont ces officiers nous avaient rendus les témoins; nous lui racontions tout ce qu'ils avaient laissé échapper à son sujet. « Je le crois
» bien, dit-il; vous ne vous apercevez
» pas qu'il sont des nôtres. Tout ce que
» vous avez vu là est du tiers état d'An-
» gleterre, les ennemis naturels, sans
» qu'ils s'en rendent peut être compte
» eux-mêmes, de leur vieille et insolente
» aristocratie. »

Au dîner l'Empereur a peu mangé, il n'était pas bien : après le café il a essayé une partie d'échecs; mais il était trop assoupi, et s'est retiré presque aussitôt.

Jeudi 7.
Mystification.

L'Empereur est monté de fort bonne heure à cheval; il m'a dit de nouveau d'appeler mon fils pour l'accompagner. L'Empereur, la veille, en le voyant à cheval, m'avait demandé si je ne lui faisais pas apprendre à panser son cheval, que rien n'était plus utile dans la vie, qu'il l'avait particulièrement ordonné dans l'école militaire de Saint-Germain. J'étais fâché qu'une pareille idée m'eût échappé, je la saisis avec ardeur, et mon fils encore davantage. Il montait dans ce moment un cheval auquel personne n'avait touché que lui. L'Empereur, à qui je le dis, en parut satisfait, et daigna lui faire subir une espèce de petit examen. Notre course a duré près de deux heures et demie, errant constamment autour de Longwood.

Au retour, l'Empereur a déjeûné dans le jardin, et nous a tous retenus.

Un instant avant le dîner, je me suis rendu, comme de coutume, au salon; l'Empereur y jouait une partie d'échecs avec le Grand-Maréchal. Le valet de chambre de service à la porte du salon est venu me porter une lettre; il y avait dessus : *très-pressé*. Par respect pour l'Empereur, je me cachais pour essayer de la lire; elle était en anglais; on y disait que j'avais fait un très-bel ouvrage; qu'il n'était pourtant pas exempt de fautes; que si je voulais les corriger dans une nouvelle édition, nul doute que l'ouvrage n'en valût beaucoup mieux; et sur ce, l'on priait Dieu qu'il m'eût en sa digne et sainte garde. Une pareille lettre excitait ma surprise; un peu ma colère; le rouge m'en était monté au visage; c'était au point que je ne m'étais pas donné le temps d'en considérer l'écriture. En la reparcourant, j'ai reconnu la main, malgré la beauté inusuelle de l'écriture, et je n'ai pu m'empêcher d'en rire beaucoup à part. Mais l'Empereur, qui me voyait par côté, m'a demandé de qui était la lettre qu'on m'avait remise. J'ai répondu que c'était un écrit qui m'avait imprimé un premier sentiment bien différent de celui qu'il me laisserait. Je le disais si naturellement, la mystification avait été si complète, qu'il se mit à rire aux larmes. La lettre était de lui; l'écolier avait voulu se moquer de son maître, et s'essayer

(Mars 1816) DE SAINTE-HÉLÈNE.

à ses dépens. Je garde soigneusem[ent]
cette lettre ; la gaîté, le style et la
constance, me la rendent plus préci[euse]
qu'aucun diplôme qu'eût pu me d[onner]
l'Empereur au temps de sa puiss[ance.]

Vendredi 8.

L'Empereur en état d'employer
— Sur la médecine. — Corvisart
tion. — Sur la peste. — Médec[in de Ba-]
bylone.

L'Empereur n'avait pas do[rmi de la]
nuit : dans son insomnie il s'éta[it mis]
à m'écrire une nouvelle lettre en
il me l'a envoyée cachetée ; j'en a[i corrigé]
les fautes, et lui ai répondu, e[n anglais]
aussi, par le retour du courrie[r. Il a]
fort bien compris ; ce qui l'a c[onvaincu]
de ses progrès, et lui a pr[ouvé qu'il]
pourrait désormais, à tou[te heure,]
correspondre dans sa nouvel[le langue.]
Depuis près de quinze jou[rs le gé-]
néral Gourgaud était malade ; [son in-]
commodité avait tourné en dyssenterie
très-maligne qui donnait des inquiétudes. L'amiral venait de lui envoyer le
médecin du Northumberland (le docteur
Warden). L'Empereur le fit retenir à
dîner. Durant tout le repas, et long-

MÉMORIAL (Mars 1816)

ps après, la conversation fut exclu-
sur la médecine, tantôt gaie, tantôt
ise et profonde. L'Empereur était
ne humeur, un mot n'attendait
tre; il accablait le docteur de
, d'argumens spirituels et sub-
embarrassaient fort; celui-ci
que du feu; si bien qu'après
il me prit à part pour me
comment il se faisait qu
r fût si fort sur ces matières;
itait pas qu'elles ne fussent
e ses conversations familières
us que toute autre chose, la
e avec vérité; mais c'est qu
de sujets qui soient étranger
ereur, et qu'il les traite tou
anière neuve et piquante.»
eur ne croit point à la méde
es remèdes, dont il ne fa
. « Docteur, disait-il, not
une machine à vivre, il e
organisé pour cela, c'est sa nature
» laissez-y la vie à son aise, qu'elle s
» défende elle-même, elle fera plus q
» si vous la paralysiez en l'encombra
» de remèdes. Notre corps est comm
» une montre parfaite qui doit aller
» certain temps; l'horloger n'a pas

» faculté de l'ouvrir, il ne peut la manier
» qu'à tâtons et les yeux bandés. Pour
» un qui, à force de la tourmenter à
» l'aide d'instrumens biscornus, vient à
» bout de lui faire du bien, combien
» d'ignorans la détruisent, etc.... »

L'Empereur ne reconnaissait donc d'utilité à la médecine, que dans certains cas assez rares, dans des maladies connues, consacrées par le temps et l'expérience; et il comparait alors l'art du médecin à celui de l'ingénieur dans les siéges réguliers, où les maximes de Vauban, les règles de l'expérience, ont soumis tous les hasards à des lois connues. Aussi, d'après ces principes, l'Empereur avait-il conçu l'idée d'une loi qui n'eût permis à la masse des médecins en France, que l'usage des remèdes innocens, et qui leur eût interdit celui des remèdes *héroïques*, c'est-à-dire, qui peuvent donner la mort, à moins qu'ils ne fissent trois ou quatre mille francs au moins de leur état; ce qui supposait déjà, disait-il, de l'éducation, des connaissances et un certain crédit public. « Cette mesure, disait-il, » était certainement juste et bienfaisante; » toutefois elle était encore, dans les

» circonstances où je me trouvais, hors
» de saison ; les lumières n'étaient pas
» encore assez généralement répandues :
» nul doute que la masse du peuple n'eût
» vu qu'un acte de tyrannie dans la loi
» qui pourtant le dérobait à ses bour-
» reaux. »

L'Empereur avait, disait-il, souvent entrepris, sur la médecine, le célèbre Corvisart, son premier médecin. Celui-ci, à part l'honneur de son corps et de ses collègues, lui confessait avoir à peu près les mêmes opinions, et les mettait même en pratique. Il était très-ennemi des remèdes, les employait fort peu. L'Impératrice Marie-Louise, souffrant beaucoup dans sa grossesse, et le tourmentant pour être soulagée, il lui donnait malicieusement des pilules de mie de pain, qui ne laissaient pas que de lui faire beaucoup de bien, assurait-elle.

L'Empereur disait qu'il avait amené Corvisart à avouer que la médecine était une ressource privilégiée ; qu'elle pouvait faire du bien aux riches, mais qu'elle était le fléau des pauvres. « Mais ne
» croyez-vous pas, disait l'Empereur,
» que, vu l'incertitude de la médecine
» en elle-même et l'ignorance des mains

« qui l'emploient, ses résultats, pris en masse, sont plus funestes aux peuples qu'utiles? » Corvisart en convenait franchement. « Mais vous-même n'avez-vous jamais tué personne? disait l'Empereur; c'est-à-dire; n'est-il pas des malades qui sont morts évidemment de vos remèdes? — Sans doute, répondait Corvisart; mais je ne dois pas l'avoir plus sur la conscience que Votre Majesté, qui aurait fait périr des cavaliers, non parce qu'elle aurait ordonné une mauvaise manœuvre; mais parce qu'il s'est trouvé sur leur route un fossé, un précipice qu'elle n'avait pu voir, etc... »

De là l'Empereur est passé à des problèmes et des définitions qu'il proposait au docteur. « Qu'est-ce que la vie, lui disait-il? Quand et comment la recevrons-nous? Tout cela est-il autre chose que mystère? »

Puis il définissait la folie innocente, une lacune ou divagation de jugement entre des idées justes et leur application : un fou mange des raisins dans une vigne qui n'est pas la sienne, et répond aux reproches du propriétaire : « Nous sommes deux ici, le soleil nous voit; donc j'ai le droit de manger des rai-

» sins. » Le fou terrible était celui chez qui cette lacune ou divagation de jugement s'exerçait entre des idées et des actes : c'était celui qui coupait la tête d'un homme endormi, et se cachait derrière une haie pour jouir de l'embarras du corps mort, lorsqu'il viendrait à se réveiller.

L'Empereur demandait encore au docteur quelle était la différence entre le sommeil et la mort, et il y répondait lui-même en disant que le sommeil était la suspension momentanée des facultés sur lesquelles notre volonté exerce son pouvoir ; et la mort, la suspension durable, non seulement de ces mêmes facultés, mais encore de celles sur lesquelles notre volonté est sans pouvoir.

De là, la conversation est tombée sur la peste. L'Empereur soutenait qu'elle se prenait par l'aspiration aussi bien que par le contact ; il disait que son plus grand danger et sa plus grande propagation étaient dans la crainte ; son siége principal, dans l'imagination : en Égypte tous ceux dont l'imagination était frappée, périssaient. La défense la plus sûre, le remède le plus efficace, étaient le courage moral. Lui, Napoléon, avait impunément touché, disait-il, des pestiférés à Jaffa, et sauvé beaucoup de monde en trompant les soldats pendant plus de deux mois sur la nature du mal : ce n'était pas la peste, leur avait-on dit, mais une fièvre à bubons. De plus, il avait observé que le meilleur moyen d'en préserver l'armée, avait été de la mettre en marche, et de lui donner beaucoup de mouvement : la distraction et la fatigue s'étaient trouvées les plus sûres garanties, etc. *

L'Empereur disait encore au docteur : « Si Hippocrate entrait tout à coup dans votre hôpital, ne serait-il pas bien

---

* On trouve dans les Mémoires de M. Larrey, comme phénomène, ou du moins comme chose très-remarquable, que la force des circonstances, dans la retraite de Saint-Jean-d'Acre, ayant fait réduire la nourriture des malades à quelques simples galettes de biscuit, et leur pansement à de l'eau saumâtre ; ces malades ont traversé soixante lieues de désert sans accidens, et avec de tels avantages, que la plupart se sont trouvés guéris lorsqu'ils ont revu l'Égypte. Il attribue cette espèce de prodige à l'exercice direct ou indirect, aux chaleurs sèches du désert, et surtout à la joie de retrouver un pays qui était devenu pour les soldats une espèce de nouvelle patrie.

» étonné? adopterait-il vos maximes et
» vos mesures? ne vous réprouverait-il
» pas? Vous-même, entendriez-vous son
» langage? vous comprendriez-vous l'un
» et l'autre? » Et il terminait enfin par
vanter gaiement la médecine de Babylone, où l'on exposait les malades à la
porte, et où les parens, assis auprès
d'eux, arrêtaient les passans pour leur
demander s'ils avaient jamais eu pareille
chose, et ce qui les avait guéris. On avait
du moins la certitude, disait-il, d'éviter
ceux que les remèdes avaient tués.

Samedi 9.

J'étais à déjeûner avec l'Empereur,
après la leçon d'anglais, lorsqu'on m'a
apporté une lettre de ma femme, qui
m'a rempli de joie et de reconnaissance.
Elle me mandait que la crainte ni la
fatigue, ni la distance, ne sauraient l'empêcher de venir me rejoindre, qu'elle
n'aurait de bonheur qu'auprès de moi,
qu'elle n'attendait que la saison. Dévouement admirable! bien supérieur à tout
le nôtre ici, en ce qu'il s'exécute aujourd'hui de sa part, en toute connaissance
de cause. Je ne pense pas qu'on puisse
avoir la barbarie à Londres de le lui re-

(Mars 1816) DE SAINTE-HÉLÈNE. 389

fuser : que sollicite-t-elle? des grâces, une faveur? Non, elle demande de partager un exil, d'aller, sur un roc abandonné, remplir un devoir, et témoigner sa tendresse *. Cette lettre était venue par la frégate l'Owen-Glendower, qui arrivait du Cap, et qui nous a apporté en même temps les journaux d'Europe jusqu'au quatre décembre.

Dimanche 10 au Mardi 12.

Procès de Ney. — Voiture perdue à Waterloo. — Entrevue de Dresde. — Sur l'humeur des femmes. — Princesse Pauline. — Beau mouvement de l'Empereur.

Le temps était tourné à ces mauvaises

---

* Que j'étais loin de juger du cœur et de l'âme de ceux qui nous retenaient! Mme de Las Cases s'est vue constamment repoussée, soit par divers prétextes ou même par le silence. Enfin, et comme pour se débarrasser de son importunité, lord Bathurst lui a fait écrire au commencement de 1817, qu'on pourra lui permettre de se rendre au Cap de Bonne-Espérance (500 lieues plus loin que Sainte-Hélène), d'où, « si le gouverneur de Sainte-Hélène (sir Hudson Lowe), n'y trouve aucune objection, elle pourra se rendre auprès de son époux. »

J'abandonne, sans commentaire, cette espèce de mauvaise plaisanterie à quiconque se sent un cœur d'homme.

pluies battantes qui nous permettaient à peine le jardin; heureusement nous avions des journaux pour nous occuper. Pour cette fois, j'eus la satisfaction de voir l'Empereur les parcourir sans le secours de personne.

Dans ces papiers se trouvaient beaucoup de détails sur le procès du maréchal Ney, qui se traitait en cet instant. A ce sujet, l'Empereur disait que l'horizon était bien sombre; que ce malheureux maréchal était certainement en grand péril; que néanmoins il ne fallait pas désespérer encore. « Le Roi se croit
» sans doute bien sûr de ses pairs, di-
» sait-il; ceux-ci sont sûrement bien
» montés, bien résolus, bien acharnés;
» eh bien, le plus léger incident, un vent
» nouveau, que sais-je; et alors, en dépit
» de tous les efforts du Roi, et de ce
» qu'ils croient être l'intérêt de leur
» cause, il peut prendre tout à coup fan-
» taisie à la Chambre des Pairs de ne pas
» condamner, et Ney se trouver sauvé. »

Cela a conduit l'Empereur à s'étendre sur notre esprit léger, fugitif, changeant.

« Tous les Français, a-t-il dit, sont fron-
» deurs, turbulens; mais non conspira-
» teurs, encore moins conjurés. Leur

» légèreté est tellement de nature, leurs
» variations si subites, qu'on ne pourrait
» dire qu'elles les déshonorent : ce sont
» de vraies girouettes au gré des vents ;
» mais ce vice, chez eux, est sans calcul ;
» et voilà leur meilleure excuse. Du reste,
» il est bien entendu que nous ne parlons
» ici que de la masse, de celle qui com-
» pose l'opinion ; car des exemples indi-
» viduels, au contraire, ont fourmillé
» dans nos derniers temps, qui couvrent
» certaines classes d'une abjection dé-
» goûtante. »

C'était cette connaissance du caractère national, continuait l'Empereur,
qui l'avait toujours empêché d'avoir fait
usage de la *Haute-Cour*. Elle était dans
notre constitution, le Conseil d'État en
avait même arrêté l'organisation ; mais
l'Empereur avait senti tout le danger de
l'éclat et de l'agition que répandent toujours de pareils spectacles. « Une telle
» procédure, disait-il, était un véritable
» appel au public, et devenait toujours
» un grand échec à l'autorité, si l'accusé
» l'emportait. Un ministère, en Angle-
» terre, pouvait bien supporter sans
» inconvénient les effets de cet appel
» perdu ; mais un souverain, tel que je

» l'étais, et dans les circonstances où je
» me trouvais, ne l'aurait pas pu sans le
» plus grand danger pour la chose pu-
» blique ; aussi préférais-je m'en tenir
» constamment aux tribunaux ordinaires.
» La malveillance trouva souvent à y re-
» dire, et pourtant, de tous ceux qu'il
» lui plut d'appeler alors des victimes,
» quel est celui, je vous prie, qui ait
» survécu populaire à nos dernières
» épreuves? Elles ont pris soin de me
» justifier; tous demeurent flétris dans
» l'opinion nationale. »

L'Empereur avait réservé, pour lire avec moi, un article du journal, relatif à la voiture qu'il a perdue à Waterloo; la grande quantité d'expressions techniques le lui avait rendu trop difficile. Le journaliste donnait un détail très-circonstancié de cette voiture, et faisait un inventaire très-minutieux de tout ce qui s'y trouvait; il y joignait parfois les réflexions les plus triviales : en mentionnant une petite boîte de liqueur, il observait que l'Empereur ne s'oubliait pas et ne se laissait manquer de rien; en citant certains objets recherchés de son nécessaire, il ajoutait qu'on pouvait voir qu'il faisait sa toilette *comme il faut* (l'expression était en français). Ce dernier mot a produit dans l'Empereur une sensation que n'eût pas excité sans doute un sujet plus important. « Mais, me dit-il avec une espèce de dégoût mêlé de douleur, ce peuple d'Angleterre me croit donc un animal sauvage; l'a-t-on amené véritablement jusque-là? ou son prince de Galles, espèce de bœuf Apis, m'assure-t-on, ne fait-il pas sa toilette comme chacun de ceux qui, parmi nous, ont quelque éducation?... »

Il est certain que j'aurais été fort embarrassé de lui expliquer ce qu'avait voulu dire le journaliste. Au surplus, il est connu que l'Empereur est la personne du monde qui mettait le moins de prix à ses aises, et s'en occupait le moins; mais aussi, et il se plaît à le confesser, il n'en fut jamais pour qui le dévouement et les soins des serviteurs en réunirent davantage. Comme il mangeait à des heures très-irrégulières, on avait trouvé le secret, dans ses courses et ses voyages, d'avoir son dîner fort ressemblant à celui des Tuileries et toujours prêt. Il n'avait qu'à parler, et il se trouvait servi : c'était magique, disait-il lui-même. Durant quinze ans, il a bu constamment un même vin de Bourgogne (Chambertin), qu'il aimait et qu'on croyait lui être salutaire ; ce vin se retrouvait pour lui dans toute l'Allemagne, au fond de l'Espagne, partout, jusqu'à Moscow, etc., etc. ; et il est vrai de dire que les arts, le luxe, le raffinement de l'élégance et du bon goût semblaient se disputer, et comme à son insu, autour de lui, pour lui ménager quelques jouissances. Le journaliste anglais décrivait donc une infinité d'objets qui étaient dans la voiture, sans doute, mais dont l'Empereur n'avait pas la moindre connaissance, bien qu'il ne s'en étonnait nullement, disait-il.

Le mauvais temps, qui continuait de commander notre réclusion, n'a pas influé sur l'humeur de l'Empereur, qui, précisément ces jours-ci, a montré plus d'abandon, a été plus causeur que de coutume. Il a parlé longuement et dans les plus grands détails de la fameuse entrevue de Dresde. Voici ce que j'en extrais :

Cette entrevue a été l'époque de la plus haute puissance de Napoléon ; il y a paru *le Roi des Rois* ; il en était à être obligé de témoigner qu'il fallait qu'on s'occupât de l'Empereur d'Autriche, son beau-père. Ce souverain, non plus que le roi de Prusse, n'avaient pas de Maison à leur suite; Alexandre n'en avait pas eu davantage à Tilsit ou à Erfurt. Là, comme à Dresde, on mangeait chez Napoléon. Ces Cours, disait l'Empereur, étaient mesquines et bourgeoises : c'était lui qui en fixait l'étiquette et y donnait le ton; il faisait passer François devant lui, et celui-ci en était dans le ravissement. Le luxe de Napoléon et sa magnificence durent le faire paraître un Roi d'Asie : là, comme à Tilsit, il gorgea de diamans tous ceux qui l'approchèrent. Nous lui apprîmes qu'à Dresde il n'avait pas eu un soldat français autour de lui, et que sa Cour parfois n'avait pas été sans inquiétude sur sa personne. Il avait de la peine à nous croire; mais nous l'assurions que c'était un fait, qu'il n'avait eu d'autre garde que les gardes-du-corps saxons. « C'est égal, nous disait-il, « alors j'étais là dans une si bonne famille, « avec de si braves gens, que j'étais sans « risque; tous m'y aimaient; et à l'heure « qu'il est je suis sûr que le bon Roi de « Saxe dit chaque jour un *pater* et un « *ave* pour moi. J'ai perdu, ajoutait-il,

» les destinées de cette pauvre bonne
» princesse Auguste, et j'ai eu bien tort.
» Revenant de Tilsit, je reçus à Marien-
» verder un chambellan du Roi de Saxe,
» qui me remit une lettre de son maître;
» il m'écrivait : Je viens de recevoir une
» lettre de l'Empereur d'Autriche qui
» me demande ma fille en mariage; je
» vous envoie cette lettre pour que vous
» me disiez la réponse que je dois faire.
Je serai sous peu de jours à Dresde, tôt
la réponse de l'Empereur; et à son arrivée il condamna ce mariage et l'empêcha. « J'ai eu grand tort, répétait-il,
» je craignais que l'Empereur François
» ne m'enlevât le Roi de Saxe; mais au
» contraire, c'est la princesse Auguste
» qui m'eût amené l'Empereur François,
» et je ne serais pas ici. »

Napoléon, à Dresde, travaillait beaucoup, et Marie-Louise, jalouse de profiter des plus petits loisirs de son époux,
sortait à peine pour ne pas les perdre.
L'Empereur François, qui ne faisait rien
et s'ennuyait tout le jour à courir la ville,
ne comprenait rien à cette réclusion du
ménage; il s'imaginait que c'était pour
se donner de la tenue et de l'importance.
L'impératrice d'Autriche cherchait beau-

coup à faire courir Marie-Louise : elle lui peignait son assiduité comme ridicule. Elle eût volontiers pris des tons de belle-mère avec Marie-Louise, qui n'était pas disposée à le souffrir, leur âge étant à peu près le même. Elle venait souvent le matin à la toilette de Marie-Louise fureter dans son luxe et sa magnificence : elle n'en sortait jamais les mains vides. « Le règne de Marie-Louise a été fort court, disait l'Empereur; mais elle a dû bien en jouir; elle avait la terre à ses pieds. » L'un de nous s'est permis de demander si l'Impératrice d'Autriche n'était pas l'ennemie jurée de Marie-Louise. « Pas autrement, disait l'Empereur, qu'une bonne petite haine de Cour : de la détestation dans le cœur; mais gazée sous des lettres journalières de quatre pages, pleines de tendresse et de cajoleries. »

L'Impératrice d'Autriche soignait extrêmement Napoléon, avait pour lui une coquetterie toute particulière tant qu'il était présent; mais sitôt qu'il avait le dos tourné, elle ne s'occupait plus qu'à en détacher Marie-Louise, par les insinuations les plus méchantes et les plus malicieuses; elle était choquée de ne

pas réussir à prendre quelque empire sur lui. « D'ailleurs elle a de l'adresse et
» de l'esprit, disait l'Empereur, et assez
» pour embarrasser son mari, qui avait
» acquis la certitude qu'elle en faisait
» peu de cas. Sa figure était agréable,
» piquante, avait quelque chose de tout
» particulier; c'était une *jolie petite re-*
» *ligieuse.*

» Quant à l'Empereur François, on
» connaît sa débonnaireté, qui le rend
» toujours dupe des intrigans. Son fils
» lui ressemblera.

» Le Roi de Prusse, comme caractère
» privé, est un loyal, bon et honnête
» homme; mais dans sa capacité politi-
» que, c'est un homme naturellement
» plié à la nécessité; avec lui on est le
» maître tant qu'on a la force et que la
» main est levée.

» Pour l'Empereur de Russie, c'est
» un homme infiniment supérieur à tout
» cela : il a de l'esprit, de la grâce, de
» l'instruction; est facilement séduisant;
» mais on doit s'en défier : il est sans
» franchise; c'est un vrai *Grec du Bas*
» *Empire.* Toutefois n'est-il pas sans
» idéologie réelle ou jouée; ce ne serait
» du reste, après tout, que des teintes

« de son éducation et de son précepteur.
« Croira-t-on jamais, disait l'Empereur,
« ce que j'ai eu à débattre avec lui : il me
« soutenait que l'hérédité était un abus
« dans la souveraineté, et j'ai dû passer
« plus d'une heure et user toute mon élo-
« quence et ma logique à lui prouver que
« cette hérédité était le repos et le bon-
« heur des peuples. Peut-être aussi me
« mystifiait-il ; car il est fin, faux, adroit ;
« il peut aller loin. Si je meurs ici, ce sera
« mon véritable héritier en Europe. Moi
« seul pouvais l'arrêter se présentant avec
« son déluge de Tartares. La crise est
« grande et permanente pour le continent
« européen, surtout pour Constantinople :
« il l'a fort désirée de moi, j'ai été fort cajolé
« à ce sujet ; mais j'ai constamment fait
« la sourde oreille. Cet empire, quelque
« délabré qu'il parût, devait demeurer
« notre point de séparation à tous deux :
« c'était le marais qui empêchait de tour-
« ner ma droite. Pour la Grèce, c'est
« autre chose ! » et après s'être arrêté sur
ce pays, il a repris : « La Grèce attend
« un libérateur !... Ce serait une belle
« couronne de gloire !... Il inscrira son
« nom à jamais avec ceux d'Homère,
« Platon et Epaminondas !... Je n'en ai

» peut-être pas été loin!... Quand, dans
» ma campagne d'Italie, j'arrivai sur les
» bords de l'Adriatique, j'écrivis au Di-
» rectoire que j'avais sous mes yeux le
» royaume d'Alexandre!.... Plus tard je
» liai des relations avec Aly-Pacha; et
» quand on nous a saisi Corfou, on aura
» dû y trouver des munitions et un équi-
» pement complet pour une armée de
» quarante à cinquante mille hommes.
» J'avais fait lever les cartes de la Macé-
» doine, de la Servie, de l'Albanie.

« La Grèce, le Péloponèse du moins,
» doit être le lot de la puissance euro-
» péenne qui possédera l'Egypte. Ce
» devait être le nôtre...... Et puis, au
» nord, un royaume indépendant, Cons-
» tantinople avec ses provinces, pour
» servir comme de barrage à la puissance
» russe, ainsi qu'on a prétendu le faire
» à l'égard de la France, en créant le
» royaume de la Belgique. »

Dans une autre de ces soirées, l'Empereur déclamait contre l'humeur des
femmes: Car rien, disait-il, n'annonçait
plus chez elles le rang, la bonne éducation, le bon ton, que l'égalité de leur
caractère et le constant désir de plaire.
Il ajoutait qu'elles étaient tenues à se

montrer toujours maîtresses d'elles-mêmes, à être toujours en scène. Ses deux femmes, observait-il, avaient toujours été ainsi ; elles étaient assurément bien différentes dans leurs qualités et leurs dispositions ; toutefois elles s'étaient ressemblées tout à fait sur ce point. Jamais il n'avait été témoin de la mauvaise humeur de l'une ou de l'autre ; toutes deux avaient été constamment occupées à lui plaire, etc....

Quelqu'un a osé observer pourtant que Marie-Louise s'était vantée que toutes les fois qu'elle voulait quelque chose, si difficile que cela fût, elle n'avait qu'à pleurer. L'Empereur en a ri ; c'était pour lui, disait-il, une découverte : il aurait pu le soupçonner de Joséphine ; mais il ne le savait pas de Marie-Louise. Et puis, s'adressant à mesdames Bertrand et Montholon : « Vous voilà bien, « Mesdames, leur dit-il ; sur certaines « choses, vous êtes toutes les mêmes. »

Il a continué long-temps sur les deux Impératrices, et a répété, suivant sa coutume, que l'une était l'innocence et l'autre les grâces. Il est passé de là à ses sœurs, et surtout s'est arrêté particulièrement et long-temps sur les attraits de la *princesse Pauline*. Il a été convenu que c'était, sans contredit, la plus jolie femme de Paris. L'Empereur disait que les artistes s'accordaient à en faire une véritable Vénus de Médicis; et comme on achevait de détailler ses attraits avec beaucoup d'élégance et de grâces, il a demandé tout-à-coup si une princesse du jour.........

On s'est permis de plaisanter sur l'empire que la princesse Pauline avait pris à l'île d'Elbe sur le général Drouot, dont elle accueillait la cour assidue, en dépit de la différence de quelques années et de la sévérité de son visage. La princesse, disait-on, lui avait arraché le secret du départ huit jours d'avance. Il avait renouvelé la faute de Turenne; et à cela l'Empereur disait : « Voilà bien » les femmes et leur pouvoir dange- » reux ! » Sur quoi Mme Bertrand s'est récriée que le Grand-Maréchal n'en avait

---

* Le général Drouot a réclamé, avec raison et en toute justice, contre ce faux bruit. (Voyez à ce sujet le redressement en note, tome IV, journée du samedi quatorze septembre.) Si la rectification n'a pas été faite ici au texte même, c'est par l'extrême désir de s'éloigner le moins possible de la publication primitive.

sûrement pas fait autant. « Madame, lui
« a répliqué vivement l'Empereur, avec
« un sourire, c'est qu'il était votre mari. »
Quelqu'un ayant dit ensuite que la princesse Pauline, étant à Nice, avait organisé un fourgon en poste qui arrivait chaque jour de Paris, chargé de modes et d'ajustemens, l'Empereur disait : « Si
« je l'avais su, cela n'eût pas continué
« long-temps, elle eût été grondée d'importance. Mais voilà ce qui arrive,
« quand on est Empereur, on ne sait
« jamais ces choses-là. »

A la suite de ces conversations, l'Empereur demanda quelle était la date du mois; c'était le onze mars. « Eh bien, dit-il, il y a un an aujourd'hui; c'était
« un beau jour; j'étais à Lyon, je passais
« des revues, j'avais le maire à dîner,
« qui, par paranthèse, s'est vanté depuis
« que c'était le plus mauvais dîner qu'il
« eût fait de sa vie. » L'Empereur s'est animé, il marchait à grands pas. « J'étais
« redevenu une grande puissance! continua-t-il; » et il a laissé échapper un soupir qu'il a relevé aussitôt par ces paroles, dont il serait difficile de tracer l'accent et la chaleur : « J'avais fondé
« le plus bel empire de la terre, et je

» lui étais si nécessaire, qu'en dépit de
» toutes les secousses dernières, ici, sur
» mon rocher, je semble demeurer en-
» core comme le maître de la France.
» Voyez ce qui s'y passe, lisez les jour-
» naux; vous le trouverez à chaque ligne.
» Qu'on m'y laisse pénétrer, on verra ce
» qu'elle est et ce que je puis! » Et alors
que d'idées, que de projets il a déve-
loppés pour la gloire et le bonheur de
la patrie! Il a parlé long-temps avec
tant d'intérêt et un tel abandon, que
nous pouvions oublier les heures, les
lieux et les temps. En voici quelque
chose :

« Quelle fatalité, disait-il, que l'on
» ne s'en soit pas tenu à mon retour de
» l'île d'Elbe! que chacun n'ait pas vu
» que j'étais le plus propre et le plus né-
» cessaire à l'équilibre et au repos euro-
» péens! Mais les rois et les peuples
» m'ont craint; ils ont eu tort, et peuvent
» le payer chèrement. Je revenais un
» homme nouveau; ils n'ont pu le croire;
» ils n'ont pu imaginer qu'un homme
» eût l'âme assez forte pour changer son
» caractère, ou se plier à des circons-
» tances obligées. J'avais pourtant fait
» mes preuves et donné quelques gages

» de ce genre. Qui ne sait que je ne suis
» pas un homme à demi-mesures? J'au-
» rais été franchement le monarque de
» la constitution et de la paix, comme
» j'avais été celui de la dictature et des
» grandes entreprises.

» Et raisonnons un peu sur ces craintes
» des rois et des peuples à mon égard.
» Quelles pouvaient être les craintes des
» rois? Redoutaient-ils toujours mon
» ambition, mes conquêtes, ma monar-
» chie universelle? Mais ma puissance et
» mes forces n'étaient plus les mêmes,
» et puis je n'avais vaincu et conquis que
» dans ma propre défense; c'est une vé-
» rité que le temps développera chaque
» jour davantage. L'Europe ne cessa
» jamais de faire la guerre à la France,
» à ses principes, à moi; et il nous fallait
» abattre, sous peine d'être abattu. La
» coalition exista toujours, publique ou
» secrète, avouée ou démentie; elle fut
» toujours en permanence; c'était aux
» alliés seuls à nous donner la paix: pour
» nous, nous étions fatigués: les Français
» s'effrayaient de conquérir de nouveau.
» Moi-même, me croit-on insensible
» aux charmes du repos et de la sécurité,
» quand la gloire et l'honneur ne le

» veulent pas autrement! Avec nos deux
» Chambres, on m'eût refusé désormais
» de passer le Rhin; et pourquoi l'eussé-
» je voulu! Pour ma monarchie univer-
» selle? Mais je n'ai jamais fait preuve
» entière de démence; or, ce qui la ca-
» ractérise surtout, c'est la disproportion
» entre les vues et les moyens. Si j'ai été
» sur le point d'accomplir cette monar-
» chie universelle, c'est sans calcul, et
» parce qu'on m'y a amené pas à pas.
» Les derniers efforts pour y parvenir
» semblaient coûter à peine; était-il si
» déraisonnable de les tenter? Mais au
» retour de l'île d'Elbe, une pareille
» idée, une pensée aussi folle, un ré-
» sultat aussi impossible, pouvaient-ils
» entrer dans la tête du moins sage des
» hommes? Les souverains n'avaient
» donc rien à craindre de mes armes.

» Redoutaient-ils que je les inondasse
» de principes anarchiques? Mais ils con-
» naissent par expérience mes doctrines
» sur ce point. Ils m'ont vu tous occu-
» per leur territoire; combien n'ai-je pas
» été poussé à révolutionner leurs pays,
» municipaliser leurs villes, soulever
» leurs sujets. Bien qu'on m'ait salué,
» en leur nom, de *moderne Attila*, de

» *Robespierre à cheval*, tous savent mieux
» dans le fond de leur cœur.... qu'ils y
» descendent! Si je l'avais été, je régne-
» rais encore peut-être; mais eux, bien
» sûrement et depuis long-temps, ils ne
» régneraient plus. Dans la grande cause
» dont je me voyais le chef et l'arbitre,
» deux systèmes se présentaient à suivre:
» de faire entendre raison aux rois par
» les peuples, ou de conduire à bon port
» les peuples par les rois; mais on sait
» s'il est facile d'arrêter les peuples
» quand une fois ils sont lancés il était
» plus naturel de compter un peu sur la
» sagesse et l'intelligence des rois; j'ai
» dû supposer toujours assez d'esprit
» pour de si clairs intérêts; je me suis
» trompé: ils n'ont tenu compte de rien;
» et, dans leur aveugle passion, ils ont
» déchaîné contre moi ce que j'avais
» retenu contre eux. Ils verront!!!

» Enfin, les souverains se trouvaient-
» ils offusqués de voir un simple soldat
» parvenir à une couronne? Redoutaient-
» ils l'exemple? Mais les solennités, mais
» les circonstances qui ont accompagné
» mon élévation, mon empressement à
» m'associer à leurs mœurs, à m'iden-
» tifier à leur existence, à m'allier à leur

» sang et à leur politique, fermaient
» assez la porte aux nouveaux concur-
» rens. Bien plus, si l'on eût dû avoir le
» spectacle d'une légitimité interrompue,
» je maintiens qu'il leur était bien plus
» avantageux que ce fût par moi, sorti
» des rangs, que par un prince membre
» de leur famille ; car des milliers de
» siècles s'écouleront, avant que les cir-
» constances accumulées sur ma tête
» aillent en puiser un autre dans la foule,
» pour reproduire le même spectacle;
» tandis qu'il n'est pas de souverains qui
» n'aient, à quelques pas de lui, dans son
» palais, des cousins, des neveux, des
» frères, quelques parens propres à imi-
» ter facilement celui qui une fois les
» aurait remplacés.

» D'une autre part, de quoi pouvaient
» s'effrayer les peuples ? Que je vinsse les
» ravager, leur imposer des chaînes?
» Mais je revenais le Messie de la paix et
» de leurs droits ; cette doctrine nou-
» velle faisait ma force ; la violer c'était
» me perdre. Cependant les Français
» même m'ont redouté; ils ont eu l'in-
» sanité de discuter quand il n'y avait
» qu'à combattre, de se diviser quand il
» fallait à tout prix se réunir. Et ne valait

» il pas mieux encore courir les dangers de
» m'avoir pour maître, que de s'exposer
» à subir le joug de l'étranger ? N'était-il
» pas plus aisé de se défaire d'un despote,
» d'un tyran, que de secouer les chaînes
» de toutes les nations réunies ? Et puis
» d'où leur venait cette défiance sur ma
» personne ? Parce qu'ils m'avaient déjà
» vu concentrer en moi tous les efforts,
» et les diriger d'une main vigoureuse.
» Mais n'apprennent-ils pas aujourd'hui
» à leurs dépens combien c'était néces-
» saire ? Eh bien ! le péril fut toujours le
» même, la lutte terrible et la crise im-
» minente. Dans cet état de choses, la
» dictature n'était-elle pas nécessaire,
» indispensable ? Le salut de la patrie me
» commandait même de la déclarer ou-
» vertement au retour de Leipsick. J'eus
» dû le faire encore au retour de l'île
» d'Elbe. Je manquai de caractère, ou
» plutôt de confiance dans les Français,
» parce que plusieurs n'en avaient plus
» en moi, et c'était me faire grande in-
» jure. Si les esprits étroits et vulgaires
» ne voyaient dans tous mes efforts que
» le soin de ma puissance, les esprits
» larges n'auraient-ils pas dû démontrer
» que, dans les circonstances où nous

» nous trouvions, ma puissance et la
» patrie ne faisaient qu'un ? Fallait-il
» donc de si grands malheurs sans re-
» mèdes, pour pouvoir me faire com-
» prendre ? L'histoire me rendra plus de
» justice ; elle me signalera, au contraire,
» comme l'homme des abnégations et
» du désintéressement. De quelles sé-
» ductions ne fus-je pas l'objet à l'armée
» d'Italie ? L'Angleterre m'offrit d'être
» Roi de France lors du traité d'Amiens.
» Je repoussai la paix de Châtillon ; je
» dédaignai toute stipulation personnelle
» à Waterloo : pourquoi ? C'est que rien
» de tout cela n'était la patrie, et je n'a-
» vais d'autre ambition que la sienne,
» celle de sa gloire, de son ascendant,
» de sa majesté. Et aussi voilà pourquoi,
» en dépit de tant de malheurs, je de-
» meure si populaire parmi les Français.
» C'est une espèce d'instinct, d'arrière-
» justice de leur part.

» Qui sur la terre eut plus de trésors
» à sa disposition ? J'ai eu plusieurs cen-
» taines de millions dans mes caves ;
» plusieurs autres centaines composaient
» mon domaine de l'extraordinaire : tout
» cela était mon bien. Que sont-ils de-
» venus ? Ils se sont fondus dans les besoins

»de la patrie. Qu'on me considère ici,
»je demeure nu sur mon roc! Ma fortune
»était toute dans celle de la France!
»Dans la situation extraordinaire où le
»sort m'avait élevé, mes trésors étaient
»les siens; je m'étais identifié sans ré-
»serve avec ses destinées. Quel autre
»calcul eût pu m'atteindre si haut? M'a-
»t-on jamais vu m'occuper de moi? Je
»ne me suis jamais connu d'autres jouis-
»sances, d'autres richesses que celles
»du public; c'est au point que quand
»Joséphine, qui avait le goût des arts,
»venait à bout, à la faveur de mon
»nom, de s'emparer de quelques chefs-
»d'œuvre, bien qu'ils fussent dans mon
»palais, sous mes yeux, dans mon mé-
»nage, je m'en trouvais comme blessé,
»je me croyais volé : *ils n'étaient pas au
»Muséum.*

»Ah! sans doute le peuple français a
»beaucoup fait pour moi! plus qu'on ne
»fit jamais pour un homme! Mais aussi
»qui fit jamais autant pour lui?.... qui
»jamais s'identifia de la sorte avec lui?...

»Mais revenons. Après tout encore,
»quelles pouvaient être ses craintes?
»Les Chambres et la constitution nou-
»velle n'étaient-elles pas désormais des

» garanties suffisantes? Ces actes addi-
» tionnels, contre lesquels on s'est tant
» élevé, ne portaient-ils pas en eux-
» mêmes tous les correctifs, les remèdes
» absolus? Comment les eussé-je violés?
» je n'avais pas à moi seul des millions
» de bras, je n'étais qu'un homme;
» l'opinion m'élevait de nouveau, l'o-
» pinion pouvait m'abattre de même; et,
» à côté de ce péril, qu'avais-je à gagner?

» Mais autour de nous, je reviens à
» celle-là surtout, à l'Angleterre. Quelles
» pouvaient être ses craintes, ses motifs,
» ses jalousies? On se le demande en
» vain. Avec notre constitution nouvelle,
» nos deux Chambres, n'avions-nous pas
» désormais embrassé sa religion? N'é-
» tait-ce donc pas là un moyen sûr de
» nous entendre, de faire désormais
» cause commune? Les caprices, les
» passions des gouvernans une fois en-
» chaînés, les intérêts des peuples mar-
» chent sans obstacles dans leur route
» naturelle. Qu'on regarde les négocia-
» tions des nations opposées; ils conti-
» nuent de s'entendre et de faire leurs
» affaires, bien que leurs gouvernemens
» guerroyent : les deux peuples en
» étaient arrivés là. Grâce à leurs par-

» lemens respectifs, chacun fût devenu
» la garantie de l'autre; et saura-t-on
» jamais jusqu'à quel point pouvait se
» porter l'union des deux peuples, et
» celle de leurs intérêts; les combinai-
» sons nouvelles qu'il était possible de
» mettre en œuvre? Ce qu'il y a de cer-
» tain, c'est qu'avec l'établissement de
» nos Chambres et de notre constitu-
» tion, les ministres d'Angleterre ont
» tenu dans leurs mains la gloire et la
» prospérité de leur patrie, les destinées
» et le bien-être du monde. Si j'eusse
» battu l'armée anglaise et gagné ma der-
» nière bataille, j'eusse causé un grand
» et heureux étonnement; le lendemain
» je proposais la paix, et pour le coup
» c'eût été moi qui aurais prodigué les
» avantages à pleines mains. Au lieu de
» cela, peut-être les Anglais seront-ils
» réduits à pleurer un jour d'avoir vaincu
» à Waterloo !!!

» Je le répète, les peuples et les rois
» ont eu tort; j'avais retrempé les trônes;
» j'avais retrempé la noblesse inoffen-
» sive; et les trônes et la noblesse peu-
» vent se trouver de nouveau en péril.
» J'avais consacré, fixé les limites rai-
» sonnables des droits des peuples; et

» les réclamations vagues, absolues et
» immodérées peuvent renaître. »

«Mon retour et mon maintien sur le
» trône, mon adoption franche cette fois
» de la part des souverains, jugeaient
» définitivement la cause des rois et des
» peuples; tous les deux l'avaient ga-
» gnée. Aujourd'hui on la remet en ques-
» tion : tous deux peuvent la perdre.
» On pouvait avoir tout fini, on peut
» avoir tout à reprendre; on a pu se
» garantir un calme long et assuré, com-
» mencer à jouir; et au lieu de cela, il
» peut suffire d'une étincelle pour rame-
» ner une conflagration universelle!...
» Pauvre et triste humanité!.... »

Pénétré comme je le suis des paroles
et des opinions que j'ai recueillies de
Napoléon sur son roc, et bien que parfaitement persuadé et convaincu de
toute leur sincérité, je n'en éprouve
pas moins une jouissance indicible
lorsqu'une contre-épreuve vient m'en
démontrer l'exacte vérité; et je dois
dire que je goûte ce bonheur toutes les
fois que je rencontre les occasions de
ces contre-épreuves.

On vient de lire le morceau remarquable ci-dessus, dans lequel Napoléon

exprime ses idées, ses intentions, ses sentimens. Quels prix ces paroles, recueillies à Sainte-Hélène, n'acquièrent-elles pas en les voyant reproduites en Europe, à deux mille lieues, par un écrivain célèbre, qui lui-même, avec une nuance différente d'opinion, et dans un tout autre temps, les reçut de la même bouche! Quelle heureuse circonstance pour l'histoire! aussi je ne puis m'empêcher, du reste, de produire ici ce morceau de M. Benjamin Constant, soit à cause du mérite intrinsèque des paroles, soit à cause du poids qu'elles acquièrent du publiciste distingué qui nous les donne, enfin soit aussi par tout le plaisir que j'éprouve à les voir coïncider si bien avec ce que j'ai recueilli moi-même sur un autre hémisphère. Ce sont les mêmes intentions, le même fonds de pensée, les mêmes sentimens.

« Je me rendis aux Thuileries peu de jours après le 20 mars, dit M. Benjamin Constant, je trouvai Bonaparte seul. Il commença le premier la conversation : elle fut longue; je n'en donnerai qu'une analyse; car je ne me propose pas de mettre en scène un homme malheureux. Je n'amuserai point nos lecteurs aux dépens de la puissance déchue ; je ne livrerai point à la curiosité malvaillante celui que j'ai servi par un motif quelconque, et je ne transcrirai de ses discours que ce qui sera indispensable ; mais, dans ce que j'en transcrirai, je rapporterai ses propres paroles.

» Il n'essaya de me tromper ni sur ses vues, ni sur l'état des choses. Il ne se présenta point comme corrigé par les leçons de l'adversité ; il ne voulut point se donner le mérite de revenir à la liberté par inclination ; il examina froidement dans son intérêt, avec une impartialité trop voisine de l'indifférence, ce qui était possible et ce qui était préférable.

« La nation, me dit-il, s'est reposée
» douze ans de toute agitation politique,
» et depuis une année elle se repose de
» la guerre : ce double repos lui a rendu
» un besoin d'activité. Elle veut, ou
» croit vouloir une tribune et des assem-
» blées : elle ne les a pas toujours vou-
» lues. Elle s'est jetée à mes pieds quand
» je suis arrivé au gouvernement ; vous
» devez vous en souvenir, vous qui es-
» sayâtes de l'opposition. Où était votre
» appui, votre force ? Nulle part. J'ai

» pris moins d'autorité que l'on ne m'in-
» vitait à en prendre... Aujourd'hui tout
» est changé. Un gouvernement faible,
» contraire aux intérêts nationaux, a
» donné à ces intérêts l'habitude d'être
» en défense et de chicaner l'autorité. Le
» goût des constitutions, des débats, des
» harangues, paraît revenir..... Cepen-
» dant ce n'est que la minorité qui le
» veut, ne vous y trompez pas. Le peu-
» ple, ou si vous l'aimez mieux, la mul-
» titude, ne veut que moi; ne l'avez-
» vous pas vue cette multitude se pres-
» sant sur mes pas, se précipitant du
» haut des montagnes, m'appelant, me
» cherchant, me saluant*. À ma rentrée

---

* *Note de M. Benjamin Constant.* Bonaparte mettait un grand prix à prouver que son retour n'avait pas été un mouvement militaire. Je suis fâché de n'avoir pas avec moi six pages qu'il avait écrites ou dictées à ce sujet, et qu'il avait soigneusement corrigées. Il me les remit lors de la communication que je rapporte ici. Il désirait que je répondisse à lord Castlereagh, qui avait, dans une harangue au parlement, attribué tout son succès à l'armée.

Ne voulant rien écrire avant que d'être sûr que ce n'était pas un despote que je rendais à la France, je me refusai à ce travail; et, en 1815, je confiai l'esquisse que Napoléon m'avait re-

» de Cannes ici, je n'ai pas conquis, j'ai
» administré... Je ne suis pas seulement,
» comme on l'a dit, l'Empereur des sol-
» dats, je suis celui des paysans, des
» plébéiens, de la France.... Aussi, mal-
» gré tout le passé, vous voyez le peuple
» revenir à moi : il y a sympathie entre
» nous. Ce n'est pas comme avec les pri-
» vilégiés ; la noblesse m'a servi, elle s'est
» lancée en foule dans mes antichani-
» bres ; il n'y a pas de places qu'elle n'ait
» acceptées, demandées, sollicitées. J'ai
» eu des *Montmorency*, des *Noailles*, des
» *Rohan*, des *Beauveau*, des *Mortemart*.
» Mais il n'y a jamais eu analogie. Le
» cheval faisait des courbettes, il était
» bien dressé ; mais je le sentais frémir.
» Avec le peuple, c'est autre chose : la
» fibre populaire répond à la mienne ;
» je suis sorti des rangs du peuple, ma
» voix agit sur lui. Voyez ces conscrits,
» ces fils de paysans ; je ne les flattais
» pas, je les traitais durement : ils ne

---

mise à un de mes amis qui partit pour l'Angleterre, d'où j'ai négligé jusqu'à présent de
la faire revenir. Il y avait beaucoup de chaleur,
des expressions bizarres, mais fortes ; une
grande rapidité de pensées, et quelques traits
d'une véritable éloquence.

« m'entouraient pas moins, ils n'en
» criaient pas moins *vive l'Empereur !*
» C'est qu'entre eux et moi il y a même
» nature ; ils me regardent comme leur
» soutien, leur sauveur contre les no-
» bles.... Je n'ai qu'à faire un signe, ou
» plutôt détourner les yeux, les nobles
» seront massacrés dans toutes les pro-
» vinces. Ils ont si bien manœuvré de-
» puis six mois !.... Mais je ne veux pas
» être le roi d'une *jacquerie*. S'il y a des
» moyens de gouverner par une consti-
» tution, à la bonne heure.... J'ai voulu
» l'empire du monde ; et, pour me l'as-
» surer, un pouvoir sans bornes m'était
» nécessaire. Pour gouverner la France
» seule, il se peut qu'une constitution
» vaille mieux.... J'ai voulu l'empire du
» monde, et qui ne l'aurait pas voulu à
» ma place? Le monde m'invitait à le
» régir : souverains et sujets se précipi-
» taient à l'envi sous mon sceptre. J'ai
» rarement trouvé de la résistance en
» France; mais j'en ai pourtant rencon-
» tré davantage dans quelques Français
» obscurs et désarmés, que dans tous
» ces rois, si fiers aujourd'hui de n'avoir
» plus un homme populaire pour égal...
» Voyez donc ce qui vous semble pos-

» sible. Apportez-moi vos idées. Des
» élections libres? des discussions pu-
» bliques? des ministres responsables?
» la liberté? Je veux tout cela...... La
» liberté de la presse surtout, l'étouffer
» est absurde; je suis convaincu sur cet
» article.... Je suis l'homme du peuple;
» si le peuple veut réellement la liberté,
» je la lui dois; j'ai reconnu sa souve-
» raineté, il faut que je prête l'oreille à
» ses volontés, même à ses caprices. Je
» n'ai jamais voulu l'opprimer pour mon
» plaisir; j'avais de grands desseins; le
» sort en a décidé, je ne suis plus un
» conquérant, je ne puis plus l'être. Je
» sais ce qui est possible et ce qui ne
» l'est pas; je n'ai plus qu'une mission:
» relever la France et lui donner un
» gouvernement qui lui convienne.... Je
» ne hais point la liberté; je l'ai écartée
» lorsqu'elle obstruait ma route; mais
» je la comprends, j'ai été nourri dans
» ses pensées..... Aussi bien, l'ouvrage
» de quinze années est détruit; il ne
» peut se recommencer. Il faudrait vingt
» ans et deux millions d'hommes à sacri-
» fier.... D'ailleurs, je désire la paix, et
» je ne l'obtiendrai qu'à force de vic-
» toires. Je ne veux pas vous donner de

» fausses espérances; je laisse dire qu'il
» y a des négociations, il n'y en a point.
» Je prévois une lutte difficile, une lon-
» gue guerre. Pour la soutenir il faut que
» la nation m'appuie; mais en récom-
» pense elle exigera de la liberté : elle
» en aura... La situation est neuve. Je ne
» demande pas mieux que d'être éclairé.
» Je vieillis; l'on n'est plus à quarante-
» cinq ans ce qu'on était à trente. Le
» repos d'un Roi constitutionnel peut
» me convenir. Il conviendra plus sûre-
» ment encore à mon fils. »

(*Minerve française*, 94º liv., tome VIII,
11ᵉ lettre sur les cent jours, par M. Benjamin Constant.)

Mercredi 13.

L'Empereur a fait dire au Grand-
Maréchal d'écrire à l'Amiral pour savoir
si une lettre que lui, Napoléon, écrirait
au prince Régent, lui serait envoyée.
Vers quatre heures le sous-gouverneur Skelton et sa femme ont fait demander à présenter leurs hommages à
l'Empereur. Il les a reçus, les a menés
promener dans le jardin et les a fait
ensuite monter en calèche avec lui. Le
temps avait été fort brumeux toute la

journée; dans une éclaircie, nous avons vu tout à coup une corvette ou frégate fort prêt entrant à pleines voiles.

Jeudi 14. — Vendredi 15.

Injure à l'Empereur et au prince de Galles. — Exécution de Ney. — Évasion de Lavalette.

Nous avons reçu la réponse de l'Amiral; après avoir commencé, selon son protocole ordinaire, par dire qu'il ne connaissait personne du nom d'Empereur à Sainte-Hélène, il marquait qu'il enverrait la lettre mentionnée au Prince Régent, sans doute; mais qu'il s'en tiendrait à la lettre de ses instructions, qui portaient de ne laisser partir aucun papier pour l'Angleterre, qu'il n'eût été ouvert et lu par lui.

Cette lettre, il faut l'avouer, nous jeta dans une grande surprise : la partie des instructions citées par l'Amiral avait deux objets, tous deux étrangers à l'interprétation que lui donnait cet officier.

Le premier était, au cas que nous fissions des plaintes, pour que les autorités locales pussent y joindre leurs observations, et que le gouvernement, en Angleterre, pût nous rendre justice plus promptement, sans être obligé de renvoyer dans l'île pour demander des renseignemens ultérieurs ; cette précaution était donc tout à fait dans nos intérêts. Le second objet de cette mesure était pour que notre correspondance ne pût être nuisible aux intérêts du gouvernement ou de la politique d'Angleterre. Mais nous écrivions au souverain, au chef, à l'homme même de ces intérêts et de ce gouvernement ; et si quelqu'un conspirait ici, ce n'était pas nous qui lui écrivions ; mais bien celui qui interceptait notre lettre, ou prétendait en violer le secret. Qu'on établît auprès de nous des geoliers avec tout leur attirail, sans le trouver juste, cela nous paraissait possible. Mais que ces geoliers fissent réagir leur fonction jusque sur leur souverain même, c'est ce qui nous semblait n'avoir pas de nom ; c'était entacher celui-ci tout à fait de l'idée de Roi fainéant, ou de Sultan renfermé dans le fond du sérail ; c'était une véritable monstruosité dans nos mœurs européennes !

Depuis long-temps, nous avions peu ou point de rapports avec l'Amiral. Quelqu'un pensa que la mauvaise humeur peut-être avait dicté sa réponse ; un autre voulut qu'il craignît que la lettre ne renfermât des plaintes contre lui. Mais l'Amiral connaissait trop bien l'Empereur pour ne pas savoir qu'il ne s'adresserait jamais à d'autre tribunal qu'à celui des nations. Moi qui savais quel eût été le sujet de la lettre, j'en ressentais une plus vive indignation : l'unique intention de l'Empereur avait été d'employer cette voie, la seule qui semblait convenable à sa dignité, pour écrire à sa femme, et se procurer des nouvelles de son fils. Toutefois le Grand-Maréchal répondit à l'Amiral, qu'il outrepassait ou interprêtait mal ses instructions; qu'on ne pouvait regarder sa détermination que comme une monstrueuse vexation de plus; que la condition imposée était trop au-dessous de la dignité de l'Empereur, aussi bien que de celle du prince de Galles, pour qu'il conservât la pensée d'écrire.

La frégate qui venait d'arriver était la Spey, portant les journaux de l'Europe jusqu'au trente et un décembre : ils contenaient l'exécution de l'infortuné maréchal Ney et l'évasion de Lavalette.

« Ney, disait l'Empereur, aussi mal
» attaqué que mal défendu, avait été

« condamné par la chambre des Pairs, « en dépit d'une capitulation sacrée. On « l'avait laissé exécuter, c'était une faute « de plus ; on en avait fait dès cet instant « un martyr. Qu'on n'eût point pardonné « Labédoyère, parce qu'on n'eût vu dans « la clémence qu'une prédilection en « faveur de la vieille aristocratie, cela se « concevait ; mais le pardon de Ney n'eût « été qu'une preuve de la force du gou- « vernement et de la modération du « prince. On dira peut-être qu'il fallait « un exemple ; mais le maréchal le deve- « nait bien plus sûrement par un pardon, « après avoir été avili par un jugement ; « c'était pour lui une véritable mort mo- « rale qui lui ôtait toute influence, et « cependant le coup de l'autorité était « porté, le souverain satisfait et l'exemple « accompli.

« Le refus de clémence vis-à-vis *Lava-* « *lette* et son évasion, étaient de nou- « veaux griefs tout aussi impopulaires, « disait l'Empereur. Mais les salons de « Paris, faisait-il observer, montraient « les mêmes passions que les clubs, la « noblesse recommençait les jacobins. « L'Europe du reste demeurait dans une « complète anarchie ; on y suivait hau-

» tement le code de l'immoralité poli-
» tique; tout ce qui tombait sous la
» main des souverains, devenait bon pour
» chacun d'eux. Au moins, de mon temps,
» étais-je le point de mire de toutes les
» récriminations de ce genre. Les sou-
» verains alors ne parlaient que prin-
» cipes et vertus; mais aujourd'hui,
» continuait-il, qu'ils étaient victorieux
» et sans frein, ils pratiquaient sans pu-
» deur tous les torts qu'ils reprochaient
» alors eux-mêmes. Quelles ressources
» et quel espoir laissaient-ils donc aux
» peuples et à la morale? Nos Françaises
» du moins, observait-il, illustrèrent leurs
» sentimens: Mme *Labédoyère* avait failli
» expirer de douleur; ces journaux nous
» apprennent que Mme *Ney* avait donné
» le spectacle du dévouement le plus cou-
» rageux et le plus acharné. Mme *Lavalette*
» allait devenir l'héroïne de l'Europe.

Samedi 16.

Commission pour le Prince Régent.

L'Empereur avait quitté l'Encyclopédie britanique pour prendre ses leçons
d'anglais dans les *Annual Registers*. Il y
a lu l'aventure d'un M. Spencer-Smith,
arrêté à Venise, condamné à se rendre

à Valenciennes, et qui s'échappa dans sa route. « Ce doit être une chose très-simple, disait l'Empereur, dont le narrateur aura fait une grande histoire. Cette affaire m'est tout à fait inconnue, a-t-il ajouté, c'était un détail de police d'une importance trop inférieure, pour qu'il eût pu remonter jusqu'à moi. »

Vers les quatre heures, on a présenté à l'Empereur le capitaine de la Spey qui arrivait d'Europe, et le capitaine du Ceylan qui partait pour l'Angleterre. L'Empereur était assez triste, il n'était pas bien; l'audience du premier a été fort courte; celle du second eût été de même, s'il n'eût réveillé l'Empereur en demandant si nous avions des lettres à envoyer en Europe. L'Empereur alors m'a dit de lui demander s'il verrait le Prince Régent; sur son affirmation, j'ai été chargé de lui traduire que l'Empereur avait voulu écrire au Prince Régent; mais que sur l'observation inouïe de l'Amiral, qu'il ouvrirait cette lettre, il s'en était abstenu comme d'une chose contraire à sa dignité et à celle du Prince Régent même. Qu'il avait bien entendu vanter les lois d'Angleterre, mais qu'il n'en apercevait le bénéfice nulle part;

qu'il ne lui restait plus qu'à attendre, qu'à désirer un bourreau ; que l'agonie qu'on lui faisait éprouver était inhumaine, barbare ; qu'il eût été plus franc, plus énergique de lui donner la mort. L'Empereur m'a fait répéter au capitaine qu'il voulût bien se charger de ces mots, et l'a congédié ; celui-ci était très-rouge et fort embarrassé.

Dimanche 17.

Esprit de l'île de France.

Un colonel anglais arrivé du Cap et venant de l'île de France, s'est présenté dans la matinée chez moi pour tâcher de pouvoir faire sa cour à l'Empereur. L'Amiral n'avait accordé à son vaisseau que deux ou trois heures de mouillage, et ayant obtenu que l'Empereur voulût bien le recevoir à quatre heures, il m'assura qu'il préférerait manquer son vaisseau, plutôt que de perdre une telle occasion. L'Empereur n'était par très bien, il avait passé plusieurs heures dans son bain ; à quatre heures il reçut le colonel.

L'Empereur lui fit beaucoup de questions sur l'île de France, cédée depuis peu aux Anglais : il paraît que sa propérité et son commerce souffrent du changement de domination.

Au départ du colonel, resté seul avec l'Empereur dans le jardin, je lui ai raconté que sa personne semblait être demeurée bien chère aux habitans de l'île de France; que le colonel m'avait dit que le nom de Napoléon n'y était prononcé qu'avec attendrissement. Lorsqu'on y apprit sa sortie de France et sa venue à Plymouth, c'était précisément un grand jour de fête dans la colonie; le spectacle devait être tout à fait remarquable; la nouvelle étant parvenu dans le jour, le soir il ne parut pas un seul colon au théâtre, soit blanc ou de couleur: il n'y eut que des Anglais, qui en demeurèrent embarrassés et fort irrités. L'Empereur m'écoutait. « C'est tout simple, m'a-t-il dit, après quelques momens de silence : cela prouve que les habitans de l'île de France sont demeurés Français; je suis la patrie, ils l'aiment; on l'a blessée en moi, ils s'en affligent. » J'ajoutai que le changement de domination gênant leurs expressions, ils n'osaient pas porter publiquement sa santé; mais qu'on n'y manquait pourtant jamais, disait le colo-

nel; on buvait à *lui*; ce mot lui était consacré. Ces détails le touchaient. « Pauvres Français! a-t-il dit avec expres-
» sion. Pauvre peuple! Pauvre nation!
» Je méritais tout cela, je t'aimais! Mais
» toi, tu ne méritais pas, assurément,
» tous les maux qui pèsent sur toi! Ah!
» que tu méritais bien qu'on se dévouât
» pour toi! Mais il faut en convenir, que
» d'infamie, de lâcheté et de dégradation
» j'ai eues autour de moi! » Et me fixant il ajouta : « Et je ne parle pas ici de
» vos amis du faubourg Saint-Germain;
» car pour eux, c'est encore une autre
» question. »

Il nous parvenait souvent des traits et des mots qui, pareils à ceux de l'île de France, étaient propres à remuer la fibre du cœur : l'île de l'Ascension, dans notre voisinage, avait toujours été déserte et abandonnée; depuis que nous sommes ici, les Anglais ont cru devoir y faire un établissement. Le capitaine qui en a été prendre possession nous dit, à son retour, qu'il avait été fort étonné, en débarquant, de trouver sur le rivage : *Vive à jamais le grand Napoléon*.

Dans les derniers journaux qui venaient de nous arriver, parmi plusieurs traits ou jeux de mots bienveillans, il se trouvait, en plusieurs langues, que *Paris* ne serait heureux que quand on lui aurait rendu son *Hélène* : c'était quelques gouttes de miel dans notre coupe d'absinthe.

Lundi 18. — Mardi 19.

Ses intentions sur Rome. — Horrible nourriture. — Britannicus.

L'Empereur est monté à cheval sur les huit heures; il y avait bien long-temps qu'il s'en était abstenu; le défaut d'espace à parcourir en est la cause. Sa santé en souffre visiblement, et l'on doit s'étonner que le manque d'exercice ne soit pas plus nuisible encore à celui qui en prenait journellement de si violens. Au retour, l'Empereur a déjeûné dehors; il nous a tous retenus. Après le déjeûner, la conversation est tombée sur *Herculanum* et *Pompeia*, le phénomène et l'époque de leur destruction, le temps et les hasards de leur découverte moderne, les monumens et les curiosités qu'ils nous ont fournis depuis. L'Empereur disait que si Rome fût restée sous sa domination, elle fût sortie de ses ruines; il se proposait de la nettoyer de de tous ses décombres, de restaurer tout ce qui eût été possible, etc. Il ne doutait pas que le même esprit s'étendant dans le voisinage, il eût pu en être en quelque sorte de même d'Herculanum et de Pompeïa.

Le déjeûner fini, l'Empereur a envoyé mon fils chercher le volume de Crevier qui renferme les catastrophes d'Herculanum et de Pompeïa, et nous les a lues, ainsi que la mort et le caractère de Pline. Il s'est retiré vers midi pour prendre du repos.

Sur les six heures, nous avons fait, en calèche, notre course d'habitude; l'Empereur avait fait monter avec lui M. et Mᵐᵉ Skelton, qui étaient venus lui faire visite.

Au retour, l'Empereur, chassé du jardin par l'humidité, a été voir le général Gourgaud, qui se rétablit rapidement. Après le dîner, en quittant la table et rentrant dans le salon, nous n'avons pu nous empêcher de revenir sur le repas que nous venions de faire; rien à la lettre n'avait été mangeable : le pain mauvais, le vin impotable, la viande dégoûtante et malsaine; on est obligé

d'en renvoyer souvent ; on tient, malgré les représentations, à nous la fournir tuée, parce que c'est le moyen de nous faire passer les animaux morts. L'Empereur, choqué de ce tableau, n'a pu s'empêcher de dire avec chaleur : « Sans
» doute il est bien des individus dans une
» condition physique pire encore ; mais
» cela ne nous ôte pas le droit de juger
» la nôtre, ni les traitemens infâmes dont
» on nous entoure ! Les mauvais procédés
» du gouvernement anglais ne se sont
» point bornés à nous envoyer ici, ils se
» sont étendus jusqu'au choix des indi-
» vidus auxquels on a remis nos personnes
» et nos besoins ! Pour moi, je souffrirais
» moins si j'étais sûr qu'un jour quel-
» qu'un le divulgât à l'univers, de ma-
» nière à entacher d'infamie ceux qui en
» sont coupables ! Mais parlons d'autre
» chose, a-t-il dit ; quel jour est aujour-
» d'hui ? — Quelqu'un a dit le dix-neuf
» mars. — Quoi, s'est-il écrié, la veille
» du vingt mars ! Et après quelques se-
» condes : mais parlons encore d'autre
» chose. » Il a envoyé chercher un volume de Racine ; il a d'abord commencé la comédie des Plaideurs ; mais après une ou deux scènes, il nous a lu Britannicus.

La lecture finie et le juste tribut d'admiration payé, il a dit qu'on reprochait ici à Racine un dénouement trop prompt; qu'on ne pressentait pas d'assez loin l'empoisonnement de Britannicus. Il a fort loué la vérité du caractère de Narcisse, observant que c'était toujours en blessant l'amour propre des princes qu'on influait le plus sur les déterminations.

Mercredi 20.

Vingt Mars. — Couches de l'Impératrice.

Après le dîner, un de nous a fait observer qu'à pareil jour, à pareil moment, il y avait un an (vingt mars), l'Empereur était moins isolé, moins tranquille. «Je » me mettais à table aux Tuileries, a dit » Napoléon. J'y étais parvenu avec diffi- » culté, je venais de courir au moins les » dangers d'une bataille. » En effet, il avait été saisi en arrivant, par plusieurs milliers d'officiers et de citoyens; on se l'était arraché; il n'était pas monté au château, on l'y avait porté, et bien plus dans le tumulte de quelqu'un qu'on va déchirer, que dans l'ordre et le respect de celui qu'on veut honorer. Mais c'était le sentiment et l'intention qu'il fallait juger ici, c'était de l'enthousiasme et de l'amour jusqu'à la rage et au délire.

L'Empereur a ajouté qu'il était à croire que plus d'une personne en parlerait ce soir en Europe, et qu'en dépit de toute surveillance, il se viderait bien des bouteilles en son intention.

La conversation est ensuite tombée sur le Roi de Rome; ce jour était l'anniversaire de sa naissance; l'Empereur comptait qu'il avait cinq ans. Il est passé de là aux couches de l'Impératrice, et semblait se complaire à se vanter d'avoir été, dans cette circonstance, disait-il, aussi bon mari que qui que ce fût au monde : il aida constamment toute la nuit l'Impératrice à marcher; nous en savions quelque chose, nous qui étions de la maison; nous avions été convoqués tous au château dès dix heures du soir; nous y passâmes la nuit entière; les cris arrivaient parfois jusqu'à nous. Vers le matin, l'accoucheur ayant dit à l'Empereur que les douleurs avaient cessé et que cela pourrait être long encore, l'Empereur alla se mettre au bain, et l'on nous congédia, en nous prévenant de ne pas nous écarter de chez nous. Il n'y avait pas long-temps que l'Empereur était dans le bain, que les douleurs reprirent, et que l'accoucheur vint, la tête perdue, lui dire qu'il était le plus malheureux des hommes, que sur mille couches qui arrivaient dans Paris, il ne s'en présentait pas de plus difficile. L'Empereur se rhabillant à la hâte, le rassurait en lui disant qu'un homme qui savait son métier, serait impardonnable de perdre la tête; qu'il n'y avait rien ici qui dût le troubler; qu'il n'avait qu'à se figurer qu'il accouchait une bourgeoise de la rue Saint-Denis; que la nature n'avait pas deux lois; qu'il était bien sûr qu'il ferait pour le mieux, et qu'il n'aurait à craindre surtout aucun reproche. On lui représenta qu'il y avait un grand danger pour la mère ou pour l'enfant. « Avec la mère, répondit-il sans hésiter, » j'aurai un autre enfant. Conduisez-vous » ici comme si vous attendiez le fils d'un » savetier. »

Arrivé auprès de l'Impératrice, il put s'assurer qu'elle était réellement en danger; l'enfant se présentait mal, et tout portait à croire qu'il serait étouffé.

L'Empereur demanda à Dubois pourquoi il ne l'accouchait pas. Celui-ci s'en défendit, ne le voulant, disait-il, qu'en présence de Corvisart, qui n'était pas encore arrivé. « Mais que vous dira-t-il? disait l'Empereur. Si c'est un témoin ou une justification que vous vous réservez, me voilà, moi. » Dubois alors, mettant bas son habit, se mit au travail. A l'aspect des fers, l'Impératrice poussa des cris douloureux, s'écriant qu'on voulait la tuer. Elle était fortement tenue par l'Empereur, Mme de Montesquiou, Corvisart, qui venait d'entrer, etc*. Mme de Montesquiou saisit adroitement l'occasion de la rassurer, en lui disant qu'elle s'était trouvée elle-même plus d'une fois dans cette situation.

Cependant l'Impératrice se persuadait

---

* Cette scène se passait en présence de vingt-deux personnes :

L'Empereur,

Dubois, Corvisart, Bourdier et Ivan;

Mmes: de Montébello, de Luçay et de Montesquiou.

Les six premières dames : Ballant, Deschamps, Durand, Hureau, Nabusson et Gérard.

Cinq femmes de chambre : Mlles Honoré, Edouard, Barbier, Aubert et Geoffroy;

La garde Madame Blaise, et deux filles de garde-robe.

(*Souvenirs de Madame Durand, veuve du général*. Tome 1, page 98.)

toujours qu'on en usait différemment avec elle qu'avec toute autre, et répétait souvent: « Parce que je suis Impératrice, » me sacrifiera-t-on! » Elle est convenue depuis, avec l'Empereur, que cela avait été réellement sa crainte. Enfin, on la délivra. Le péril avait été si grand, que toute l'étiquette, dit l'Empereur, qui avait été recherchée et arrêtée à ce sujet, fut mise de côté, et l'enfant posé à l'écart sur le plancher, pendant qu'on ne s'occupait uniquement que de la mère; il y demeura plusieurs instans, et on le croyait mort; ce fut Corvisart qui le releva, le frotta et lui fit pousser un cri, etc. *

---

* On lit dans l'intéressant ouvrage de M. le baron Fleury de Chaboulon, sur le retour de l'île d'Elbe: « Lorsque le jeune Napoléon vint
» au monde, on le crut mort; il était sans cha-
» leur, sans mouvemens, sans respiration; on
» faisait des efforts multipliés pour le rappeler
» à la vie, lorsque partirent successivement les
» cent un coups de canon destinés à célébrer sa
» naissance; la commotion et l'ébranlement
» qu'ils occasionnèrent, agirent si fortement
» sur les organes du royal enfant, qu'il reprit
» ses sens. »

Jeudi 21. — *Vendredi* 22.

Conjuration de Catilina. — Les Gracques. — Les historiens. — Sommeil durant la bataille. — César, ses Commentaires. — Des divers systèmes militaires.

L'Empereur est monté à cheval de fort bonne heure; nous avons fait le tour des limites dans plusieurs directions. C'est durant cette promenade que l'Empereur prend à présent sa leçon d'anglais : je marche à côté de lui : il fait des phrases anglaises que je traduis mot à mot, à mesure qu'il les prononce; ce qui lui fait voir qu'il est entendu ou le met à même de se corriger. Quand il a fini la phrase, je la lui répète en anglais, de manière qu'il l'entende bien à son tour, ce qui sert à lui former l'oreille.

Aujourd'hui l'Empereur lisait, dans l'histoire romaine, *la conjuration de Catilina*; il ne pouvait la comprendre telle qu'elle est tracée : « Quelque scélérat que fût Catilina, observait-il, il » devait avoir un objet : ce ne pouvait » être celui de gouverner dans Rome, » puisqu'on lui reprochait d'avoir voulu » y mettre le feu aux quatre coins. »

L'Empereur pensait que c'était plutôt quelque nouvelle faction à la façon de Marius et de Sylla, qui, ayant échoué, avait accumulé sur son chef toutes les accusations banales dont on les accable en pareil cas. Quelqu'un alors fit observer à l'Empereur que c'est ce qui lui serait infailliblement arrivé à lui-même, s'il eût succombé en vendémiaire, en fructidor ou en brumaire, avant d'avoir éclairé d'un si grand lustre un horizon purgé de nuages.

Les Gracques lui inspiraient bien d'autres doutes, bien d'autres soupçons, lesquels, disait-il, devenaient presque des certitudes quand on s'était trouvé dans les affaires de nos jours. « L'his- » toire, observait-il, présente en résul- » tat les Gracques comme des séditieux, » des révolutionnaires, des scélérats, » et dans les détails elle laisse échap- » per qu'ils avaient des vertus, qu'ils » étaient doux, désintéressés, de bon- » nes mœurs; et puis ils étaient les fils » de l'illustre Cornélie; ce qui, pour les » grands cœurs, doit être tout d'abord » une forte présomption en leur faveur. » D'où pouvait donc venir un tel con- » traste? Le voici, disait l'Empereur :

» c'est que les Gracques s'étaient géné-
» reusement dévoués pour les droits du
» peuple opprimé, contre un sénat op-
» presseur, et que leur grand talent,
» leur beau caractère, mirent en péril
» une aristocratie féroce qui triompha,
» les égorgea et les flétrit. Les historiens
» du parti les ont transmis avec cet es-
» prit; sous les Empereurs il a fallu
» continuer; le seul mot des droits du
» peuple, sous un maître despotique,
» était un blasphême, un vrai crime;
» plus tard il en a été de même sous la
» féodalité, fourmillière de petits des-
» potes. Voilà la fatalité sans doute de
» la mémoire des Gracques : leurs vertus
» n'ont donc jamais cessé, dans la suite
» des siècles, d'être des crimes; mais
» aujourd'hui qu'avec nos lumières nous
» nous sommes avisés de raisonner, les
» Gracques peuvent et doivent trouver
» grâce à nos yeux.

» Dans cette lutte terrible de l'aristo-
» cratie et de la démocratie qui vient
» de se renouveler de nos jours; dans
» cette exaspération du vieux terrain
» contre l'industrie nouvelle qui fer-
» mente dans toute l'Europe, nul doute
» que si l'aristocratie triomphait par la

» force, elle ne montrât partout beau-
» coup de Gracques, et ne les traitât à
» l'avenant tout aussi bénignement que
» l'ont fait leurs devanciers. »

L'Empereur ajoutait qu'il était aisé de voir du reste qu'il y avait lacune chez les auteurs anciens dans cette époque de l'histoire; que tout ce que nous en présentaient les modernes n'était évidemment formé que de *grapillage*. Puis il revenait sur les reproches déjà faits au bon Rollin et à son élève Crevier: ils étaient tous deux sans talent, sans intention, sans couleur. Il fallait convenir que les Anciens nous étaient bien supérieurs sur ce point; et cela parce que chez eux les hommes d'Etat étaient hommes de lettres; et les hommes de lettres hommes d'Etat; ils accumulaient les professions, tandis que nous les séparons d'une manière absolue. Cette division fameuse du travail, qui chez nous amène la perfection des ouvrages mécaniques, lui est tout à fait funeste dans les productions mentales; tout ouvrage d'esprit est d'autant plus supérieur, que celui qui le produit est plus universel. Nous devons à l'Empereur d'avoir cherché à établir ce prin-

cipe, en employant souvent les mêmes hommes à plusieurs objets tout à fait étrangers entre eux; c'était son système. Un jour il nomma, de propre mouvement, un de ses Chambellans pour aller en Illyrie liquider la dette autrichienne : c'était un objet considérable et fort compliqué; le Chambellan, jusque-là étranger à toute affaire, en frémit, et le ministre, privé de cette nomination, et conséquemment mécontent, se hasarda de représenter à l'Empereur que sa nomination étant tombée sur quelqu'un d'entièrement neuf, il était à craindre qu'il ne sût pas s'en tirer. « J'ai la main
» heureuse, Monsieur, fut sa réponse;
» ceux sur qui je la pose sont propres
» à tout. »

L'Empereur continuant sa critique, condamnait aussi beaucoup ce qu'il appelait des niaiseries historiques, ridiculement exaltées par les traducteurs et les commentateurs. Elles prouvaient dans l'origine, disait-il, des historiens qui jugeaient mal des hommes et de leur situation. « C'était à tort, par exemple,
» observait-il, qu'ils vantaient si haut la
» *continence de Scipion*, et s'extasiaient
» sur le calme d'Alexandre, de César et

» d'autres, pour avoir dormi la veille
» d'une bataille. Il n'y a qu'un moine,
» disait-il, privé de femme, dont le
» visage s'enlumine à leur seul nom et
» qui hennit à leur approche derrière
» ses barreaux, qui puisse faire un grand
» mérite à Scipion de n'avoir pas violé
» celle que le hasard mettait en son
» pouvoir, quand il en avait tant d'autres
» à sa libre disposition : autant vallait
» qu'un affamé lui tînt aussi grand
» compte d'être passé tranquillement à
» côté d'une table bien servie sans s'être
» rué dessus. Quant à avoir dormi au
» moment d'une bataille, il n'est point,
» assurait-il, de nos soldats, de nos gé-
» néraux qui n'aient répété vingt fois
» cette merveille; et tout leur héroïsme
» n'était guère que dans la fatigue de
» la veille. »

A cela le Grand-Maréchal a ajouté
qu'il pouvait dire avoir vu, lui Napoléon, dormir, non seulement la veille
de la bataille, mais durant la bataille
même. « Il le fallait bien, disait l'Empe-
» reur : quand je donnais des batailles
» qui duraient trois jours, la nature de-
» vait aussi avoir ses droits; je profitais
» du plus petit instant, je dormais où et

« quand je pouvais. » L'Empereur avait dormi sur le champ de bataille de Wagram et de Bautzen, durant le combat même, et fort en dedans de la portée des boulets. Il disait sur cela qu'indépendamment de l'obligation d'obéir à la nature, ces sommeils offraient au chef d'une très-grande armée, le précieux avantage d'attendre, avec calme, les rapports et la concordance de toutes ses divisions, au lieu de se laisser emporter peut-être par le seul objet dont il serait le témoin.

L'Empereur disait encore qu'il trouvait dans Rollin, dans César même, des circonstances de la guerre des Gaules qu'il ne pouvait entendre. Il ne comprenait rien à l'invasion des Helvétiens, au chemin qu'ils prenaient, au but qu'on leur donnait, au temps qu'ils étaient à passer la Saône, à la diligence de César, qui avait le temps d'aller en Italie chercher des légions aussi loin qu'Aquilée, et qui retrouvait les envahisseurs encore à leur passage de la Saône, etc... Qu'il n'était pas plus facile de comprendre la manière d'établir des quartiers d'hiver qui s'étendaient de Trèves à Vannes. Et comme nous nous récriions aussi sur les travaux immenses que les généraux obtenaient de leurs soldats; les fossés, les murailles, les grosses tours, les galeries, etc., l'Empereur observait qu'alors tous les efforts s'employaient en confection et sur les lieux mêmes; au lieu que de nos jours, ils consistaient dans le transport. Il croyait d'ailleurs que leurs soldats travaillaient en effet plus que les nôtres. Il a le projet de dicter quelque chose là-dessus.

« Au surplus, continuait-il, l'histoire
» ancienne est longue, et le système de
» guerre a changé souvent. De nos jours,
» il n'est déjà plus celui du temps de
» Turenne et de Vauban. Aujourd'hui,
» les travaux de campagne devenaient
» inutiles; le système même de nos
» places était désormais problématique
» ou sans effet; l'énorme quantité de
» bombes et d'obus changeait tout. Ce
» n'était plus contre l'horizontale qu'on
» avait à se défendre; mais contre la
» courbe et la développée. Aucune des
» places anciennes n'était désormais à
» l'abri : elles cessaient d'être tenables;
» aucun pays n'était assez riche pour les
» entretenir. Le revenu de la France ne
» pouvait suffire à ses lignes de la Flandre;

« car les fortifications extérieures n'étaient guère aujourd'hui que le quart ou le cinquième de la dépense nécessaire ; les casemates, les magasins, les établissemens à l'abri de la bombe, voilà désormais ce qui était indispensable, et ce à quoi on ne pourrait suffire. » L'Empereur se plaignait surtout de la faiblesse de la maçonnerie actuelle ; le génie avait un vice radical sur cet objet, il lui avait coûté des sommes immenses en pure perte.

L'Empereur, frappé de ces vérités nouvelles, avait imaginé un système tout à fait au rebours des axiomes établis jusqu'ici : c'était d'avoir un calibre de gros échantillon, poussé en dehors de la ligne magistrale vers l'ennemi, et d'avoir cette ligne magistrale elle-même, au contraire, défendue par une grande quantité de petite artillerie mobile ; par là, l'ennemi était arrêté court dans son approche subite : il n'avait que des pièces faibles pour attaquer des pièces fortes ; il était dominé par ce gros échantillon, autour duquel les ressources de la place, les petites pièces venaient se grouper ; ou même se portaient au loin en tirailleurs, et pouvaient suivre tous les mouvemens de l'ennemi par leur facile mobilité. Il fallait à l'ennemi dès-lors de l'artillerie de siége; il devait ouvrir la tranchée; on gagnait du temps, et le véritable objet de la fortification était accompli. L'Empereur a employé ce moyen avec beaucoup de succès, et, au grand étonnement des ingénieurs, à la défense de Vienne et à celle de Dresde : il voulait l'employer à celle de Paris, qu'il ne croyait défendable que de la sorte; mais du succès duquel il ne doutait nullement, etc.

Résumé des neuf mois écoulés.

Voilà déjà neuf mois que j'écris mon Journal, et je crains bien qu'au travers des parties hétérogènes qui s'y succèdent sans ordre, on n'ait que trop souvent perdu de vue mon principal, mon unique objet, ce qui concerne Napoléon et peut servir à le caractériser. C'est pour y suppléer, en tant que besoin, que je vais essayer ici un résumé de quelques lignes; résumé, d'ailleurs, que je me propose, pour le même motif, de réitérer désormais tous les trois mois.

En quittant la France nous étions demeurés un mois à la disposition du brutal et féroce ministère anglais; puis notre traversée à Sainte-Hélène avait été de trois mois.

A notre débarquement, nous avons occupé Briars, près de deux mois.

Enfin nous étions à Longwood depuis trois mois.

Or, ces neuf mois eussent composé quatre époques bien distinctes pour celui qui se serait occupé d'observer Napoléon.

19*

Tout le temps de notre séjour à Plymouth, Napoléon demeura concentré et purement passif, n'opposant que la force d'inertie. Ses maux étaient tels et tellement sans remède, qu'il laissait stoïquement courir les événemens.

Durant toute notre traversée, ce fut en lui constamment une parfaite égalité et surtout la plus complète indifférence; il ne témoignait aucun désir, n'exprimait aucun contre-temps. On lui portait, il est vrai, les plus grands égards; il les recevait sans s'en apercevoir; il parlait peu, et toujours le sujet était étranger à sa personne. Quiconque, tombé subitement à bord, aurait été témoin de sa conversation, eût été bien loin sans doute de deviner à qui il avait à faire : ce n'était pas l'Empereur. Je ne saurais mieux le peindre dans cette circonstance, qu'en le comparant à ces passagers de haute distinction qu'on transporte avec grand respect au lieu de leur mission.

Notre séjour à Briars présenta une autre nuance. Napoléon, réduit presqu'à lui seul, ne recevant personne, tout à son travail, semblant oublier les événemens et les hommes, jouissait en apparence du calme et de la paix d'une solitude profonde, dédaignant, par distraction ou par mépris, de s'apercevoir des inconvéniens ou des privations dont on l'environnait; s'il en exprimait parfois quelque chose, ce n'était que réveillé par l'importunité de quelque Anglais, ou excité par le récit des outrages faits aux siens. Toute sa journée était remplie par ses dictées; le reste du temps donné au délassement d'une conversation toute privée. Il ne mentionnait point les affaires de l'Europe; parlait rarement de l'empire, fort peu du consulat; mais beaucoup de son généralat d'Italie, et bien plus encore, et presque constamment, des plus minutieux détails de son enfance et de sa première jeunesse. Ces derniers sujets surtout semblaient, en cet instant, d'un charme tout particulier pour lui. On eût dit qu'ils lui procuraient un oubli complet; ils le portaient même à la gaîté. C'était presque uniquement de ces objets qu'il remplissait les heures nombreuses de ses promenades nocturnes au clair de lune.

Enfin, notre établissement à Longwood fut une quatrième et dernière nuance. Toutes nos situations jusque-là n'avaient été qu'éphémères et transitoires: Cette dernière devenait fixe, et menaçait d'être durable. Là allait commencer réellement notre exil et nos destinées nouvelles. L'histoire les prendrait là; les regards de l'univers allaient nous y considérer. L'Empereur, semblant faire ce calcul, régularise tout ce qui l'entoure, et prend l'attitude de la dignité qu'opprime la force; il trace autour de lui une enceinte morale derrière laquelle il se défend à présent pouce à pouce contre les inconvenances et les outrages; il ne passe plus rien à ses persécuteurs; il se montre susceptible sur les formes, hostile contre toute entreprise. Les Anglais n'avaient pas douté que l'habitude ne produisît enfin la familiarité. L'Empereur les ramène au premier jour, et le respect le plus profond se manifeste.

Ce ne fut pas pour nous une petite surprise ni une légère satisfaction, que d'avoir à nous dire que, sans savoir comment ni pourquoi, il devenait pourtant visible que, dans l'esprit et aux regards des Anglais, l'Empereur se trouvait à présent plus haut qu'il ne l'avait été jusque là ; nous pouvions même nous apercevoir que ce sentiment allait chaque jour croissant.

Avec nous, l'Empereur reprit tout à fait, dans ses conversations, l'examen des affaires de l'Europe. Il analysait les projets et la conduite des souverains ; il leur opposait la sienne ; jugeait, tranchait, parlait de son règne, de ses actes, en un mot nous retrouvions l'Empereur, et *tout* Napoléon. Ce n'est pas qu'il eût jamais cessé de l'être un instant pour notre dévouement et nos soins, ni que, de notre côté, nous eussions à en souffrir le moindrement, sous aucun rapport. Jamais il ne fut pour nous d'humeur plus égale, de bonté plus constante, d'affection plus habituelle. C'était précisément au milieu de nous, et tout à fait en famille, qu'il concertait ses sorties contre l'ennemi commun ; et celles qu'on trouvera les plus vigoureuses, qui paraîtront dictées par la colère, ne l'ont presque jamais été même sans quelque rire et sans quelque gaîté.

La santé de l'Empereur, durant les six mois qui précédèrent notre établissement à Longwood, ne sembla pas éprouver la moindre altération ; pourtant c'éfait un régime si contraire! Les heures, la nourriture, n'étaient plus les mêmes; ses habitudes étaient toutes bouleversées. Lui, accoutumé à tant de mouvement, était demeuré renfermé tout ce temps dans une chambre. Les bains étaient devenus une partie de son existence, et il en avait été constamment privé, etc., etc. Ce ne fut qu'après être arrivé à Longwood, et lorsqu'il eut retrouvé une partie de ces objets, qu'il eut couru à cheval et repris des bains, qu'on commença à apercevoir une altération sensible.

Chose singulière! tant qu'il avait été mal, il n'y eut point de traces de ses souffrances; ce ne fut que dès qu'il fut mieux qu'on les vit apparaître. Ne serait-ce pas que, dans l'ordre moral, comme dans l'ordre physique, il se trouve souvent un long intervalle entre la cause et les effets.

FIN DU SECOND VOLUME.

TABLE RAISONNÉE
DES MATIÈRES
CONTENUES DANS LE SECOND VOLUME.

N. B. *Les chiffres sont les numéros des pages. Ce signe* (-) *indique qu'il faut prendre le numéro qui suit.*

ALEXANDRE (*Empereur de Russie*). Son portrait, 368.

ANGLETERRE. Détails sur l'invasion projetée par Napoléon. - La faiblesse seule de Villeneuve en a empêché l'exécution, 362.

AUTRICHE (*Impératrice d'*). A Dresde, soignait extrêmement Napoléon. - Cherchait en arrière à en détacher Marie-Louise. - Son portrait. - C'était une jolie religieuse, disait Napoléon, 396.

AUTRICHIENS. Marengo était la bataille où ils s'étaient le mieux montrés, 206.

BARBARESQUES. Le pavillon de Napoléon à l'île d'Elbe était sacré pour eux. - Faisaient des présens aux capitaines Elbois, disant qu'ils acquittaient la dette de Moscou. - Ne faisaient pas la guerre à Dieu, 329.

BERNARDIN-DE-ST.-PIERRE. Observations de Napoléon sur Paul et Virginie. - Anecdotes sur son auteur, 199.

BESSIÈRE (*Maréchal*). Son portrait, 213.

CALONNE (*M. de*). Vient près du premier Consul, et s'efforce de rentrer au ministère, 192.

CADASTRE. L'Empereur disait qu'il était la véritable garantie des propriétés, et la sûre indépendance de chacun, 548.

CARICATURES sur Napoléon, etc., 317.-332.

CATILINA. L'Empereur ne comprenait pas sa conjuration. Pensait que c'était plutôt quelque nouvelle faction à la façon de Marius et de Sylla, 439.

CHARLES XII (*Roi de Suède*). Assassiné par les siens, 199.

CHINE. Comment sont traités les Européens à Canton. - Caractère des Chinois, 357.

CLAUSEL (*Général*). L'Empereur le met au nombre des généraux qu'il disait avoir dû composer ses nouveaux maréchaux; être l'espérance, les destinées de l'avenir, 43.

COCKBURN (*Amiral anglais*). Sa conduite à Sainte-Hélène, 103. - Sa réponse aux plaintes qui lui sont adressées, 106. Envoie à l'Empereur ses fusils de chasse, 144. Consent à ce que l'Empereur parcoure toute l'île sans escorte. - Manque à son engagement, 159. Déclare qu'il n'acceptera pas une lettre de Napoléon pour le Prince de Galles, si elle n'est ouverte, 422.

CONSTANT (*Benjamin*). Sa conversation avec Napoléon, au retour de l'île d'Elbe, 415.

CORBINEAU (*Général*). Son genre de mort affecte vivement l'Empereur, 208.

CORNEILLE. L'Empereur l'admire éminemment, 336. Disait que la France devait à Corneille une partie de ses belles actions. — S'il eût vécu l'Empereur l'eût fait prince, 337.

CORVISART. (*Médecin*). Avait été souvent entrepris par l'Empereur. — Était ennemi des remèdes. — L'Empereur l'avait amené à avouer que la médecine était une ressource privilégiée : bienfait pour les riches, fléau des pauvres, 384.

DUROC (*Grand-Maréchal du palais*). Portrait qu'en fait l'Empereur. — Détails sur sa mort. — Sur son caractère, 210.

ÉGYPTE. Projet de détourner le Nil pour faire un désert de l'Égypte, et consacrer le cap de Bonne-Espérance seule route de l'Inde, 314.

ESPAGNE. Paroles de Napoléon sur la tentative de Porlier, 310.

FEMMES. L'Empereur disait que rien n'annonçait plus chez elles la bonne éducation, comme l'égalité de leur caractère, 400. L'Empereur disait que les Françaises, lors de notre catastrophe, auraient illustrées leurs sentimens, 426.

FERDINAND VII. (*Roi d'Espagne*). Détail de sa véritable situation à Valencey, 44. — A beau vouloir serrer son sceptre avec rage, un de ces beaux matins, dit l'Empereur, il lui glissera de la main comme une anguille, 310.

FOY (*Général*). L'Empereur le met au nombre des généraux qu'il disait avoir dû composer ses nouveaux maréchaux; être l'espérance, les destinées de l'avenir, 43.

FRANÇAIS. L'Empereur les dit être frondeurs, turbulens, mais non conspirateurs, 390.

GÉRARD (*Général*). L'Empereur le met au nombre des généraux qu'il disait avoir dû composer ses nouveaux maréchaux; être l'espérance, les destinées de l'avenir, 43.

GOURGAUD (*Général*). Sa tendresse pour sa mère et sa sœur, 112.

GRACQUES. Leur histoire inspire des doutes à Napoléon. Réflexions, 440.

GUERRES. L'Empereur disait que le système changeait souvent. — Moyens employés à la défense de Vienne et de Dresde, et projetés en 1815 pour celle de Paris, 446.

GUIBERT (*Aide-de-camp de Napoléon*). Son genre de mort affecte vivement Napoléon, 208.

HISTOIRE ANCIENNE. Réflexions de l'Empereur sur Scipion, César, Alexandre, 445.

HISTORIENS FRANÇAIS. Observations de l'Empereur sur

ceux qui avaient écrit l'histoire ancienne, 202. Sur ceux qui ont écrit notre histoire. — Anecdotes, 203.

INDES. Quelques mots sur le gouvernement, les lois, les mœurs. — Hyder-Aly. — Tipoo-Saïb, 189.

KLÉBER (*Général*). N'était que l'homme du moment. — Ne recherchait la gloire que comme route aux jouissances, 41.

LAMARQUE (*Général*). L'Empereur le met au nombre de ses généraux qu'il disait avoir dû composer ses nouveaux maréchaux ; être l'espérance, les destinées de l'avenir, 43.

LANNES (*Maréchal, Duc de Montébello*). L'Empereur disait l'avoir pris pygmée et l'avoir perdu géant, 42. Paroles de l'Empereur, 209. Quand fut distingué par Napoléon, 270.

LAS CASES (*le Comte de*). Conversation avec un Anglais, 177. Reçoit de Napoléon les éperons portés à Dresde et à Champaubert, 167. Donne à l'Empereur sa première leçon d'anglais, 183. Mystifié par Napoléon, 379.

LÉGION D'HONNEUR (*Ordre de la*). L'Empereur estime à 25 mille le nombre qu'il en a distribué, et le désir de l'obtenir allait toujours croissant. — Envoie à l'archiduc Charles, après la campagne de Wagram, la croix du simple soldat, 363.

LIBELLES. Histoire secrète du cabinet de Bonaparte, par Goldsmith. — L'Empereur riait de ses mensonges, 175.

LONGWOOD (*long bois*). Demeure de l'Empereur. — Sa description, 60.

MACHINE INFERNALE. Son historique. — On l'attribue d'abord, et faussement, aux jacobins. — Repas de corps donné par les cochers de fiacre au cocher de l'Empereur. — Hasard singulier qui en fait connaître les auteurs, 18.

MAISON *domestique de l'Empereur à Sainte-Hélène*. — Sa composition. — Nom de chacun, 72.

MARCHAND (*Premier valet-de-chambre de l'Empereur*). Couchait toujours sur un matelas à la porte de la chambre de l'Empereur, 166.

MARIE-LOUISE (*Impératrice*). Son affection pour l'Empereur. — A Dresde, sortait à peine pour profiter des plus petits loisirs de son époux. — Jalousie de sa belle-mère, 396. Se vantait de n'avoir qu'à pleurer pour obtenir de Napoléon ce qu'elle désirait, 40. Ses couches. — Avait été en danger. — Toute sa crainte était qu'on ne la sacrifiât, 435.

MASSÉNA (*Maréchal*). L'Empereur le dit avoir été vraiment supérieur, 43.

MATELOTS ANGLAIS. L'Empereur reçoit souvent des preuves non équivoques de leur bienveillance, ou de leur enthousiasme. — Anecdotes, 155.

MÉDECINE. Etonnement du docteur Warden sur les connaissances de l'Empereur, 381. Ses maximes, 382. Voulait interdire les remèdes héroïques à une certaine classe de médecins, 383. Disait de la peste que son plus grand danger était dans la crainte; son plus grand remède dans le courage, 386. En revenait à la médecine de Babylone, 388.

MÉMORIAL DE SAINTE-HÉLÈNE. Son esprit, 321.

MINISTÈRES DES FINANCES ET DU TRÉSOR. Leur séparation, de la plus haute importance. — Le ministre du trésor vrai contrôleur de l'Empire, 348.

MONTENOTTE (*Bataille de*). Chapitre de la campagne d'Italie dicté par l'Empereur, 255.

MOREAU (*Général*). Opinion de l'Empereur. — Avait plus d'instinct que de génie, 42.

MURAT (*Roi de Naples*). Opinion de l'Empereur, 40. Son commencement, 243. Cause active des malheurs de la France en 1814. — Nouvelle cause en 1815 pour avoir attaqué les Autrichiens contre les intentions directes de Napoléon. — L'Empereur eût voulu l'avoir à Waterloo. — Ce qui l'en empêcha. — Dit qu'il eût peut être valu la victoire. — Parallèle de son débarquement avec celui de Napoléon, 304.

NAPOLÉON. La force seule de son âme, non celle de son corps, l'a fait résister aux fatigues. — Son tempérament, 11. Son système de médecine, 12. — Sauvé de la machine infernale par l'ivresse de son cocher, 21. — N'a pu, dit-il, être qu'un *Washington couronné*, 29. Ses belles paroles touchant son emprisonnement et son adversité, 31. Danger qu'il court à l'armée d'Italie lui fait créer des guides, 33. Est sur le point de tomber dans les mains de Wurmser, 34. Sa manière de faire la guerre déconcertait tout le monde. — Mot d'un gros officier allemand, 54. Anecdote touchante d'un chien, 35. Dit que le sort d'une bataille est le résultat d'une étincelle, d'un instant, 38. Ce qu'il demandait dans un général, 40. Force d'âme nécessaire pour livrer une grande bataille, 41. Son opinion sur divers généraux, 41. — On lui présente un jeune lieutenant anglais. — Singularité, 50. Sa translation à Longwood, 59. Premier bain, 64. Régularise sa maison, 71. Précieuses qualités, 76. Ses habitudes à Longwood, 88. Son style aux deux impératrices, 91. — Ses maximes sur la police, 94. Sur celle des lettres, 97. Sur la liberté de la presse, 100. Idées libérales, 101. — Première tournée à cheval, 104. Paroles sur l'Amiral, 105. — Son mépris pour la popularité, 107. Son système de gouvernement, 109. — A été souvent blessé dans ses batailles. — Le cachait soigneusement, 115. Prêt à disparaître dans un marécage à Sainte-Hélène, 131. N'a jamais voulu qu'on réfutât les libelles contre lui, 137. Poison de Mithridate, 138. — Il laboure un sillon, 139. Dernier de la veuve, 140. Ne hait point l'Amiral, 141. Sa vie à Longwood. — Ses courses à cheval, 149. La nymphe, 150. Donnait des sobriquets, 151. — Sur la place la plus forte, 153. Sur l'imagination, 158. — Contrariétés de la part de l'Amiral, 159. Son habit de Premier Consul donné par la ville de

RAISONNÉE. 459

Lyon. — Manteau de Marengo sert à couvrir ses restes mortels, 166. Couché en joue par un soldat anglais à Sainte-Hélène, 170. Riait de pitié des libelles contre lui, 178. Apprend l'anglais, 181. — Disait qu'on avait gâté toutes ses intentions touchant les universités, 182. — Première leçon d'anglais, 183. - Conversation sur l'armée. — La chimie. - La politique. - L'Inde, etc., 185. — Dit *impossible* n'être pas français, 204. - Danger à Eylau, 205. A Iéna, 206. — Cheval embourbé à Sainte-Hélène. - Sollicitude domestique, 224. — Sa connaissance avec Joséphine, 253. — Apprend la mort de Murat, 304. Il ne saurait exister aucun parallèle entre son entreprise et celle de Murat, 308. — Paroles sur l'état de la France et de l'Europe en 1816, 323. — Fait la peinture du bonheur domestique. - Etre privé de l'habitation paternelle était n'avoir point de patrie, 325. Travaux qu'il avait fait faire à l'île d'Elbe. - Son pavillon respecté de toutes les puissances, 329. Comparaison de l'île d'Elbe à Sainte-Hélène, 330. — La campagne d'Italie portera le nom de Las Cases. - Celle d'Egypte celui de Bertrand, et devra faire la fortune de leur poche et de leur mémoire, 335. — Les fournisseurs et les gens d'affaire, fléau, lèpre d'une nation, 341. A son retour de l'île d'Elbe, des maisons d'Amsterdam et de Londres lui ouvrent un crédit de cent millions, 345. Jouissait d'une réputation singulière parmi les bureaucrates, 346. La spécialité avait été un des ressorts les plus heureux de son administration, 348. Etait venu à bout de créer l'administration la plus pure et la plus énergique de l'Europe. — Avec les Moniteurs seuls eût pu tracer l'histoire de toute l'administration financière de son règne, 349. — L'eau, l'air et le feu avaient été les seuls ennemis d'une régénération universelle, 354. Difficultés pour créer une Cour, 359. Il avait fait celle des Tuileries la plus brillante que l'on eût jamais vue. — Conserva toujours une extrême simplicité. — Rétablit les levers et les couchers. - Les présentations spéciales. - Les titres. - Les décorations, 360. - Anecdote de Tarare, 364. — Forma sa maison d'honneur de personnes que la révolution avait élevées, et dans les familles anciennes qu'elle avait dépouillées. - Visait par-là à éteindre les haines et faire la fusion des partis, 365. Les officiers de sa maison considérés dans les cours étrangères à l'égal des princes, 367. Ses châteaux renfermaient quarante millions de mobilier et quatre millions de vaisselle, 368. Devait-il rétablir le grand couvert? Raisons pour et contre, 370. Son idée favorite, la paix obtenue, était de faire des tournées perpétuelles dans les départemens, 374. — Ne croyait point à la médecine, 381. Voulait interdire les remèdes héroïques, 383. Entreprenait souvent Corvisart, 384. Définition de la folie, 385. - Différence entre le sommeil et la mort, 386. Médecine de Babylone, 388. Sa voiture perdue à Waterloo,

392. Zèle de ses serviteurs, 393. — Entrevue de Dresde. Époque de sa plus haute puissance. — Y a paru le Roi des Rois, 394. Il gorgea de diamans tous ceux qui l'approchèrent. N'eut d'autre garde que les gardes-du-corps saxons. — Paroles affectueuses sur le Roi de Saxe et la princesse Auguste, 395. Ses idées sur la puissance russe. — Sur Constantinople. — A pensé affranchir la Grèce, 399. — Jamais n'avait surpris de mauvaise humeur dans ses deux femmes, 401. — Ses idées et ses projets pour le bonheur de la France, 404. Tout ce qu'il possédait s'est fondu dans les besoins de la patrie. — Il demeure nu sur son roc, 410. Sa conversation avec M. B. Constant en 1815, 415. — Fait demander à l'Amiral si une lettre de lui au Prince Régent serait envoyée, 421. — Son nom n'était prononcé à l'île de France qu'avec attendrissement, 428. Jeux de mots, 431. — Se vantait, dans les couches de l'Impératrice, d'avoir été aussi bon mari qu'aucun bourgeois de la rue Saint-Denis. — Rassure Dubois. — Lui dit de se conduire comme s'il attendait le fils d'un savetier, 435. — Dormait souvent pendant la bataille. — Disait ce sommeil un avantage, 444.

NECKER (*M. de*). Témoigne au Premier Consul le désir de rentrer au ministère. — Écrit que la France ne pouvait plus être ni république ni monarchie. — Napoléon le fait réfuter par le Consul Lebrun, 192.

NEY (*Maréchal*). Opinion de l'Empereur, 40. — Examen de son plaidoyer, 53. — Avait quitté Paris tout au Roi, 55. Parallèle avec Turenne, 56. — Paroles de l'Empereur sur son procès, 424.

PARIS. L'Empereur voulait en faire la capitale de l'univers, 375.

PAULINE (*Princesse Borghèse*). Les artistes s'accordaient à en faire une Vénus de Médicis. — A Nice, avait organisé un fourgon en poste, qui arrivait tous les jours de Paris, chargé de modes, 401.

PEUPLES. Maximes de l'Empereur sur ce qu'on doit faire pour les rendre heureux, 108.

PIE VII. L'Empereur n'avait pas ordonné son enlèvement de Rome, ni encore moins sa translation en France, 45.

PIONTKOWSKI (*Polonais*). Son arrivée à Ste-Hélène, 114.

PLANAT (*Officier d'ordonnance*). L'Empereur le regrette, 168.

POLICE. Maximes de l'Empereur, 94. — Ce qu'il fait pour la relever aux yeux des peuples, 96. — Celle de la poste aux lettres, 97.

PRADT (*Abbé de*). Portrait de Napoléon dans l'ambassade de Varsovie, 78. — Réfutation, 79. — Défend Napoléon, qualifié par les Souverains de représentant de la révolution, 82.

PRUSSE (*Reine de*). Bruit des salons de Paris, à la paix de Tilsit, 92.

PRUSSE (*Roi de*). Son portrait, 398.

PRUSSIENS. Paroles de l'Empereur sur l'armée prussienne, 206.

RACINE. L'Empereur en était ravi, et y trouvait de vrais délices, 336. Sa critique de Britannicus, 433.

RÉCAMIER (*Madame*). Causes de son aversion pour le Premier Consul, 342.

RÉSUMÉ des neufs premiers mois, 449.

ROME. L'Empereur se proposait de la nettoyer de ses décombres, et de la restaurer, 431.

ROUSSEAU (*J.-J.*). Pensée de l'Empereur sur la Nouvelle Héloïse, 46.

RUSSES. Paroles de l'Empereur sur l'armée russe, 206.

SAINTE-HÉLÈNE. Culture. - Législation. - Population, 155. Son éloge par l'Empereur. - Offre peu de ressources. - Les captifs, dit on, l'affament, 196.

SAXE (*princesse Auguste de*). Profonde estime de Napoléon pour cette famille - Il regrette fort d'avoir empêché le mariage de la princesse Auguste avec l'Empereur François, 395.

SÉVIGNÉ (*Madame de*). Observations de l'Empereur, 198.

STAEL (*Madame de*). Jugement de l'Empereur sur sa Delphine. — Avances faites au jeune général de l'armée d'Italie. — Ses lettres. — Anecdotes, 191.

STEINGEL (*Général*). Sa mort. — Son portrait, 274.

SUCHET (*Maréchal, Duc d'Albuféra*). Son esprit et son caractère s'étaient accrus à surprendre, 43.

TALMA. L'Empereur l'aimait beaucoup. — Appréciait son grand talent. — L'avait repris sur plusieurs de ses rôles, 340.

TOBIE (*Esclave indien*). Son historique. — Réflexions caractéristiques de l'Empereur, 23.

TRAGÉDIES MODERNES. L'Empereur appelait *Hector*, une pièce de quartier-général, assurant qu'on irait mieux à l'ennemi après l'avoir entendue, 337. — Condamnait les *États de Blois* comme une tragédie mauvaise et dangereuse, 338.

TURENNE. Parallèle de sa conduite en 1649, avec celle de Ney, 56.

VENDÉMIAIRE (*Journée du 13*). Chapitre de la campagne d'Italie dicté par l'Empereur, 231.

WILKS (*Colonel-Gouverneur de Sainte-Hélène pour la compagnie des Indes*). Son portrait, 147. Conversation intéressante de l'Empereur, 185.

FIN DE LA TABLE RAISONNÉE DU SECOND VOLUME.

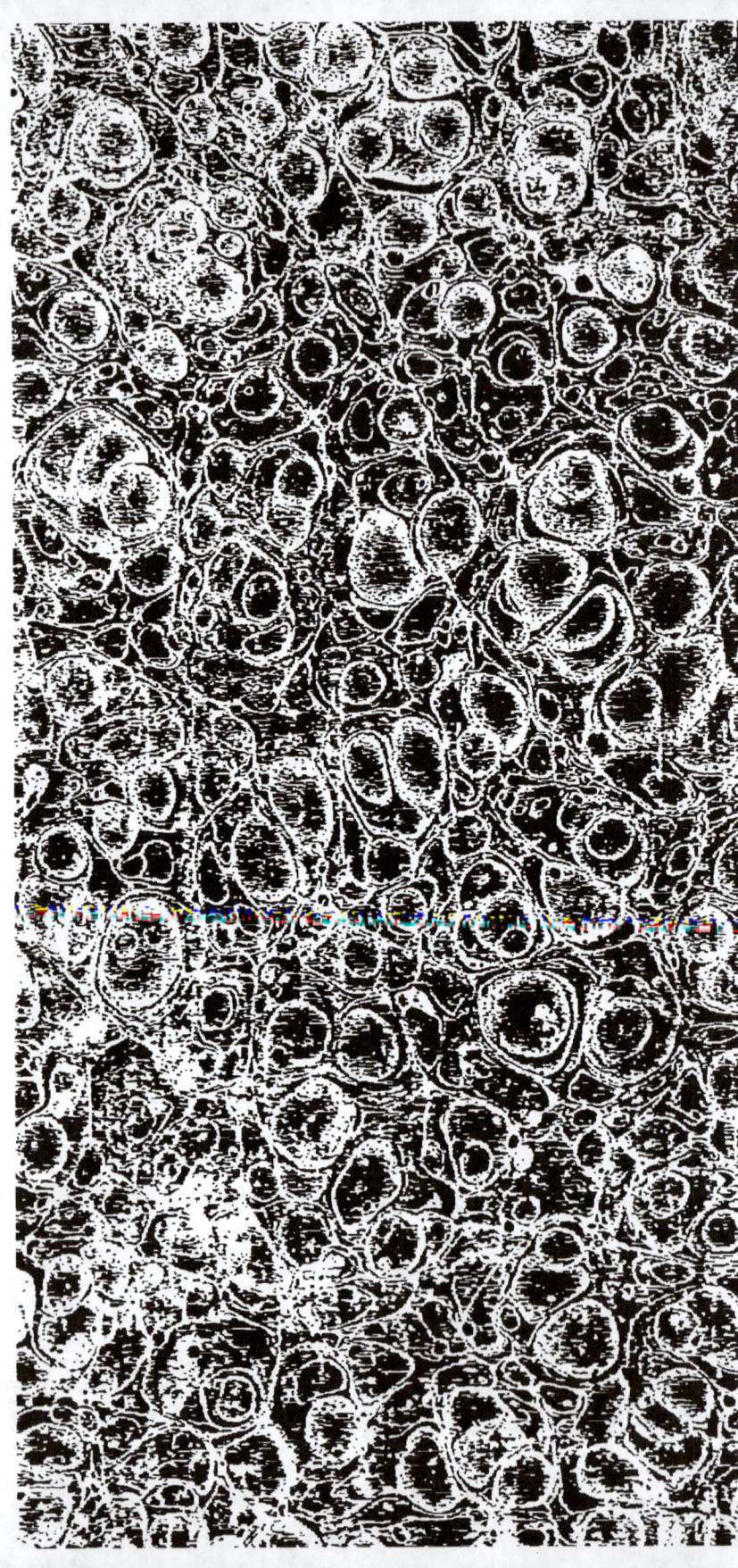

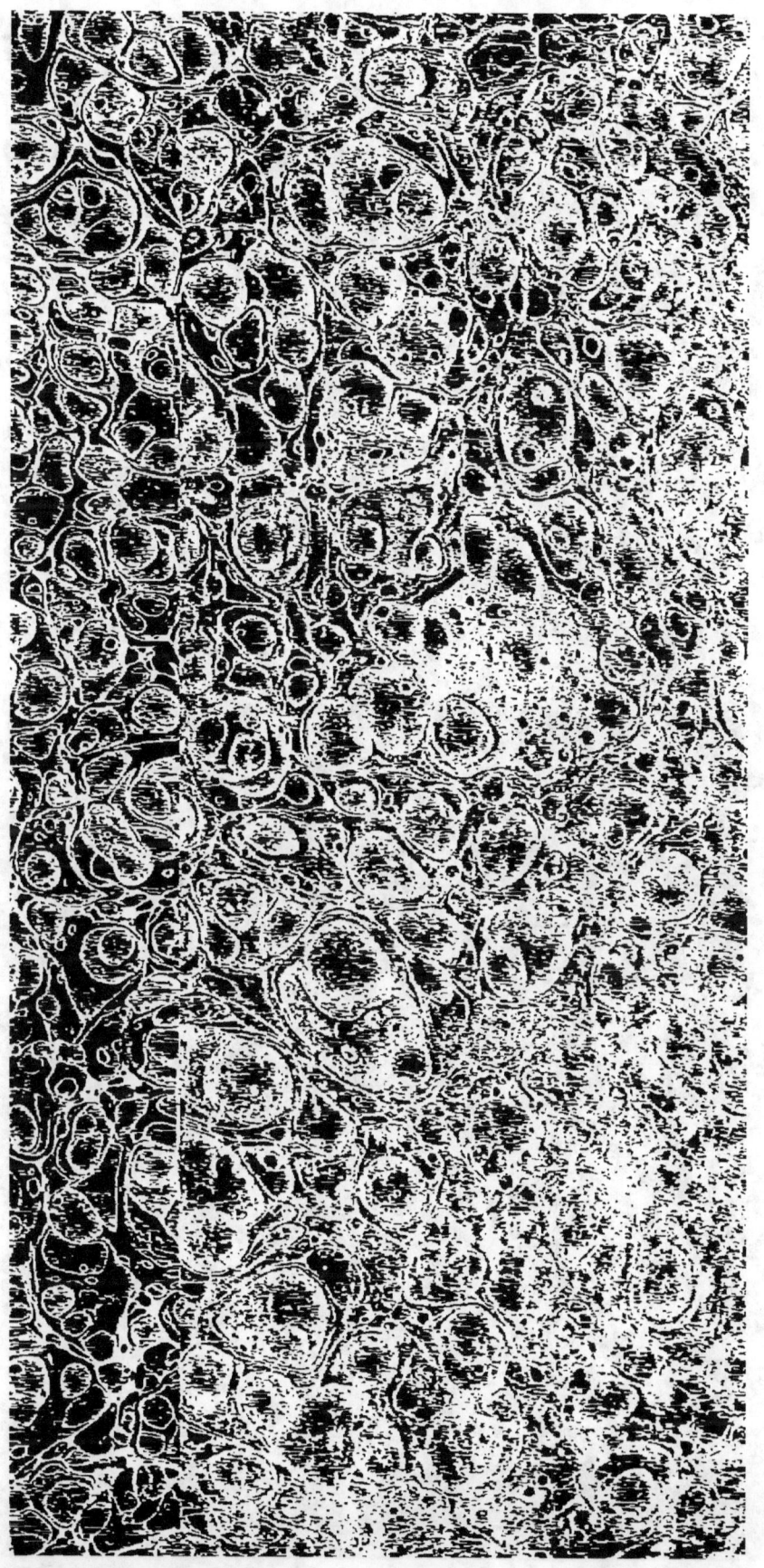